高等职业教育城市轨道交通车辆专业系列规划教材

城市轨道交通车辆构造

雷晓娟　张天彤　主　编
张万成　李英勇　副主编
祁国俊　主　审

中国铁道出版社有限公司
CHINA RAILWAY PUBLISHING HOUSE CO., LTD.

内容简介

本书为高等职业教育城市轨道交通车辆专业系列规划教材之一，主要内容包括：城市轨道交通车辆基础知识、城市轨道交通车辆车体、城市轨道交通车辆设备及其布置、城市轨道交通车辆转向架、城市轨道交通车辆车门、城市轨道交通车辆连接装置、城市轨道交通车辆动力学等内容。

本书为高等职业教育轨道交通车辆专业的教材，也可作为中等职业学校及其他专业学校（院）城轨车辆专业或相近专业学生的教材。同时也可作为城轨车辆检修工厂和地铁运营单位检修人员工作参考用书。

图书在版编目（CIP）数据

城市轨道交通车辆构造/雷晓娟，张天彤主编. —北京：中国铁道出版社，2012.8（2021.8 重印）

高等职业教育城市轨道交通车辆专业“十二五”规划教材

ISBN 978-7-113-14785-3

Ⅰ.①城… Ⅱ.①雷… ②张… Ⅲ.①城市铁路-铁路车辆-车体结构-高等职业教育-教材 Ⅳ.①U270.3

中国版本图书馆 CIP 数据核字（2012）第 111197 号

书　　名： 城市轨道交通车辆构造
作　　者： 雷晓娟　张天彤

策　　划： 阚济存
责任编辑： 阚济存　**编辑部电话：**（010）83527746
封面设计： 崔丽芳
责任校对： 张玉华
责任印制： 樊启鹏

出版发行： 中国铁道出版社有限公司（100054，北京市西城区右安门西街 8 号）
网　　址： http：//www.tdpress.com/51eds/
印　　刷： 三河市宏盛印务有限公司
版　　次： 2012 年 8 月第 1 版　2021 年 8 月第 5 次印刷
开　　本： 787 mm×1 092 mm　1/16　印张：13.5　字数：335 千
书　　号： ISBN 978-7-113-14785-3
定　　价： 35.00 元

前言

PREFACE

城市轨道交通对改善现代城市交通困扰局面、调整和优化城市区域布局、促进国民经济发展所发挥的作用，已是毋庸置疑的客观现实。对此，我国的大、中城市已有所共识，也深刻体会到城市轨道交通是衡量城市综合实力的一个重要指标。观念的改变，带来了实际行动的飞跃，从而使我国城市轨道交通处于快速发展时期。

城市轨道交通车辆是城市轨道交通体系中最重要的，也是最关键的设备，具有车型种类多，技术含量高的特点。本书取材于深圳、广州、上海、北京和西安地铁及天津滨海轻轨等城市轨道交通车辆，主要介绍了具有代表性的城市轨道交通车辆的结构、组成部件的工作原理，充分体现了当今城市轨道交通车辆的技术水平。

全书共分七个章节，紧扣高等职业教育的特点，由浅入深地介绍了城市轨道交通车辆基本知识，城市轨道交通车辆车体，城市轨道交通车辆设备及其布置，车辆转向架、车门、车辆连接装置及城市轨道交通车辆动力学基本理论。全书内容完整易懂，结构简洁分明，并采用了大量形象、清晰的部件结构图，便于辅助教学。本书可作为城市轨道交通车辆专业驾驶及检修方向的高等职业教育教材，也可供从事城市轨道交通的管理人员、工程技术人员学习参考。

本书由西安铁路职业技术学院雷晓娟、郑州铁路职业技术学院张天彤主编。由黑龙江交通职业技术学院张万成、柳州铁道职业技术学院李英勇副主编，由西安市地下铁道有限责任公司运营分公司总经理祁国俊担任主审。参加本书编写的有：雷晓娟（第五章），张天彤（第二章、第六章），张万成（第三章、第七章），李英勇（第一章），华东交通大学郑轶（第四章）。

由于编者的水平有限，书中难免存在疏漏和不妥之处，恳切希望广大读者批评指正。

编　者

2012 年 7 月

目录

CONTENTS

第一章　城市轨道交通车辆基础知识

城市轨道交通车辆是城市轨道交通用以输送旅客的运输工具，它属于城市快速轨道交通的范畴。现代城市轨道交通车辆有如下特点：

(1)一般为电动车组，有单节式、双节式和三节式等类型，有动力车与非动力车之分。

(2)由于服务于城市市内公共交通，其在车内的平面布置上具有一定的特性，例如，座位少，车门多且开度大，内部设备简单等。

(3)对于高架轻轨和独轨车辆的要求是使其轴重小，以降低线路工程投资。城市轨道交通车辆满载和空载的差异大。

(4)城市轨道交通车辆运行于城市中，对于车辆的隔声、消声要求较高。

(5)城市轨道交通车辆车体的防火要求严格，特别是在运行于地下隧道时，一旦发生火灾后果不堪设想。

(6)作为城市景观的一部分，对车辆的外观及色彩都有相应的要求。

第一节　城市轨道交通车辆的类型及组成

城市轨道交通车辆是技术含量较高的机电设备，是城轨交通工程中的关键设备，其选型和技术参数不仅是界定线路技术标准的基础，是确定系统运营管理模式和维修方式的基本条件，而且还是系统设备选型和确定设备规模的重要依据。各城市的城市轨道交通车辆的结构和性能不尽相同，这与许多因素有关。除城市轨道交通车辆提供商的技术背景和设计时考虑问题的角度有所不同以外，还与当时的城市轨道交通车辆发展水平及城市运用环境等因素有着密切的关系，它们都尽可能结合城市各自的特点，满足城市交通客流量大、运行安全快速、乘坐方便舒适、设备设施美观实用、同时应节能环保的要求，具有先进性、可靠性和实用性。

一、城市轨道交通车辆的类型

城市轨道交通简称城轨交通，包括地铁、轻轨铁路、独轨铁路、新交通系统及城市铁路等。我国建设部以“运输能力”为主要标准，划定地铁与轻轨的界限，即“地铁”：单向高峰小时能运送 3 万～8 万人次乘客的轨道交通系统，它是一种大运量的客运交通系统，它可以埋于地下，也可高架；但由于钢轮钢轨运行的振动噪声大，故一般埋于地下，仅在人口较少的郊区，才敷设于地面或高架，但需采取声屏障措施；“轻轨”：单向高峰小时能运送 1 万～3 万人次的轨道交通系统，它主要敷设于地面或高架，是一种中运量的客运交通系统。跨座式单轨、直线电机、低速磁悬浮、现代化有轨电车、胶轮车等，均属于中运量的轻轨系统。地铁和轻轨在运能、线路的技术标准、列车的最大长度和经济指标等四个方面有所区别。

目前，我国城轨交通建设尚处于初始阶段，城市轨道交通车辆的提供商较多，各城市的要求也不一样，因此，车辆品种较多，规格各异。为有利于我国城市轨道交通车辆制造、运营、维修的良性发展，城市轨道交通车辆类型的规范化及主要技术规格的统一是十分必要的。中华人民共和国建设部于 1999 年颁布的《城市快速轨道交通工程项目建设标准(试行本)》根据我国各城市对城市轨道交通车辆选型的不同要求和城市轨道交通车辆的发展现状提出了 A、B、C 三类车型的概念，它主要是按车体宽度的不同进行分类，其主要技术规格可参照表 1-1。《地铁车辆通用技术条件》(GB/T 7928—2003)中对用于地铁的运营车辆的技术规格也做出了相应的具体规定。

表 1-1　各类车型主要技术规格

序号	项目名称		A 型车	B 型车	C 型车		
			四轴车	四轴车	四轴车	六轴车	八轴车
1	车辆基本长度(m)		22	19	18.9	22.3	29.5
2	车辆基本宽度(m)		3	2.8	2.6		
3	车辆高度(m)	受流器车(m)(加空调/无空调)	3.8/3.6	3.8/3.6	3.7/3.25		
		受电弓车(m)(落弓高度)	3.8	3.8	3.7		
		受电弓工作高度(m)	3.9～5.6				
4	车内净高(m)		2.10～2.15				
5	地板面高(m)		1.1		0.95		
6	车辆定距(m)		15.7	12.6	11	7.2	
7	固定轴距(m)		2.2～2.5	2.1～2.2	1.8～1.9		
8	车轮直径(mm)		ϕ840		ϕ760		
9	车门数(每侧)(个)		5	4	4	4	5
10	车门宽度(m)		≥1.3				
11	车门高度(m)		≥1.8				
12	车辆轴重(t)		≤16	≤14	≤11		
13	定员人数(人)	单司机室车	295	230	200	240	315
		无司机室车	310	245	210	250	325
14	站立人员标准	定员(人/m²)	6				
		超员(人/m²)	9				
15	最高运行速度(km/h)		≥80		≥70		
16	起动平均加速度(m/s²)		≥0.9		≥0.85		
17	常用制动减速度(m/s²)		1.0		1.1		
18	紧急制动减速度(m/s²)		1.2		1.3		
19	噪声[dB]	司机室内	≤80		≤70		
		客室内	≤83		≤75		
		车外	80～85		≤82		

城市轨道交通车辆(简称城轨车辆，以下同)按车型主要分有 A 型车、B 型车、C 型车、L 型车、胶轮车、有轨电车和低地板轻轨车等。其中，宽度为 3.0 m 称为 A 型车，宽度为 2.8 m 称为 B 型车，宽度为 2.6 m 称为 C 型车，直线电机车辆(英文叫 Line)称为 L 型车。轻轨车又可分为 70%低地板和 100%低地板两种。各车型在国内各城市的使用情况：上海地铁 1、2、3、4、7、9、

10、11号线，广州地铁1、2号线，深圳地铁1、2、4、5号线，南京地铁1、2号均使用的是A型车；广州地铁3号线广佛线，深圳地铁3号线，武汉轻轨、大连城市轨道交通车辆、沈阳城市轨道交通车辆1、2号线，西安在建的2号线，成都地铁1、2号线均使用的是B型车；上海地铁5、6、8号线、北京地铁1、2、13、八通线部分老式列车均使用的是C型车，重庆轻轨2号线使用的是跨座式单轨胶轮车，在建的广州珠江集运系统使用的也是胶轮车辆。

目前，同时具有发展城市轨道交通的现实需要和经济实力的多为客流量大的大、中型城市，其快速轨道交通系统发展的主流是以A型车或B型车为基础，基本编组单元为2M+1T或1M+1T(M代表动车，T代表拖车)使用的电动车组立体化运行。整个轨道交通系统正朝着地下铁道、高架轻轨和近郊地面三位一体的立体化、网络化方向发展。采用交流调频调压(VVVF)传动技术和轻量化耐候钢或不锈钢车体，能够满足我国一些城市轨道交通系统的发展要求，并有一定的技术经济性，其走行部为轻量化、低噪声的无摇枕转向架。列车控制系统采用计算机系统并实行网络化控制，具有体积小、性能稳定和控制范围广等优点。

二、城市轨道交通车辆的组成

城市轨道交通车辆类型不同，技术参数不一样，但基本结构类似，一般的城市轨道交通车辆主要由以下几部分组成。

(一)车　体

车体主要由底架、侧墙、端墙及车顶组成，车体原来采用普通碳素钢制造，为了提高车体的使用寿命，以后又广泛采用了耐腐蚀的耐候钢制造。目前为达到在最轻的自重下满足强度的目的，普遍采用整体承载的不锈钢结构或铝合金结构，并且采用模块化生产工艺。车体底架采用上拱结构，即使在满载情况下车体也不会产生下挠度。

车体有带司机室车体和无司机室车体两种类型。一般司机室采用框架结构，外罩玻璃纤维增强塑料罩壳，用螺栓紧固在车体构架上。在隧道运行的车辆前端还应设有乘客紧急安全疏散门。司机室内布置有驾驶台、转椅和设置有司机需要操作的各种电器的设备箱。

车体是搭载乘客的地方，采用美观、舒适的内部装饰。每侧有车窗和供乘客上下的宽型车门及其传动装置，车体内还布置座椅、扶手、立柱、乘客信息系统等各种服务设施，以及车门紧急手柄、紧急对讲、灭火器等安全设施。车体上还安装了车辆电子、电器、机械等各种设备和部件。

车辆及其设备禁止使用易燃材料，应采用高助燃性、低发烟浓度、低毒性的环保材料，车体要有隔声、减振、隔热、防火和各项保护乘客安全的措施，车体还应有良好的密封性和排水功能，以适应全天候运行的要求。

(二)转 向 架

转向架是支撑车体及其载荷并使车辆沿着轨道行驶的车辆运行的装置。转向架分动力转向架和非动力转向架，它位于车体与钢轨之间，转向架一般由构架、弹簧悬挂装置、轮对装置和制动装置等组成。对于动力转向架还设有牵引电机及齿轮传动装置。

转向架引导车辆沿着轨道行驶，同时承受、传递来自车体及线路的各种载荷并缓和其动力作用。地铁、轻轨车辆转向架一般利用转向架轮对踏面与钢轨的黏着力产生牵引力和制动力，利用车轮的轮缘与钢轨使车辆沿着轨道行驶。跨座式单轨车辆转向架由走行轮、导向轮、稳行轮代替地铁、轻轨车辆的钢制车轮，走行轮为充氮气的钢丝橡胶轮胎；导向轮、稳行轮是填充压缩空气的尼龙丝橡胶轮胎。磁浮车辆是由直线电机推动车辆行驶，用悬浮、导向电磁铁进行车辆的悬浮和导向。转向架是保证车辆运行质量、动力性能和运行安全的关键部件。

（三）车钩及缓冲装置

城市轨道交通车辆都是多节车辆运行，车辆由车钩连接成编组运行的列车。为了改善列车纵向冲击，在车钩的后部装有缓冲装置。另外还必须连接车辆之间的电气和空气的管路。因此，车钩及缓冲装置包括车钩、缓冲器、电路连接器和气路连接器。它们连接车辆以及车辆间的电路和气路，并传递和缓冲列车运行的牵引力、制动力及其他冲击力。

目前，城市轨道交通车辆大都采用密接式车钩。密接式车钩分为自动车钩、半自动车钩和半永久牵引杆三种。自动车钩一般设置在列车端部，在低速时可以实现机械、电路、气路的自动连接与分离；半自动车钩一般安装在组成列车的车组之间，有时也设置在列车端部，可以实现机械、气路的自动连接与分离，而电路需要人工进行连接与分离；半永久牵引杆安装在列车车组的两节车辆之间，用可以拆卸的一副牵引杆进行连接，其气路、电路均需人工进行连接。车钩和缓冲装置固定在车体底架上，在车辆运行中的牵引、制动时发生的纵向拉力和压缩力经车钩、缓冲器，最后传递给车体底架的牵引梁。缓冲器起到缓解车辆之间冲击的作用。

（四）制动装置

制动装置是使车辆减速、停车，保证列车安全运行所必不可少的装置。在动车、拖车上都设置有制动装置，使运行中的列车按需要减速或在规定的距离内停车。城市轨道交通车辆制动装置除常规的机械（压缩空气）制动装置外，还要求具有电制动（再生制动、电阻制动）功能，并且应充分发挥电制动能力，电制动和机械制动能够协调配合。

城市轨道交通车辆的制动系统能保持各车辆的减速度一致，以减少车辆制动的纵向冲动；具有根据载客量变化的制动力自动调整功能；还有紧急制动能力，除在遇到紧急情况可由司机施加紧急制动以外，在车辆运行中发生车辆分离等危及列车运行安全事故时列车可自动进行紧急制动。

城市轨道交通车辆的制动形式有摩擦制动和电制动两种，摩擦制动有以压缩空气为动力的闸瓦制动、盘式制动，还有用电磁铁与钢轨的作用力进行制动的轨道电磁制动；电制动有再生制动和电阻制动。电制动是在车辆制动时将牵引电机变成发电机，将列车动能变为电能；再生制动是将这种电能反馈到电网供给其他列车使用，电阻制动将电网不能吸收的电能通过电阻器将其转变为热能散发到大气。

摩擦制动的压缩空气动力由车辆的供气系统供给。供气系统主要由空气压缩机、干燥过滤器、压力控制装置和管路组成，还向空气弹簧等需要压缩空气的设施供气。

（五）空调通风系统

城市轨道交通车辆由于客流密度大，为改善车厢的空气质量必须装有通风装置。车辆的通风方式有自然通风、强迫通风、空气调节。车厢空气质量的好坏是考虑乘客舒适性的重要方面，随着城市轨道交通车辆服务质量的提高，自然通风已不被采用，单一的机械式强迫通风系统也逐渐被空调通风系统所取代。空调通风系统主要由压缩机、蒸发器、冷凝器、冷凝风机等组成。车厢内部分空气和车厢外的风相混合，经空调机组处理后送入车厢。根据城市的自然条件和列车的运行环境，一些车辆还设置了采暖装置，采暖一般采用电热器，安装在车厢的座椅或侧墙下方。

（六）车辆电气牵引系统

车辆电气牵引系统包括车辆上的受流器和各种电气牵引设备及其控制电路。

受流器有三轨受流器和受电弓两种，受流器的选择主要取决于供电电压。供电电压为DC750 V时，一般采用三轨受流器，其优点是对市容景观影响较小；供电电压为DC 1500 V时，一般采用接触器受电，其优点是线路电压降低，能量损失少，同时需要的牵引变电站数量少。

车辆电气牵引系统有直流电气牵引系统和交流电气牵引系统两种。车辆电气牵引系统采用直流牵引电机，虽然它有重量重、体积大、维修量大的缺点，但由于其具有调速容易的优点，曾得到广泛的应用。随着电力电子技术和微电子技术的高速发展，城市轨道交通车辆目前主要采用交流调频调压（VVVF）技术的交流电气牵引系统，具有效率高、控制性能好的优点。

车辆直流电气牵引系统的控制方式从凸轮变速发展到斩波调阻变速方式，它们都是把车辆动能转化的电能消耗在电阻上，存在着浪费电能的缺点。随着电子技术的发展，直流电气牵引系统的控制方式已发展为微机控制的斩波调压变速方式，可将车辆动能转化的电能存储在电抗器中，之后再反馈到电网。直流斩波调压变速方式的主要优点：只有在列车电制动电网不能吸收再生电能时才由电阻消耗电能，节约能量；电机的电流波动小，提高黏着能力；结构简单，便于检修。

车辆交流电气牵引系统的控制方式是采用微机控制的交流调频调压（VVVF）技术，牵引逆变器主要由输入滤波器、三相逆变线路、制动斩波线路和控制线路组成。交流调频调压（VVVF）变速控制的优点：采用交流异步牵引电机无接点控制，维修量大大减少；电气牵引系统小型轻量化，减少重量；黏着性能好，提高了黏着能力。

（七）辅助供电系统

城市轨道交通车辆上的辅助设施，例如，车厢通风、空调及牵引等系统设备的通风和空气压缩机电机、照明（采用交流电源）等交流负载，以及乘客信息系统、列车控制系统、车辆及其子系统控制系统、电动车门驱动装置、蓄电池充电器、照明（采用直流电源）等直流负载，都是由车辆辅助供电系统进行供电。

辅助供电系统主要由辅助静态逆变器、充电器、蓄电池三大部分组成。辅助静态逆变器将DC1500 V输入逆变成AC380 V供给车辆辅助交流负载，一路交流输出再转换成DC110 V低压直流输出供给车辆辅助直流负载。DC110 V输出还有一类是与辅助静态逆变器分开设置，单独直接地将DC1 500 V输入转换成DC110 V低压直流输出供给车辆辅助直流负载。

蓄电池是车辆辅助供电系统的低压直流备用电源，在辅助逆变器正常工作时处于浮充电状态；在网压供电或辅助逆变器发生故障而不能正常工作时，可作为紧急电源向车辆辅助直流紧急负载（如客室车厢紧急通风、紧急照明及各控制系统）进行供电。

（八）列车控制和诊断系统

现代化的城市轨道交通车辆，列车微机控制系统具有自我监控和诊断功能，信息采集、记录和显示功能。车辆及车辆主要系统都采用微机进行自动控制，能够对列车主要设备的运行状态自动进行故障诊断。

使用微机控制设备的监控和诊断系统，还能用手提数据收集器通过列车上的USB维修接口来收集所有的各种有关数据。同时也能在各系统微处理器的本地维修接口收集到相关数据。所收集的数据的种类和精确度能满足维修和分析故障的需要。

(九)乘客信息系统

城市轨道交通车辆乘客信息系统向乘客提供列车运行信息、安全信息和其他公共信息,例如,列车的终点站、停车车站、换乘信息等;在列车发生故障或事故时,向乘客提供回避危险的指挥、指导信息等。乘客信息系统包括广播、列车运行线路电子显示图、LED 显示屏、LCD 显示屏,以及各种文字、图示固定信息。向乘客播报和显示的各种形式的信息应简洁明了,还要正确并同步,避免对乘客产生误导。

第二节　城市轨道交通车辆的编组及标识

标识是指对车辆及其设备进行标记或编号。为了车辆运用、检修等情况下管理和识别的方便,必须对车辆进行标识。由于城市轨道交通车辆仅运行在各城市相对固定的线路上,目前我国对城市轨道交通车辆没有统一的车辆标识规定,用户和制造商一般参照国外成熟的做法,车辆的标识方法比较类似。

一、列车编组

城市轨道交通车辆中,动车和拖车通过车钩连接而成的一个相对固定的编组称为一个(动力)单元,一列车可以由一个或几个单元编组而成。

我国地铁列车编组形式:六辆编组主要有“三动三拖”和“四动二拖”;四辆编组主要有“二动二拖”。例如,广州地铁 1 号线每一列车由六节车辆组成,其编组为

—A＊B＊C=C＊B＊A—

A 车为拖车,一端设有驾驶室,车顶上装有受电弓,车下装有一套空气压缩机组。B 车和 C 车均为动车,结构基本相同。广州地铁 2 号线与 1 号线基本相同,只是广州 2 号线受电弓装于 B 车车顶,而空气压缩机组装于 C 车车底。

广州地铁 3 号线目前的每一列车均由三节车辆构成,共有 A(C)、B 两种车型,其中 A、C 车是带司机室和受电弓的动车(设备完全一样),B 车为拖车,动车结构基本相同。按－A＋B＋C－的方式组成。车辆之间以半永久牵引杆相连。其三辆编组的形式为－A=B=C－。

上海地铁 1、2 号线近期每一列车由六辆组成,采用“四动二拖”的形式,即

—A=B＊C=B＊C=A—

上海地铁 1、2 号线远期每一列车由八辆组成,采用“六动二拖”的形式,即

—A=B＊C=B＊C=B＊C=A—

上述编组表达式中,“—”表示全自动车钩;“=”表示半自动车钩;“＊”表示半永久车钩。

二、车辆编号

车辆编号实际上就是给所有的车辆取一个名字,以示区别。为便于记忆,车辆编号采用有限数字式编号系统。一般每节车辆都有属于自己的固定的编号,但各车辆制造商或运营商的编号方式却不相同。

上海地铁 1、2 号线车辆编号由五位数组成,采用 YYCCT 形式,其中 YY 为车辆出厂的年份,CC 为出厂时这一年的同类型车辆的生产顺序号,T 为车辆类型代号,其中“1”为 A 型车,“2”为 B 型车,“3”为 C 型车。例如,“92082”为 1992 年出厂的第 8 辆车,车辆类型为 B 型车。

目前上海地铁列车的编组是固定的，编号后的车辆在列车中的编组位置相应没有变化。

广州地铁1、2、3号线车辆采用了一样的编号形式，其车辆编码包含信息有车辆所属线路（用一位或二位数字表示）、车辆的类型（A、B或C车）、生产顺序号（同类型车辆的连续编号，用三位数字，不同的车辆类型以新的顺序开始编号）。

例如，车辆编号：03　A　001

表示车辆所属线路为3号线；车辆类型为A车；车辆顺序编号为001。

表1-2所示为广州地铁3号线车辆编号规则。

表1-2　广州地铁3号线车辆编号规则

第1列车	第2列车	…	第19列车	第20列车	…
03A001	03A002	…	03A019	03A020	…
03B001	03B002	…	03B019	03B020	…
03C001	03C002	…	03C019	03C020	…

北京地铁列车编号格式：字母＋四位数字的形式。字母代表车辆的配属。1号线：G—古城车辆段，S—四惠车辆段；2号线：T—太平湖车辆段；13号线：H—回龙观车辆段；八通线：TQ—土桥车辆段；五号线：TP—太平庄车辆段；10号线和奥运支线：W—万柳车辆段。第一位数字代表车型：1—凸轮调阻，2—斩波调阻，3—斩波调压，4—变频调压（即VVVF）；第二、三位数字为列车编号；第四位数字为车厢编号。

注：一般完整的车号都标在车厢侧面和车厢内两端的铭牌上，列车首尾正面一般只标注到列车编号，不标注车厢号。

例如，图1-1所示的列车编号可以解释为“（八通线）土桥车辆段，变频调压（VVVF）列车中第7号列车第4车厢”。

图1-1　北京地铁列车编号实例图

三、车端、车侧、车门、座位等的标识定义

(一)车辆的车端、车侧的定义

1. 车端

每辆车的 1 位端按以下方式来定义:A 车 1 位端是指带有全自动车钩的一端;B 车 1 位端是与 A 车连接的一端;C 车 1 位端是连接半永久牵引杆的一端,而 1 位端对应的另一端就是 2 位端,如图 1-2(a)所示。

2. 车侧

当观察者面对车辆的 1 位端时,观察者右侧的一侧就称为该车辆的右侧,另一端为该车辆的左侧。

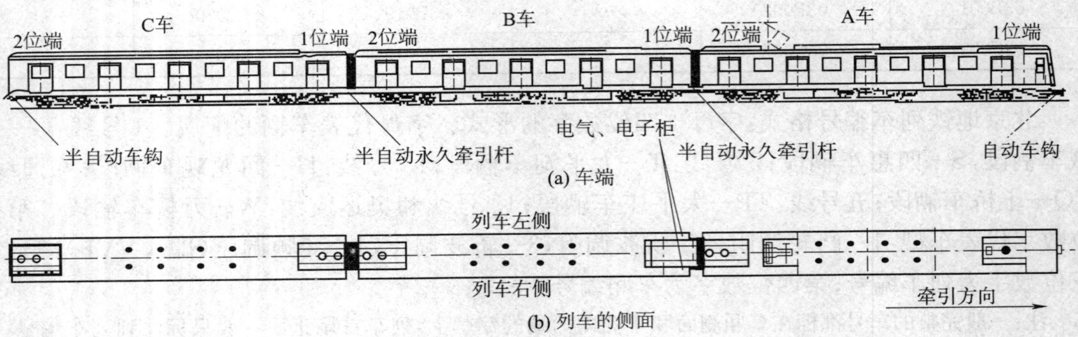

图 1-2 列车侧视图和俯视图

(二)车辆、列车的侧面

1. 车辆的侧面

面向车辆的 1 位端,观察者的右侧为车辆的右侧,另一侧则为车辆的左侧。

2. 列车的侧面

列车的车侧的定义与车辆的车侧的定义是不同的。它是以司机为主体,司机坐于列车驾驶端座位上,司机的右侧即为列车的右侧,左侧为列车的左侧。换句话说,是按列车的行驶的方向来定义的,这与公路上汽车按行驶方向定义左、右侧是相同的,如图 1-2(b)所示。

车辆的左、右侧是固定的,而列车的左、右侧是随牵引方向的变化而改变的。这一点应予以注意。

(三)车辆转向架、车轴编号

每辆车有两台转向架,车辆 1 位端的转向架称为 1 位转向架,车辆 2 位端的转向架称为 2 位转向架;每台转向架有两根车轴,从每辆车的 1 位端向 2 位端依次编为 1 轴、2 轴、3 轴和 4 轴,如图 1-3 所示。

(四)车门、座椅编号

1. 车门和门页的编号

车门编号由车门两个门页号码合并而成:自 1 位端向 2 位端,左侧车门编号为 1/3、5/7、9/11、……、17/19;右侧车门的编号 2/4、6/8、10/12、……、18/20。

门页的编号自 1 位端向 2 位端,沿着每辆车的左侧为由小到大连续奇数,即 1、3、5、7、9、

11、……、17、19；右侧由小到大连续偶数，即 2、4、6、8、10、12、……、18、20，如图 1-4 所示。

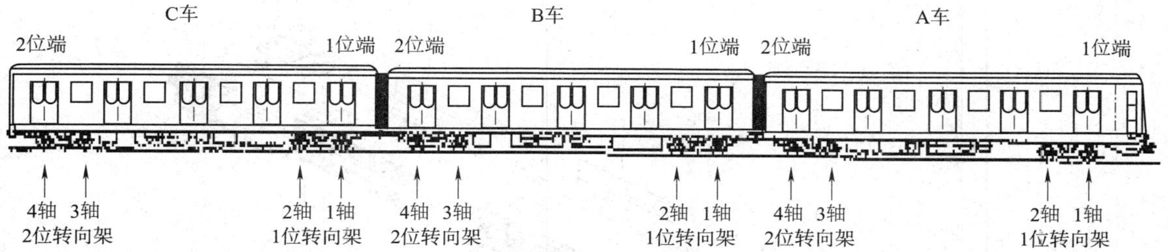

图 1-3 转向架和车轴编号

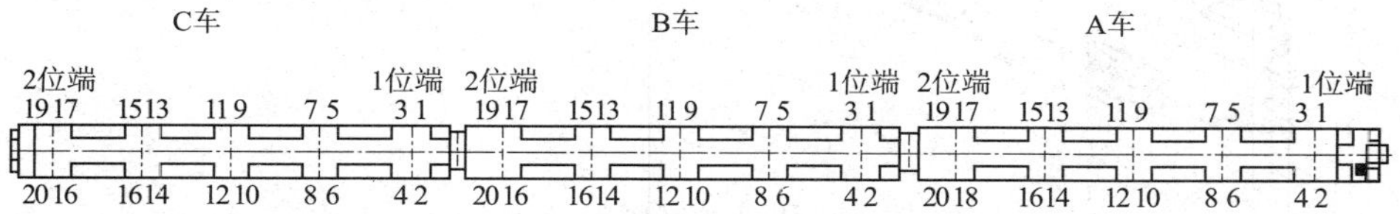

图 1-4 车门编号

2. 座椅的编号

每辆车客室按左右对称，A 车客室安装有四十六个纵向布置的座位。在每节车厢的相邻门廊之间有六个长座椅（每个座椅可坐七人）。此外在相邻门廊或机柜盖板之间的车厢端部（CE2）还装有两个短座椅（每个座椅可坐两人），如图 1-5 所示。

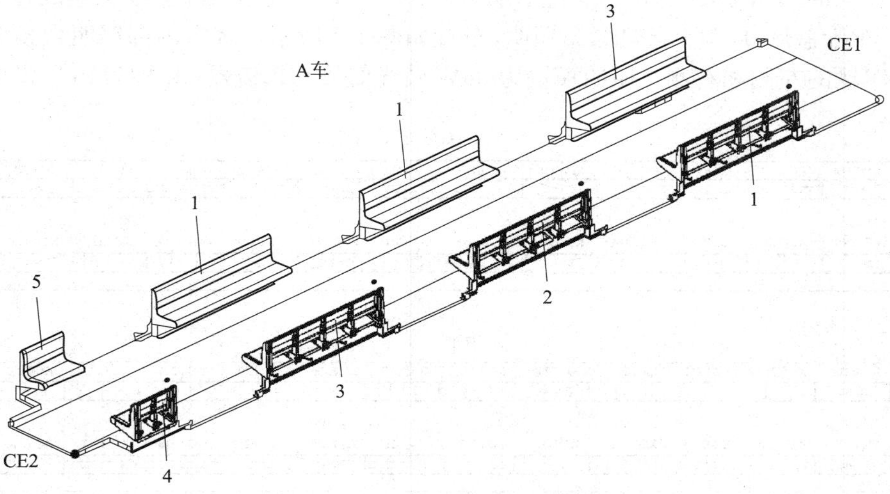

图 1-5 A 车乘客座椅的位置

1—长座椅；2—带有维护盖板的长座椅；3—带有灭火器的长座椅；4—短座椅；5—短座椅

B 车客室安装有 50 个纵向布置的座位。在每节车厢的相邻门廊之间有 6 个长座椅（每个座椅可坐 7 人）。此外在相邻门廊或机柜盖板之间的车厢端部（CE1 和 CE2）还装有四个短座椅（每个座椅可坐两人），如图 1-6 所示。三辆车编组列车的总定员为 124 人。

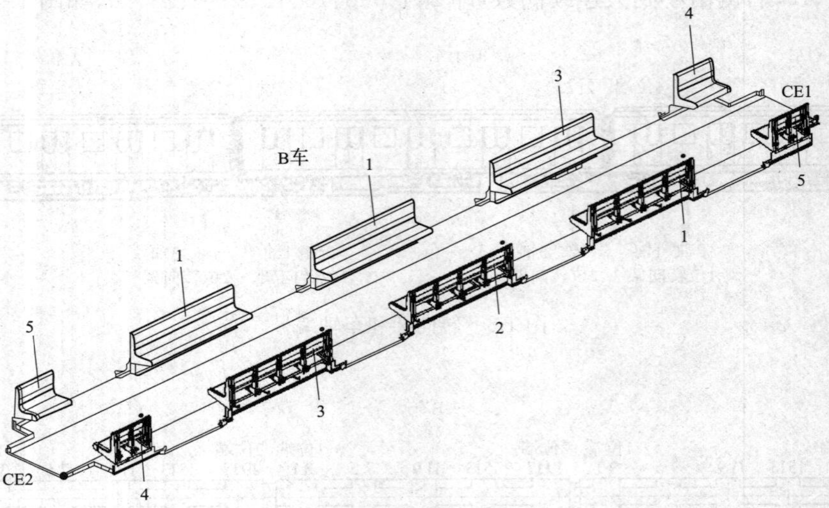

图 1-6　B 车乘客座椅的位置

1—长座椅；2—带有维护盖板的长座椅；3—带有灭火器的长座椅；4、5—短座椅

(五)车辆的其他编号

1. 照明灯编号

每辆车的客室内的车顶左、右侧各分布有一排照明灯，其中 A、C 车共有二十六盏照明灯管(其中应急照明灯十盏)；B 车共有二十八盏照明光管(其中应急照明灯十盏)。照明灯的开、关由司机台上的三挡位转动开关“客室照明”(－KC－S101)进行控制。在电路故障的情况下，使用 A、C 车十盏灯，B 车十盏灯紧急照明，布置如图 1-7 所示。客室内部照明包括两个灯带，分别位于车辆的左侧和右侧。照明模块为 36W 荧光灯管和镇流器，由 DC110 V 供电。

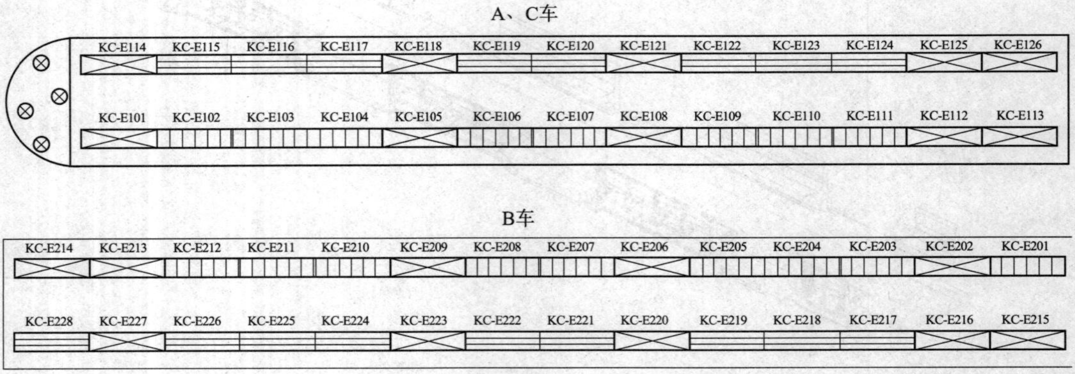

图 1-7　A、C 和 B 车客室内部照明

客室内部照明分为以下三路：

(1)应急灯，符号为。

(2)客室灯 1，符号为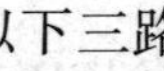。

(3)客室灯 2，符号为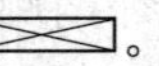。

此外，有 A、C 车内设有司机室灯，符号为⊗。

2. 空调单元编号

每车的 1、2 端车顶设空调单元Ⅰ、Ⅱ，如图 1-8 所示，司机室通风控制单元如图 1-9 所示。

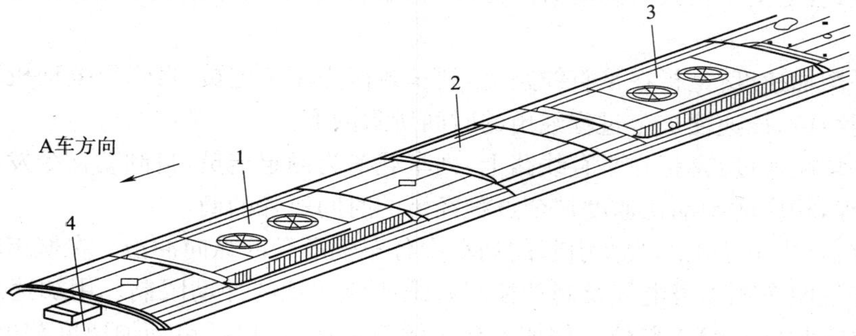

图 1-8　空调单元

1—空调单元Ⅰ；2—客室废气排放口；3—空调单元Ⅱ；4—司机室可调速(增压器)通风机

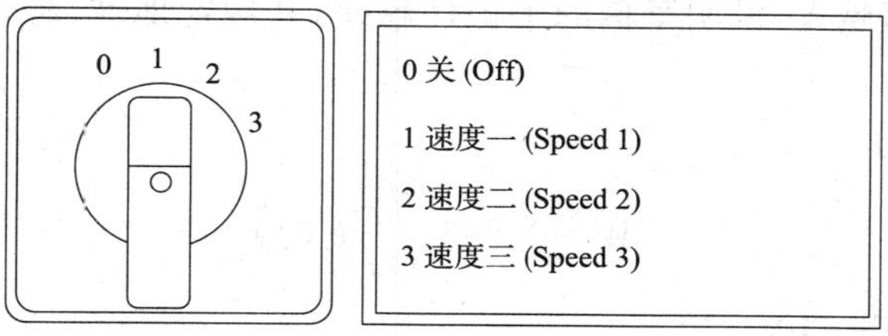

图 1-9　司机室通风控制单元

第三节　城市轨道交通车辆的技术参数

车辆技术参数是概括地反映车辆技术规格的指标，是车辆性能及结构的总体表征。车辆技术参数一般分为性能参数和几何尺寸两大类。

一、车辆主要性能参数

(1)自重和载重：自重是指车辆整备状态下的本身结构及设备组成的全部质量，以吨(t)为单位；载重是指正常情况下车辆允许的最大装载质量，以吨(t)为单位。

(2)构造速度：是指车辆设计时，按照安全及结构强度等条件所决定的车辆最高行驶速度。车辆实际运行速度一般不允许超过构造速度。

(3)轴重：是指按车轴形式及在某个运行速度范围内，车轴允许负担(包括轮对自身的质量)的最大总质量。轴重的选择与线路、桥梁及车辆走行部的设计标准有关。

(4)通过最小曲线半径：是指配用某种形式转向架的车辆在站场或厂、段内调车时所能安全通过的最小曲线半径。当车辆在此曲线区段时，不得出现脱轨、倾覆等危及行车安全的事故，也不允许转向架与车辆底架、与车下其他悬挂物相碰。

(5)轴配置(轴列式):是指车辆所配转向架动轴或非动轴配置情况。一般用数字或字母表示车辆走行部结构特点的方式。例如,4 轴动车,使用两台动力转向架,则轴配置记为 B—B;6 轴单铰轻轨车,两端为动力转向架,中间为非动力铰接转向架,其轴配置记为 B—2—B。

(6)制动形式:是指车辆获得制动力的方式,有摩擦制动、再生制动、电阻制动以及磁轨制动等多种形式。

(7)启动平均加速度:是指在平直线路上,列车载荷为额定定员,自牵引电动机取得电流开始,至启动过程结束,该速度被全过程经历的时间所除的商。

(8)制动平均减速度:是指在平直线路上,列车载荷为额定定员,自制动指令发出至列车完全停止的全过程,相应的制动初速度被全过程经历的时间所除的商。

(9)冲击率:是指由于工况改变引起的列车中各车辆所受的纵向冲击。在城市轨道交通车辆中,主要用于说明车辆本身电气及制动控制系统所应达到的冲动限制。用加速度变化率来衡量,以米每立方秒(m/s^3)为单位。例如地铁车辆正常运行(包括启动加速度和电制动,紧急制动情况除外)时,纵向冲击率不得超过 $1m/s^3$。

(10)列车平稳性指标:是评定旅客舒适程度的主要依据,反映车辆振动对人体感受的影响,主要以人体感受的疲劳程度为依据,通常以平稳性指标表示。我国主要用斯佩林公式来计算平稳性指标 W,W 值越大,说明车辆的平稳性越差,并规定地铁、轻轨车辆运行的平稳性指标应小于 2.5。

斯佩林公式计算为

$$W=0.896\sqrt[10]{\frac{j^3}{f}F(f)}$$

式中 j——振动加速度,cm/s^2;

f——振动频率,Hz;

$F(f)$——与频率有关的修正公式,反映人体对不同方向和频率振动的敏感度。

二、车辆的几何尺寸

(1)车辆长度:是指在车辆处于自由状态,车钩呈锁闭状态时,两端车钩连接面之间的距离,不包括牵引缓冲装置或折棚的车辆结构的长度。如图 1-10 所示的尺寸 C。

(2)车辆最大宽度:是指车体横断面上最宽部分尺寸。

(3)车辆最大高度:是指车辆顶部最高点与钢轨面之间的距离。通常需要说明与最高点相关的结构,例如,有无空调,受电弓的状态等。

(4)车辆定距:是指同一车辆的两转向架回转中心线之间的距离,如图 1-10 所示的尺寸 A。

(5)固定轴距:是指同一转向架的两车轴中心线之间的距离,如图 1-10 所示的尺寸 B。

(6)车钩中心线距离钢轨面高度(简称车钩高):是指车钩水平中心线至钢轨面的高度。通常取新制造完成或检修后空车的数值。列车中各车辆的车钩高度基本一致,这是保证列车正常运行时不全发生脱钩事故的必要条件。目前我国城市轨道交通车辆的车钩高度尚无统一的标准,上海和广州地铁车辆的车钩高度为 720 mm,北京地铁车辆为 660_0^{+10} mm。

(7)地板面高度:具有车辆地板面与钢轨顶面之间的距离。也是指取新制造完成或检修后空车的数值。它受到两方面的制约:一是车辆本身某些结构高度的限制,例如,车钩高及转向架下心盘面的高度；二是与站台高度的标准有关，车辆地板面应与站台高度相协调。例如，上海车辆地板面高度为 1 130 mm，北京地铁车辆地板面高度为 1 150 mm。

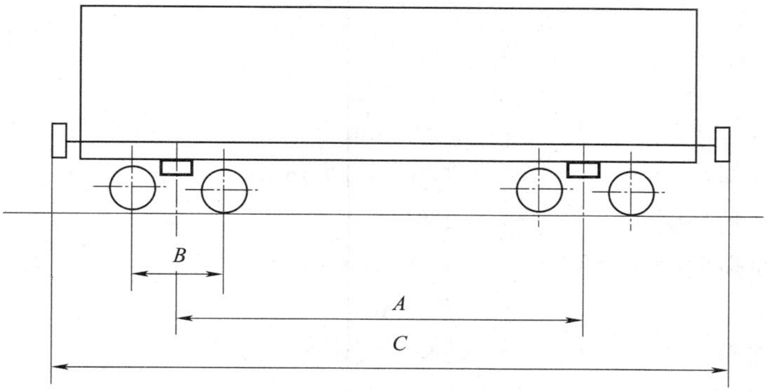

图 1-10　轮轨系统车辆纵向几何尺寸

三、广州地铁 1 号线车辆主要技术参数

1. 基本参数

车辆总体设计寿命：　30 年

每辆车的平均轴重：　≤16 t

牵引电机的额定功率：　190 kW

列车平稳性指标：　<2.5

最高运行速度：　80 km/h

设计结构速度：　90 km/h

列车载客容量如表 1-3 所示，车辆重量如表 1-4 所示。

表 1-3　广州地铁 1 号线列车载客容量

序号	工况	定义	每车乘客数(人)	列车乘客数(人)
1	AW0	无乘客(空载)	0	0
2	AW1	座客载荷	56	336
3	AW2	定员载荷(座客 6 人/m^2)	310	1 860
4	AW3	超员载荷(座客 9 人/m^2)	432	2 592

表 1-4　车辆重量

定义	乘客载荷(t)			车辆重量(t)			列车重量(t)
	A	B	C	A	B	C	
空载 AW0	0	0	0	33	36	36	220
座客载荷 AW1	3.36	3.36	3.36	37.36	41.36	41.36	24C.16
定员载荷 AW2	18.60	18.60	18.60	52.60	56.60	56.60	331.60
超员载荷 AW3	25.92	25.92	25.92	59.92	63.92	63.92	375.52

注：乘客每人重量按 60 kg 计算。

2. 车辆主要尺寸

车辆长度：	A 车—24.4 m；B、C 车—22.8 m
列车长度：	140 m
车辆宽度：	3.0 m
车辆高度：	3.8 m
车辆最高点（含排气口）：	3 860 mm
受电弓工作范围：	175～1 600 mm
受电弓最大升起高度：	1 700 mm
轨道至地板面高度（AW0）：	$1\,130^{+15}_{-5}$ mm
转向架中心距：	15.7 m
转向架固定轴距：	2 500 mm
车门全开宽度：	1 400 mm
开、关门时间：	(3±0.5)s
开、关门调整范围：	1.5～4 s
贯通道道宽：	1 500 mm
窗宽度：	1 300 mm
车钩中心线距轨面距离：	(720^{+8}_{0})mm
车轮直径：	
新轮直径：	840 mm
半磨耗轮：	805 mm
磨耗轮：	770 mm
轮对内侧距（AW0）：	$(1\,353^{+3}_{0})$mm
轮缘厚度：	32 mm

四、上海地铁列车的部分技术参数

两端车钩连接中心线长：	有司机室 24 240 mm；无司机室 22 800 mm
车体长：	有司机室车 23 540 mm；无司机室车 22 100 mm
贯通道最小道宽：	900 mm
端门宽：	700 mm
车钩中心线距离钢轨面高度：	720 mm
最小曲线半径：	300 m
最大坡度：	35‰
车辆轴重：	15.5 t
车辆自重（动车/拖车）：	36 t/32 t
有效载重：	24.6 t
座位数：	62 人
额定乘客总数：	310 人
紧急制动减速度：	$1.3\ m/s^3$
供电电压：	1 500 V(D)

站位数：　　　　　　　　　　　248 人

超载时乘客总数(按 8 人/m^2)：　410 人

冲动极限：　　　　　　　　　　0.75 m/s^3

第四节　城市轨道交通车辆限界

一、车辆限界

1. 限界的概念

限界是轨道交通的重要组成内容，是轨道交通运输中的一门基础性学科，是车辆运动学的延伸。限界为行车提供了安全而经济的空间，它确定轨道运输与线路有关的构筑物和各种设备相互关系。限界是由车辆、行车速度、线路、轨道、设备条件及安全间隙等决定的，是限定车辆运行及轨道周围构筑物超越的轮廓线。它是区间隧道、桥梁、车站、信号、供电、消防、环控、屏蔽门等专业的设计依据。其中车辆动态包络线限界是各种地铁限界的主要条件。

2. 限界的分类

限界是保障地铁或轻轨列车安全运行，用以限制沿线设备安装及确定建筑结构有效净空尺寸的技术。地铁设计规范中将限界分为车辆限界、设备限界和建筑限界。

(1)车辆限界：计算车辆在平直轨道上按规定速度运行，包括车辆和轨道的公差、磨耗、弹性变形以及振动等正常运行状态下的各种限定因素，而产生的车辆各种部位横向和竖向动态偏移后的统计轨迹，以基准坐标系表示的包络线称为车辆限界。

(2)设备限界：基准坐标系中位于车辆限界外，考虑了车辆在一系或二系悬挂故障状态下运行以及车辆在未计及因素所产生的包络线。设备限界外安装的任何设备(不包括站台计算长度内)，即包括它们的安装误差或柔性变形均不得侵入的空间称为设备限界。

(3)建筑限界：建筑限界是设备限界外的界限。沿线任何永久固定建筑物，即包括施工误差、测量误差及机构永久变形在内，均不得向内侵入的限界。

3. 车辆限界

车辆限界就是一个限制车辆横断面最大容许尺寸的轮廓图形。无论是当空车或者重车停放在水平轨道上时，该车辆的所有凸出部分和悬挂部分，都应容纳在限界轮廓之内。规定限界的目的主要是防止车辆在直线或曲线上运行时与各种建筑物或非指定的设备发生触碰。车辆限界与建筑限界之间，必须留出一定空间，以便车辆安全通行，这个空间是考虑到车辆某些部件在允许的最大限度公差、磨耗、和运行中车辆产生偏移的情况下，同时考虑了线路所产生的允许歪斜，仍然保证安全通过的要求。

车辆限界可分为三种状况，即车辆制造轮廓线、车辆静态限界及车辆动态包络线。

车辆静态限界是车辆停放在平直线路上所处的状态。由于平直线路存在着轨道几何偏差和磨损，轮轨间隙、车体相对于轮对的偏移量。所以静态车辆限界比车辆轮廓线要大。车辆动态包络线就是通常所说的车辆限界，动态限界是以线路为基础的车辆基准轮廓线在车辆运行过程中的最外点，按车轮在线路上运行时机车车辆各部件最不利的位置来考虑。

(1)确定限界的原则。

①限界应根据车辆的轮廓尺寸和性能、线路特性、设备安装以及施工方法等因素进行经济技术比较和综合分析后来确定。

②车辆限界应根据车辆主要尺寸等有关参数，并考虑在静态和动态情况下所能达到的横向和纵向偏移量及偏转角度，按可能产生最不利情况进行组合计算来确定。

③设备限界应根据车辆限界、轨道状态不良引起的车辆的偏移和倾斜，并考虑适当的安全量等因素进行计算确定。

(2)影响车辆限界的主要因素。车辆的主要尺寸，包括车辆长度、车辆最大宽度、车辆高度、车辆定距、固定轴距、地板面高度和受流器安装尺寸等；车辆制造公差、车辆因磨耗及弹簧变形等静态偏移量；车辆在名义载荷作用下弹簧受压缩引起车辆下沉，以及弹簧由于性能上的误差可能引起的超量偏移或倾斜；轮轨间隙和车辆自身各部分存在的横向间隙造成车辆与线路间可能形成的偏移；车辆在走行过程中因运动中的力的作用而造成车辆相对线路的偏移。它包括曲线区段运行时，实际速度与线路超高所要求的运行速度并不一致而引起的车体倾斜，以及车辆在振动中也会产生左右、上下各个方向的位移；线路在列车反复作用下可能产生的变形，例如，轨道不平顺等；线路构造与车辆运行速度。

确定车辆动态包络线限界和线路设备限界后，就可以尽可能地减少车辆限界与设备限界之间的安全间隙，大量减少地下隧道的土方工作量。

在车辆检修中，我们通过保证车辆静态限界来保证车辆动态包络线限界。只要车辆各尺寸不超过该静态限界，就能保证车辆在运动中不会超出车辆的动态包络线限界。车辆的限界检测门就是根据这个道理做成的。

二、地铁车辆的限界

1. 地铁车辆限界

我国最早建成的北京地铁车辆横截面尺寸为 2 650 mm×3 509 mm，与莫斯科地铁车辆尺寸类似。自 1990 年以后，为充分利用限界，增加载客量，将车辆截面扩大为“鼓形”，车体最宽处达到 2 800 mm。而上海地铁采用了与香港地铁相近的大型车体，车体的尺寸达到22 000 mm×3 000 mm×3 800 mm，这样有了 A 型、B 型车的划分。《地铁设计规范》(GB 50157—2003)对两种车型的车辆限界计算做了新的界定，其中有接触网的 A 型车限界(计算车辆最大宽度为 3 000 mm)，接触轨受电的 B_1 型车限界(计算车辆最大宽度为 2 800 mm)和接触网受电的 B_2 型车限界(计算车辆最大宽度为 2 800 mm)三类，适用于运行速度不超过 100 km/h 的地铁工程。运行速度超过的地铁工程，也可参照执行。图 1-11 所示为地铁车辆的限界。

2. 地铁设备限界

地铁设备限界是基准坐标系中位于车辆限界外的一个轮廓线，是用以限制设备安装的控制线。除另有规定外，建筑物及地面固定设备的任一部分，即使涉及了它们的刚性和柔性运动在内，均不得向内侵入此限界，接触轨限界属于设备限界的辅助限界。设备限界和车辆限界之间留有一定的间隙，这个间隙主要作为未涉及因素的安全车辆限界留量，按照限界制定时的规定某些偏移量计入此间隙。

3. 地铁建筑限界

地铁建筑限界是基准坐标系中位于地铁设备限界外的一个轮廓线，是在设备限界基础上，考虑了设备和管线安装尺寸之后的最小有效断面。它规定了地下铁道隧道的形状、尺寸、位置，地下车站及站台位置以及地面建筑物(包括接触网支柱、声屏障和站台屏蔽门等)的位置，包括施工误差、测量误差及结构永久变形在内，任何永久性建筑物均不得向内侵入此限界。建

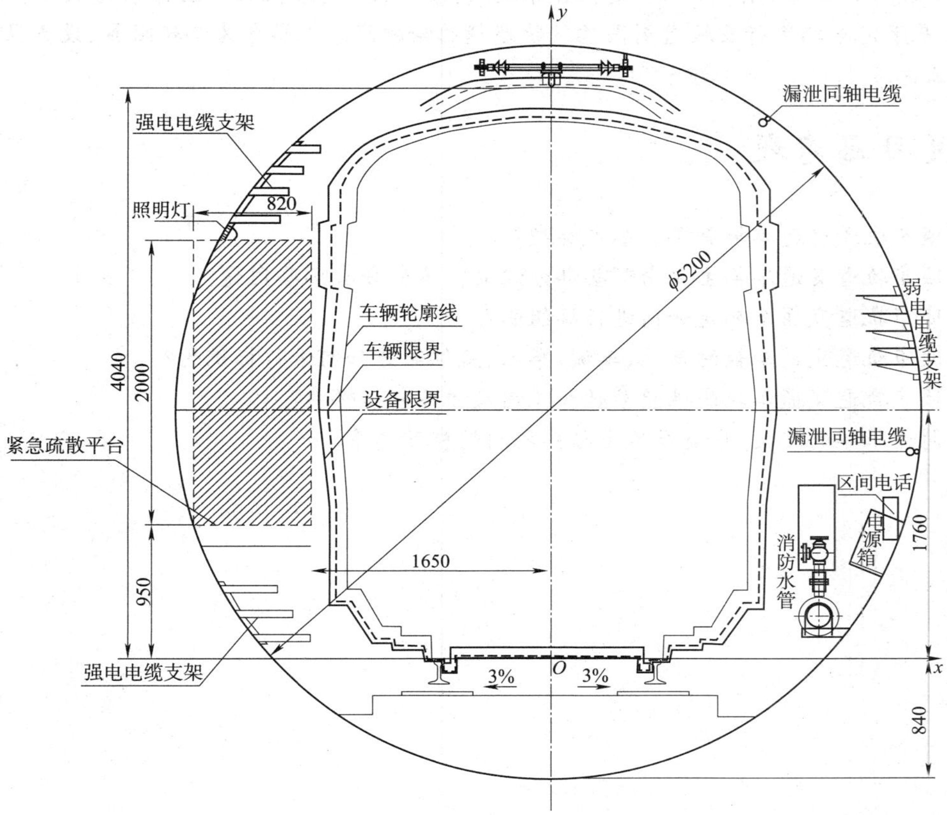

图 1-11　地铁的几种限界

筑限界和设备限界之间的空间应能安排各种电缆线、消防水管及消防栓、动力箱、信号箱及信号灯、照明灯、扩音器、通风管、架空线及其固定设备。地铁建筑限界应理解为建筑物的最小尺寸，比地铁建筑限界大的隧道、高架桥等建筑应认为是符合地铁建筑限界的。

本章小结

城市轨道交通车辆的基本类型：A、B、C 型车，它是按车体宽度进行区分。城市轨道交通车辆又有动车和拖车之分，动车以 M 表示，拖车以 T 表示。城市轨道交通车辆由车体、转向架、车钩及缓冲装置、制动装置、空调通风系统、车辆电气牵引系统、辅助供电系统、列车控制和诊断系统、乘客信息系统等部分组成。

城市轨道交通车辆的编组及标识：列车编组方式，车辆编号方法，车端、车侧、车门、座位等的标识定义。

城市轨道交通车辆的技术参数：车辆主要性能参数包括自重、载重、构造速度、轴重、通过最小曲线半径、轴配置或轴列式、起动平均加速度、制动平均减速度、冲击率、列车平稳性指标等；车辆的主要尺寸包括车辆长度、车辆最大宽度、车辆最大高度、车辆定距、固定轴距、车钩中心线距离钢轨面高度(简称车钩高)、地板面高度等。

城市轨道交通车辆限界：限界是根据车辆、行车速度、线路、轨道、设备条件及安全间隙等决定的，是限定车辆运行及轨道周围构筑物超越的轮廓线。限界分为车辆限界、设备限界和建筑限界三种。

复习思考题

1. 城市轨道交通车辆有哪些基本类型？
2. 城市轨道交通车辆主要由哪些部分组成？各部分有哪些用途？
3. 城市轨道交通车辆是如何进行编组的？
4. 城市轨道交通车辆的车端、车侧、车门、座位等是如何进行标识的？
5. 城市轨道交通车辆的性能参数和几何尺寸各包括哪些？
6. 简述限界的定义、分类及各类限界之间的相互关系。

第二章　城市轨道交通车辆车体

第一节　概　述

一、车体的作用与要求

车体是车辆的主体结构，其主要功能是运载旅客，承载和传递载荷，并装有传动机构、电气设备及其他一些设施。为使旅客的乘车环境安全舒适，车体还要安装防火、隔声、隔热材料。车体主要由底架、侧墙、端墙、车顶等部分组成。

车体的强度和刚度关系到列车运行的安全性、可靠性和乘车环境的舒适性；车体的防腐、耐腐能力及表面保护和装饰方法，关系到车辆的外观、寿命和检修制度；车体的重量关系到能耗，加、减速度，载客能力乃至列车编组形式(拖动比)，这些因素都将直接影响运营质量和经济效益。

车体不仅要承受车内设备的载荷与旅客的垂直载荷，在列车的运行过程中，同时要承受牵引力和制动力的作用，车辆起、停时来自车钩的纵向冲击作用，经过弯道时产生的横向冲击作用以及经过道岔、轨缝时产生的垂向振动作用。因此，对车体提出了以下六点要求：

(1)重量轻，承载能力强。

(2)减振性能好，能有效的缓和、吸收各种冲击与振动，有足够的抗撞击能力。

(3)有足够的机械强度，即有足够的静强度、动强度及冲击强度。

(4)有合适的上挠度，保证车体地板面为水平。在垂直载荷的作用下，车体材料会产生弹性变形，形成下挠度。为使车辆地板面在载客状态下始终保持水平，在设计制造车辆时，车辆空载(AW0)状态下应为正上挠度，而在车辆超员载荷(AW3)状态下时的上挠度为零，以确保车体地板面为水平。

(5)安全性高，具有紧急疏散的安全通道、灭火设施及撞击保护设施。

(6)车体内宽敞明亮、舒适度高并具有消声、隔声作用。

二、车体的分类

根据分类方式的不同，可将城市轨道交通车辆的车体分为以下几种类别：

(1)按照车体使用材料的不同，可分为普通钢(含耐候钢)车体、铝合金车体和不锈钢车体三种。早期的城市轨道交通车辆的车体材料基本上是普通钢，目前主要使用铝合金和不锈钢。

(2)按承载方式的不同，可分为底架承载、侧墙承载和整体承载三种方式。整体承载式结构，即所有车体承载件和外板都参与承载，这样能充分发挥所有承载零部件的承载作用，有效地减轻车体重量。《地铁车辆通用技术条件》(GB/T 7928—2003)规定我国地铁车辆车体采用整体承载结构。

(3)按照车体尺寸的不同，可分为 A 型车体、B 型车体和 C 型车体，目前我国的城市轨道交通车辆的车体主要采用 A、B 两型。例如，广州地铁 1、2 号线，深圳地铁 1 号线，南京地铁 1

号线均采用A型车；广州地铁3、4号线和成都、沈阳、南京、杭州、郑州等地的地铁车辆采用了B型车。

(4)按照车体的结构工艺不同，可分为一体化结构和模块化结构。早期生产制造的车辆车体主要采用一体化结构，模块化结构因具备便于维修等特点，其发展速度较快。

(5)按结构形式的不同，可分为板梁组合结构、开口型材与大型中空型材组合结构、大型中空型材结构三种形式。

三、车体的基本特征与结构

(一)车体的基本特征

(1)城市轨道交通车辆的车体结构具多样性。

(2)由于城市轨道交通车辆乘客数量多，旅行时间短，上下车频繁，因此车内设置的座位数量少、车门数量多而且开度大。

(3)对车体的重量限制较为严格。特别是高架轻轨，要求列车重量轻、轴重小，以降低线路设施的工程投资。

(4)为减轻列车自重，车辆必须轻量化。车体承载结构一般采用大型中空截面挤压铝型材、不锈钢等，车辆的其他辅助设施也尽量采用轻型材料和轻量化结构。

(5)城市轨道交通车辆一般运行于城市人口稠密地区，并用于乘载旅客，所以对车辆的防火要求十分严格。通常车体的结构采用防火设计，材料必须经过阻燃处理。

(6)对车辆的隔声和降噪有严格的要求，最大限度降低噪声对乘客和沿线居民的影响。

(7)车辆外观造型和色彩必须考虑城市文化、环境美化，与城市景观相协调。

(二)车体的结构

我国地铁车辆的车体结构从20世纪80年代就开始采用不锈钢整体承载结构，车体侧墙、车顶的梁柱与蒙皮结合后与底架构成封闭断面，以增强车体的强度和刚度。20世纪90年代，随着铝合金工艺发展，同时使其能更好地利用限界，开始生产鼓形断面的铝合金地铁车辆。

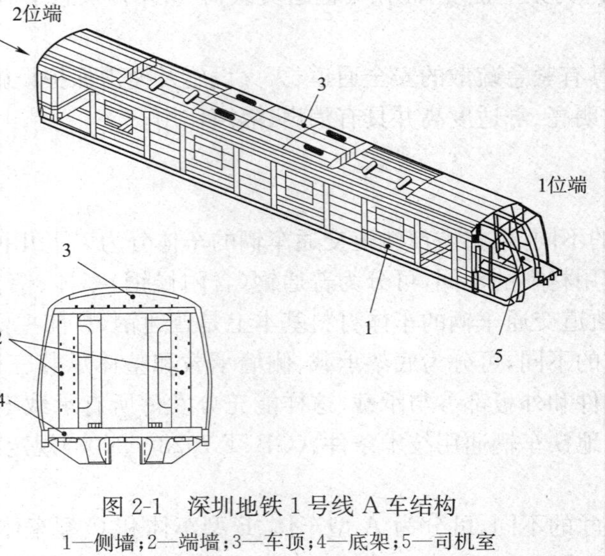

图2-1　深圳地铁1号线A车结构

1—侧墙；2—端墙；3—车顶；4—底架；5—司机室

城市轨道交通车辆车体结构大多为整体承载铝合金模块化鼓形结构，由底架、侧墙、端墙及车顶多个单独模块构成。总装前分别对其内部部件进行预组装，在每个模块上预装隔热、隔声材料，玻璃和内侧墙，最后将其机械紧固在一起组成一个轻量化的一体化车体，最后再安装内饰板，外蒙皮，地板，顶板及隔热、隔声材料，车窗，车门及采光设施等。车体的一般结构形式如图 2-1 所示。

车体的主要结构包括以下五个部分：

1. 底架

底架是车体中一个重要的部件。主要作用是承受车体上部载荷并传递给整个车体；承受因各种原因而引起的横向力和走行部传来的各种振动和冲击；由牵引梁连挂组成列车，并在车辆间传递牵引力和制动力。车辆的大部分设备都是安装在车辆底架上。

底架结构模块包括地板、边梁、端部结构组件。边梁、枕梁、牵引梁采用连续焊接组合在一起，用螺栓与底架连接，便于更换。车辆的底架结构模块有以下特点：

(1)地板主要由六块与车辆长度相同的挤压型材构成的长地板。

(2)边梁由与车辆长度相同的上、下两块挤压型材组成，下部挤压型材是安装底架设备的底座，上部挤压件包括地板和侧墙的接口。在司机室区域，边梁经由特殊的挤压型材延伸用做安装司机室模块的底座。

(3)底架端部结构由枕梁、缓冲梁和牵引梁(车钩安装板)组成。枕梁主要由两个与车辆宽度相同的挤压型材组成，包括一些固定电缆和管的各种加强及固定件。

2. 侧墙

侧墙是决定车体高度的重要部件，侧墙与底架、车顶连接在一起，共同承受和传递来自车体的载荷。

A 车侧墙由上墙板、下墙板、窗间墙板三部分组成。其主要由大断面挤压铝型材的侧墙板和门立柱焊接而成，在侧墙内侧预装有隔热、隔声材料，车窗和内墙板。侧墙模块与底架和车顶模块之间采用焊接的方式进行连接。除了第一个客室门和司机室模块之间的小侧墙模块外，所有侧墙模块由六个焊接挤压型材组成，纵向布置，同时增加了采光设计。

3. 端墙

端墙安装在客室的两端头，其作用是连接客室车体与贯通道(或司机室)的联结体，其结构包括地板、贯通道框架、侧墙部件。中间端设有许多结构部件和孔，用于内部和外部设备的安装连接。

4. 车顶

车顶结构由车顶侧梁、车顶板、空调机组安装槽组成，B 车车顶结构还包括受电弓安装槽。车顶板与车顶侧梁、风道一起形成封闭的车顶。

安装于车顶的设备主要有静通风口、空调设备及其换气连接、电力供应、排水装置，A 车车顶装有车辆无线电天线。

5. 司机室

仅 A 车设置了全宽的司机室。由于延长了 A 车的车辆长度用以设置司机室，因此不会减少客室的可利用空间。司机室模块为框架结构，外部由玻璃钢罩板包裹。

在司机室前端墙的中间，设有紧急逃生装置，是列车在非正常运行的特殊情况下，乘客的逃生通道。

四、车体结构的基本参数

(一)深圳地铁1号线

A车长度:	23 380 mm
B、C车长度:	21 880 mm
车体宽度:	3 000 mm
车顶面至轨面最大高度:	3 800 mm
客室内部高度(地面至车内顶点中心线的高度):	2 100 mm
车体高度(从底架上沿到顶盖):	2 605 mm
鼓形处车体宽度(最大外宽):	3 092 mm
地面至轨面高度(空载,空簧完全充气,新轮):	1 130 mm
可承受纵向压缩载荷:	1 200 kN
最大纵向拉伸载荷:	960 kN

(二)西安地铁2号线

T_C 车长度:	19 500 mm
M_P、M、T车长度:	19 000 mm
车体最大宽度:	2 800 mm
车辆高度(轨面到车顶高度、新轮、落弓):	3 810 mm
车辆定距:	12 600 mm
可承受纵向压缩载荷:	800 kN
最大纵向拉伸载荷:	650 kN

第二节　铝合金车体

目前铝合金车体为我国城市轨道交通车辆采用最多的车体结构,相对于早期普通钢车体,其具有减轻车辆的重量、降低系统能耗、便于模块化结构、耐腐蚀性好等优点。

一、铝合金材料特性

铝合金车体材料具有以下特性:

(1)质轻,更容易实现车体的轻量化。铝的密度为2.71 g/cm^3,约为钢密度(7.87 g/cm^3)的三分之一。

(2)经处理后强度可提高。纯铝的抗拉强度约为80 MPa,是低碳钢的五分之一。但经过热处理强化及合金化强化,其强度会大幅增加。例如,铝合金车体常用的材质6005A-T6,它的最低抗拉强度为360 MPa,可达到低碳钢相应的强度值。

(3)耐蚀性能好。铝合金的特性之一是接触空气时表面会形成一层致密的氧化膜,这层膜能防止材料腐蚀,所以其耐蚀性能好。若再施以"氧化铝膜处理法",就可以全面防止材料腐蚀。

(4)加工性能好。车辆用型材挤压性能好,容易进行二次加工和弯曲加工。

(5)易于再生。铝的熔点低(660℃),再生简单。在废弃处理时也无公害,有利于环保,符合可持续发展战略的要求。

根据铝合金车体结构及制造、运用情况，选择材料时应遵循以下原则：

（1）从轻量化方面考虑，要求强度、刚度好且重量轻。

（2）从使用寿命方面考虑，要求耐蚀性、表面处理性和维护保养性好。

（3）从制造工艺方面考虑，要求焊接性、挤压加工性和成形加工性高。

根据以上原则，铝合金车体主要使用 5000 系列、6000 系列、7000 系列的铝合金。几种常用的铝合金材料化学成分及力学性能如表 2-1、表 2-2 所示。

表 2-1　铝合金材料的主要化学成分（铝以外）　　（单位：%）

化学成分 / 材料名称	Si	Fe	Cu	Mn	Mg	Cr	Zn	Ti
5052	＜0.25	＜0.40	＜0.10	＜0.10	2.20～2.80	0.15～0.35	＜0.10	—
6061	0.40～0.80	＜0.70	0.15～0.40	＜0.15	0.80～1.20	0.04～0.35	＜0.25	＜0.15
6063	0.20～0.60	＜0.35	＜0.10	＜0.10	0.45～0.90	＜0.10	＜0.10	＜0.10
7003	＜0.30	＜0.35	＜0.20	＜0.30	0.50～1.00	＜0.20	5.00～6.50	＜0.20
7N01	＜0.30	＜0.35	＜0.20	0.30～0.70	1.05～2.00	＜0.30	4.00～5.00	＜0.20

表 2-2　铝合金材料力学性能

铝合金材料	质量级别	厚度/mm	屈服强度/(N/mm^2)	抗拉强度/(N/mm^2)	延伸率/%
5052	H112		＞70	170	—
	0		＞70	175～245	＞20
6061	0		＜110	＜145	＞16
	T4		＞110	＞175	＞16
	T42		＞85		＞16
	T6		＞245	＞245	＞8
	T62		＞245	＞245	＞10
6063	T1	＜12	＞60	＞120	
		12～25	＞55	＞110	
	T5	＜12	＞110	＞115	＞8
		12～25	＞110	＞145	＞8
	T6	＜3	＞117	＞205	＞8
		12～25	＞175	＞205	＞10
7003		＜12	＞245	＞285	＞10
		＜3	＞235	＞275	＞10
7N01	0		＜145	＜245	＞12
	T4		＞195	＞315	＞11
	T5		＞245	＞325	＞10
	T6		＞275	＞335	＞10

二、铝合金材料车体的发展及优点

1896 年法国将铝合金材料用于铁道客车辆车窗上，1905 年英国铁路电动车外墙板采用铝合金材料，美国在 1923～1932 年间有 700 辆电动车和客车的侧墙和车顶采用铝合金材料。1952 年伦敦地铁车辆、1954 年多伦多地铁车辆车体均开始采用铝合金。20 世纪 60 年代以来，德国的科隆、波恩等城市铁路的市郊电动车组也相继实现车体材料的铝合金化。近年来，我国许多城市的地铁车辆车体都采用了铝合金材料，例如，上海地铁 1、2 号线，广州地铁 1～5 号线，深圳地铁 1 号线，南京地铁 1 号线，重庆单轨 2、3 号线，成都地铁 1 号线等。

铝合金车体的发展经历了板梁期、开口型材期和目前广为使用的大型中空挤压型材期三个发展阶段。

铝合金车体具有以下优点：

(1)能大幅度降低车辆自重，在车辆长度相同的条件下，与碳素钢车体相比，铝合金车体的自重降低约 30%～35%，强度重量比约为碳素钢车体的两倍。根据国内外实际经验，地铁车辆耐候钢车体自重约 9～10 t，铝合金车体自重约 4～5 t。

(2)具有较小的密度及弹性模量，所以铝合金对冲击载荷有较高能量吸收能力，可降低振动，减少噪声。

(3)可运用大型中空挤压型材进行气密性设计，提高车辆密封性能及乘车的舒适性。

(4)采用大型中空挤压型材制造的板块式结构，可减少连接件数量，车下空间大，以适应较大的线槽布线和空气管路预装，容易实现模块化结构要求。

(5)减少维修费用，延长使用寿命。

(6)中空铝型材的表面平整、光洁，给人以庄重、美观的视觉感受，易于被广大乘客接受。

三、铝合金车体形式

(一)纯铝合金车体

纯铝合金车体大约可分为以下四种形式：

(1)车体由铝板和实心型材制成，铝板和型材通过铝制铆钉、连续焊接和金属惰性气体点焊等方式进行连接。这些铝板和型材等多为拉延材料(板材、挤压型材、锻造材料)。现在很多地方使用大型挤压型材，经热处理后，其机械性能有很大的提高。大型挤压型材的组合使车辆在制造过程中的焊接操作大量减少，但制造成本增大。

(2)车体结构是板条骨架结构，用气体保护的熔焊作为其连接方法。

(3)在车体结构中应用整体结构，板皮和纵向加固件构成高强度大型开口型材。

(4)车体采用空心截面的大型整体型材，结构更加简单。型材平行放置并且总是在车体的全部长度上延伸，通过自动连续焊接进的方式行连接。该车体结构以具有多种多样截面的型材为基础，并能够充分地利用铝合金良好的机械性能。

(二)混合结构铝合金车体

除上述纯铝合金车体外，还有钢底架的混合结构铝合金车体。这种车体侧墙与底架的连接基本都采用铆钉或螺栓连接的方式。其作用有两点：一是可避免因热胀冷缩而带来的问题；二是减少了成本很高的车体校正工序。

采用铝合金材料制造车体可最大限度地减轻车体自重，从而提高了车辆的加速度，降低了运能消耗，使牵引及制动能耗降低，减轻了对线路的磨耗及冲击，扩大了输送能力。

此外，混合结构铝合金车体还有以下优点：耐腐蚀性好（但在有湿气的潮湿地方便容易腐蚀，所以应特别注意排水和密封），外墙板可不涂漆，这不仅节约了能源，还节省了涂装费，而且不用设置油漆场地，缩短制造周期，同时可延长检修周期；可以用长大宽幅挤压型材，与一般钢结构相比，人工费节省约 40%，车辆重量减少约 30%～35%。

四、铝合金车体结构

目前多数铝合金车体外形类似鼓形，这种外形一方面可以使车辆在圆形隧道内获得最大截面积（或称之为充塞比），增大车内空间，另一方面有利于提高车辆在圆形隧道内的活塞效应，加强隧道的自然通风能力，很好地降低空气阻力，减少能源损耗。

图 2-2 所示为上海地铁 1 号线车体结构图。该车体采用的是大断面铝合金中空挤压型材整体焊接承载结构，由底架、侧墙、车顶、端墙、司机室等组成（司机室结构为 A 车所特有），可承受垂向、纵向、横向、扭转等载荷。整体采用纵向长尺寸的挤压铝合金型材制造，无需对接。

车体侧墙顶部设有雨檐，底架采用无中梁结构。司机室端部设计为框架结构，能满足在发生意外撞车时的能量吸收，外部采用玻璃钢罩板包裹。车体各大部件通过焊接方式连接，司机室骨架与车体连接采用铆钉连接的方式，以保证车头损坏时较容易更换车头及修复车体。

车顶、侧墙、端墙中部填充有玻璃纤维或矿物棉，起到隔热的作用。同时，车顶、侧墙及其地板下涂有隔声及防水涂料，转向架部区域的地板下部黏有隔声材料，起到噪声隔绝的作用。

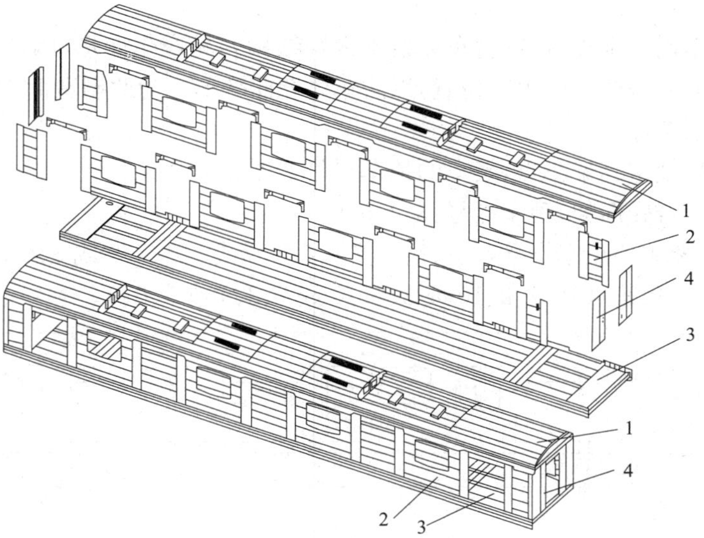

图 2-2　上海地铁 1 号线车体结构图

1—车顶；2—侧墙；3—底架；4—端墙

下面介绍车体结构各大部件的结构特点（以上海地铁 1 号线车辆为例）：

1. 车顶

车外顶板两侧小圆弧部分采用形状复杂的中空截面挤压铝型材，中部大圆弧部分为带有纵向加强杆件的挤压成形的车顶板，其长度与车顶等长，组装车顶时，仅留下几条与车顶等长的纵向长焊缝。

客室内顶板由三部分组成:中间为平板,平板两侧为多孔的通风口平板,最外侧为客室照明灯的灯箱。平板安装在悬挂的车顶吊架上。

2. 侧墙、端墙

由于左、右各有五扇车门和四个车窗,车体的侧墙被分隔成六块带窗框、窗下间壁、左右窗间壁或门间壁的分部件,全车共十二块,在组装时分别与各自的底板、车顶拼接,各分部件也为整体的挤压铝型材。

3. 底架

底架由地板、侧梁、枕梁、小横梁和牵引梁组成,五块与车体等长的地板梁通过两侧的接口拼焊成车体地板,每块地板梁由上、下翼板,腹板和六块筋板组成中空截面挤压铝型材。底板侧梁为与车体等长的薄壁中空截面挤压铝型材。

客室地板、直流传动车的地板、交流传动车的地板的结构有所不同。直流传动车的地板是先在底板上纵向布置橡胶条,再铺设多层夹板,用螺钉将多层夹板固定在底架上,然后在多层夹板上粘接 PVC 材料地板。黏结塑料地板的黏结剂在潮湿的环境中很容易丧失黏性,因此当多层夹板受潮,塑料地板就很容易起泡,甚至脱落。在生产交流传动车时,对其地板做了部分改进,将多层夹板换成表面平整、光洁的铝合金轻型型材,然后在铝合金型材表面直接粘贴 PVC 塑料地板,这就避免了塑料地板受潮易起泡、脱落的弊病。

五、铝合金车体架车作业

由于车体采用铝合金焊接结构,车体较碳素钢结构容易产生变形,因此,在日常架车检修工作中应特别注意使用合适的顶车位置,以防车体翘曲变形。为此制造商制定了顶车位置,并在外墙下沿标有顶车标记。

按不同的修程规定其架车点,架车的顶车点号如图 2-3 所示。

(1)整车架起(带转向架)顶车点号:3、4、5、6。

(2)无转向架架车的顶车点号:1、2、7、8 或 1、2、5、6 或 3、4、7、8 或 3、4、5、6。

(3)三点架车的顶车点号:1、2、10 或 3、4、10 或 7、8、9 或 5、6、9。

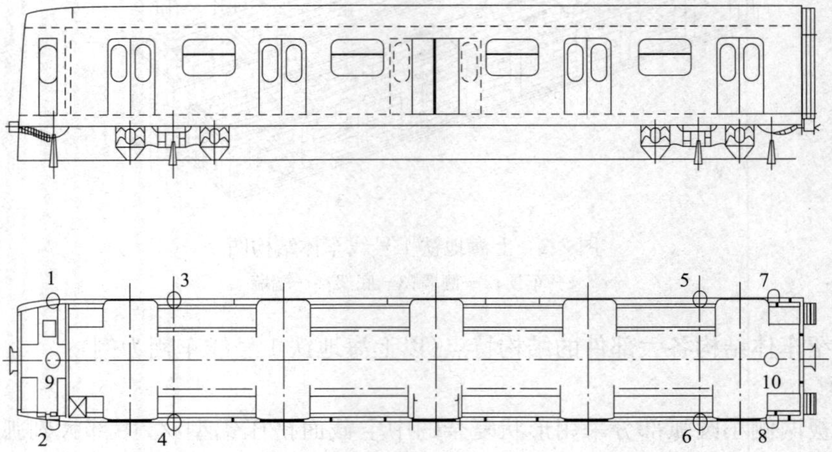

图 2-3　上海地铁 1 号线 A 型车架车点

六、使用铝合金材料的注意事项

铝合金车体有许多的优点，但在设计、制造过程中仍需注意许多问题。例如，铝合金材料的选择，材料结构的确定，铝合金连接工艺的研究，铝合金结构的优化设计，及刚度、防腐问题等。

（一）铝合金材料的选择

使用铝合金材料的车体多为焊接结构，且在大气条件下工作，因此，要求铝合金材料不仅应具有适当的强度和刚度，而且要求其具有良好的焊接性能，特别是焊缝性能要接近母材的性能水平。最好在焊后的自然时效状态即能达到固熔处理加人工时效状态的性能水平。此外还要求材料的抗腐能力和抗应力腐蚀能力强、应力集中敏感性低、焊接接头处的抗脆断能力和抗疲劳能力高。

上海 A 型地铁车辆车体承载结构采用铝合金挤压型材 6005A-T6、7007T6 及板材制造，其耐腐蚀性高，易于焊接，具备抗拉强度、屈服强度高等优点，满足欧洲标准 EN75518－1997 相应要求。在国外，A 型车辆也被广泛采用。

（二）铝合金型材结构的确定

铝合金的比重约为钢的三分之一，弹性模量也约为钢的三分之一。材料的刚度与弹性模量有关，因此，铝合金车体的设计不能采用钢质车体的结构形式，而应该充分利用新型铝合金的性能特点，采用大型中空挤压型材。

采用长大挤压型材使大多数焊缝接头位于长度方向上，可以集中焊接；与板梁结构相比较其变形大量减少，并且机械化程度高，大大减少了人工操作，提高了劳动生产率。

整体结构的铝合金车体有着非常好的耐冲击性能，因其工作断面面积增大两、三倍，零件的长细比也明显地减小。

（三）铝合金车体与司机室的连接

城市轨道交通车辆车体的 A 车（带司机室）的头部设计大都利用玻璃钢材料来实现流线型外观，玻璃钢材料与铝合金很难采用传统的机械紧固的连接方式进行装配，目前发展趋势为采用粘接的方式进行。

粘接技术既简化了连接部位的结构，可减少诸如焊接或机械紧固而引起的应力集中和局部变形。粘接接头密封性好，并且具有绝缘、耐腐蚀及防锈等特点，能抵御多种环境条件的影响。黏结剂的柔性补偿了因材料膨胀系数的不同而产生接缝的连接差异，可提高连接处的耐受振动疲劳的能力。同时，黏结剂在紫外线、较高温度及其他工作条件下胶层容易老化，接头的物理机械性能将降低，为此需根据不同的结构、工作条件选用相应的黏结剂和作业工艺。

第三节　不锈钢车体

不锈钢是一种含镍、铬的高强度合金钢，强度高于普通钢，特别是轻量化不锈钢，其强度是普通钢的三倍。同时其耐腐蚀性好，不仅减少了维修工作量和维修费用，而且延长了车辆的使用寿命。

一、不锈钢材料的特性

用于不锈钢车体的材料应具有耐强应力，焊接性、辊轧成形性、冲压性等加工性能良好。符合上述条件的不锈钢通常有两种：奥氏体不锈钢 SUS 301L、SUS 304。

两种不锈钢的主要化学成分和机械性能如表 2-3 和表 2-4 所示。

奥氏体不锈钢 SUS 301L 具有通过轧制加工而易于增加硬度和抗拉强度的特性，所以可根据使用部位选用合适等级的材料，它的含碳量在 0.03%以下，能抑制电弧焊碳化铬的析出，是一种可以防止晶界腐蚀裂纹的材料。奥氏体不锈钢 SUS 304 一般用于强度要求不严格的部位。

表 2-3　不锈钢材料的主要化学成分(不包括铁)　　(单位：%)

不锈钢材料	C(max)	Si(max)	Mn(max)	Ni	Cr	S(max)	P(max)	N(max)
SUS 301L	0.03	1.00	2.00	6.00～8.00	16.00～18.00	0.030	0.045	0.20
SUS 304	0.08	1.00	2.00	6.00～10.50	16.00～20.00	0.030	0.045	—

表 2-4　不锈钢材料的机械性能比较

不锈钢材料	调制处理	屈服强度/(N/mm²)	抗拉强度/(N/mm²)	延伸率/%		
				厚度＜0.4mm	厚度 0.4～0.8mm	厚度＞0.8mm
SUS 301L	1/4H	＞345	＞690	＞40		
	1/2H	＞410	＞760	＞35		
	3/4H	＞480	＞820	＞25		
	H	＞685	＞930	＞20		
SUS 304		＞205	＞520	＞40		

奥氏体不锈钢 SUS 301L 在进行冷压延加工时，如将加工量(也称压延率)的范围控制在 5%～20%，可以得到不同强度等级的材料，SUS301L 一般分为以下五个强度等级：

(1)SUS 301L-LT。其特点是强度与 SUS 304 基本相同，多用于强度要求不高、进行拉伸加工的料件。

(2)SUS 301L-DLT(1/4H)。其特点是压延加工度低，板的平面度在几种调质材料中最好，多用于外板。

(3)SUS 301L-ST(1/2H)。其特点是具有较高强度，同时拉伸性良好。多用于车顶弯梁，侧立柱、端立柱等处。

(4)SUS 301L-MT(3/4H)。其特点是强度很高，但不易进行弧焊加工，加热至 600℃以上时，强度会大幅降低，为冷弯型钢用料。

(5)SUS301L－HT(H)。其特点是屈服强度和强度极限在几种调质材料中都是最大的，加热至 600℃以上时，强度会大幅下降。多用于底架边梁、主横梁、侧立柱等对强度要求很高的部位。

二、不锈钢材料车体的发展及特点

不锈钢车体的制造始于美国，20 世纪 50 年代由美国巴德公司生产了不锈钢车辆，日本东字车辆公司于 1959 年末从美国引进此技术后，1962 年生产了 7000 系全不锈钢车，至 2000 年累计生产约 12 000 辆。中国长春客车厂（现中国北车长春客车股份有限公司）于 1987 年开始在铁路客车上采用不锈钢，主要用于外墙板及易腐蚀的梁柱，1996 年与韩国进行合作，开发出了点焊结构的不锈钢车体。但真正意义上的轻量化不锈钢车体是 2002 年制造完成的北京城轨两列轻量化不锈钢样车。目前天津滨海快速、天津地铁 9 号线、北京地铁 5 号线、西安地铁 2 号线等 B 型车辆的车体均为不锈钢车体。图 2-4 所示为不锈钢车体结构图。

图 2-4　不锈钢车体结构图

不锈钢车体结构采用板梁组合整体承载全焊结构，由于使用的板材较薄，需采用大量薄板轧制成补强型材，与外板焊接连接成空腔，借以提高外板的刚度和强度。这是不锈钢车体的结构特征之一。

为了保持车体板材的强度，减小变形，应尽量采用点焊，用接触焊代替弧焊，是不锈钢车体的技术关键。

虽然不锈钢车体在制造过程中不必进行防腐处理，但为了提高车体的装饰性，许多厂家进行适当修饰，例如，用彩色胶膜装饰车体。

不锈钢车体的机械性能、防火性能均强于铝合金车体，同时具有较好的安全性。基于上述原因，多数国家或地区的地铁均采用不锈钢车体。

三、不锈钢车体的结构

（一）车　　顶

车顶由波纹顶板、车顶弯梁、车顶边梁、侧顶板、空调机组平台等几部分组成。

车顶采用波纹顶板无纵向梁结构，顶板间搭接缝焊连接，与车顶弯梁点焊在一起，机组平台由纵梁、弯梁、顶板点焊组成部件，再与车顶通过点焊及塞焊组成一体。由于车顶是无纵梁结构，波纹顶板要传递车体纵向力，所以选择强度较高的 SUS 301L-MT 不锈钢，材料厚度为 0.6 mm。

车顶弯梁采用 SUS 301L-ST 不锈钢，材料厚度为 1.5 mm。

车顶边梁是车顶及整车的主要承载部件，所以选用强度最高的 SUS 301L-HT 材料，整体冷弯成形，材料厚度为 1.5 mm。

（二）侧　墙

侧墙选用塞拉门、连续窗结构。为适应该要求，侧墙的钢结构部分采取了比较特殊的方法，一扇连续窗全长 4 070 mm，在此范围内，钢结构必须便于车窗的安装和固定，不得有任何与车窗相干涉的结构。同时工艺性要好，结构上必须可实现点焊连接。设计中，将窗间有玻璃通过的侧立柱压出凹形，再通过窗带过渡与窗框相连接。为便于加工，压出凹形的立柱采用了强度较低的 SUS301L-ST 材料，同时为保证该处强度，在其背面添加了一根补强梁，为保证窗口及侧墙的平面度，窗口周围所有梁柱、补强部分均为点焊连接。

由于车门开口（宽 1 550 mm、高 2 012 mm）对钢结构的强度和刚度影响很大，为此必须采取补强措施，例如，加长门上框翻边长度；在门上加补强板；将底架碳素钢边梁延长以超过车门口等。为消除门角应力集中的问题，采用在门口外围进行补强及添加过渡圆弧，在门角内加门角补强铁。通常采用上述措施来增加车体刚度及强度。

（三）端　墙

端墙为板、梁点焊结构。

（四）底　架

采用碳素钢端底架与不锈钢底架塞焊连接，主横梁与边梁利用过渡连接板实现点焊连接，底架边梁采用 SUS301L-HT 不锈钢，材料厚度为 4 mm，以提高底架的整体强度和刚度。

图 2-5 所示为天津滨海轻轨车辆的车体客室图。该车除底架端部采用碳素钢材料外，其余部分均采用 SUS301L 高强度不锈钢材料。梁、柱间通过连接板相连接，各部件间采用点焊连接，形成不锈钢骨架结构。采用整体玻璃钢车头，金刚砂地板布直接粘接在铝蜂窝地板上，头车的顶板、圆头、间壁做成一体，与贯通道连接，以达到整体美观的效果。

图 2-5　天津滨海轻轨车体客室图

四、不锈钢材料使用中应注意的问题

由于不锈钢车体具有耐腐蚀性较好、使用寿命长等优点，因此，在保证强度、刚度的条件下，板厚可以大大减少，从而实现车体的轻量化。但在设计、制造中仍需注意许多问题。例如，不锈钢的选材、制造技术、结构焊接工艺的研究，不锈钢材料疲劳特性和寿命的试验，结构优化设计，刚度、防腐问题等。

（一）不锈钢材料的选择

根据城市轨道交通车辆的结构特点、制造工艺以及使用环境等因素，同时考虑到制造成本，要求所使用的不锈钢材料必须具有以下性能：

(1)价格便宜。要求不锈钢通用性高、容易购买。

(2)耐腐蚀性好。

(3)具有车辆所需的强度要求。

(4)加工性好，在对其进行剪切、弯曲、拉延、焊接等加工时，不会产生缺陷。

能满足以上条件的不锈钢材料有 30～40 种，综合各方因素，目前广为采用有只用 SUS 301L、SUS 304 不锈钢。其他不锈钢材料的热影响区易产生铬碳化合物晶界析出现象，并出现晶界腐蚀裂纹，降低了材料的耐腐蚀性能。

（二）不锈钢材料的焊接

碳素钢车体采用弧焊组装钢结构，靠电弧产生的热量熔化填充金属，使两个构件熔敷接合。弧焊所产生的热量很大，对构件的热输入量也很大，这种焊接方法对于焊接不锈钢材料是很不利的。

不锈钢导热系数只是碳素钢的三分之一，而热膨胀系数是碳素钢的 1.5 倍，热量输入后因散热慢而产生较大变形，不利于对构件进行尺寸及形状的控制，但由于不锈钢材料的电阻较大，所以对不锈钢材料的焊接一般都采用电阻焊(即点焊)。点焊就是将两个或两个以上相叠加的金属用电极加压，通过大电流利用金属的电阻，产生高热，使叠加的金属在加压区产生熔合，金属便连接到一起。点焊的特点是对构件的热输入量小，容易实现自动控制，操作简单容易且质量高。

轻量化不锈钢车体中几乎所有的零部件都是通过点焊连接的，所以焊点的质量将直接影响车体钢结构的质量和强度。为保证车体质量，在日常生产中，控制焊点质量是十分必要的。现在采取的方法是在每次作业前进行点焊拉伸试验和切片试验，检验合格后再按照试验的焊接规范进行作业。不锈钢车使用高强度冷轧不锈钢板，其强度是通过加工硬化实现的。

（三）不锈钢车体的外观质量

因为不锈钢外墙板很薄(一般为 0.5 mm)，其对不平度要求很高，例如，有 0.2 m 以上凸凹处，反光折射后视觉效果不佳，特别是薄板点焊处无法平整。另外，其表层拉丝板容易出现划痕，难以消除。所以相对于铝合金车体，外观效果稍差。

此外，为了增加不锈钢车体外表面的美观性，不锈钢梁柱的制造精度要达到很高的水平，特别是侧墙和端墙为平板的鼓形车体，制造难度最大。

第四节　车体的模块化结构

就车体结构形式而言，传统城轨车辆都是采用全组焊结构，即底架、侧墙、车顶和端墙均为焊接而成，其在组装时也采用焊接工艺，这种车体结构称为整体焊接结构，也称一体化结构，如图 2-6 所示。随着技术的发展，自 20 世纪 90 年代中后期，模块化的车体结构开始在国内、外逐步发展起来。

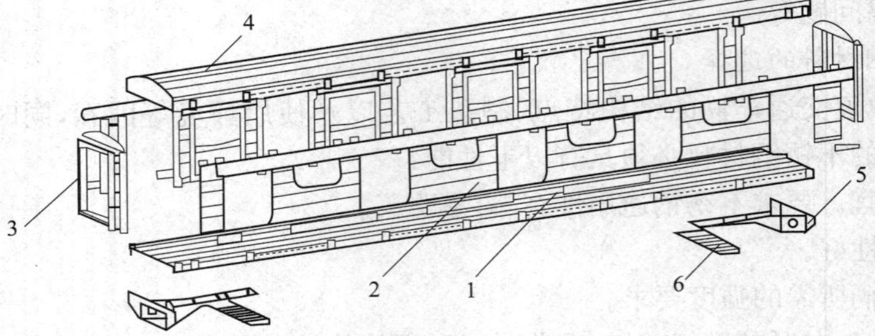

图 2-6　车体模块组成

1—底架模块；2—侧墙模块；3—端部模块；4—车顶模块；
5—牵引梁模块；6—整梁模块

模块化结构是近年来发展起来的技术，模块化结构车体是将整个车体分为若干个模块，在每个模块的制造过程中完成整车需要的内装、布管与布线的预组装，并解决相互之间的接口问题。各模块完成后即可进行整车组装。每一模块的自身结构部分采用焊接，而各模块之间的总成采用机械连接。图 2-7 所示为车体车顶的模块组成。

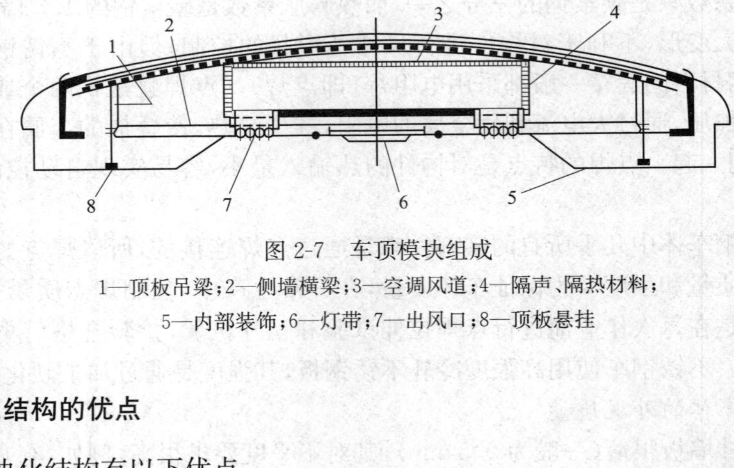

图 2-7　车顶模块组成

1—顶板吊梁；2—侧墙横梁；3—空调风道；4—隔声、隔热材料；
5—内部装饰；6—灯带；7—出风口；8—顶板悬挂

一、模块化结构的优点

车体的模块化结构有以下优点：

(1)在每个模块的制造过程中需验证其质量，模块制成后需对其进行试验，从而保证整车总装后的试验比较简单，整车质量也容易保证。

(2)由于每个模块的制造可以独立进行，并解决了模块之间的连接问题，因此，结构复杂且技术难度大的模块和部件可以由国外引进，其余模块和部件可在用户本地生产。另外，模块化生产对总装生产线要求不高，这有利于产品生产国产化的逐步实施。

(3)可以改善劳动条件，降低施工难度，提高劳动效率，保证整车质量。

(4)可以减少工装设备，简化施工程序，降低生产成本。

(5)在车辆检修中，可采用更换模块的方式进行，以方便维修。国外在模块化车体的设计、制造、试验与生产管理过程中已形成了一整套的经验，从而保证了批量生产的质量。

二、模块化车体的装配

模块化车体的总装配与焊接结构相对简单，特别在总装装配和焊接设备的设置上简化许多。虽然模块化车体的总装配也需在专用的总装胎具上完成，但其作用主要体现在定位和支撑上，使总装配更容易实现。

（一）车体总装配

依次将底架、侧墙、车顶、端部中间体、司机室（A 车）各个模块吊入专用的总装胎具，并依次进行定位和固定。检查车体长度、宽度和车体对角线尺寸。确认各项尺寸符合要求后，在各个模块的结合面使用粘接密封剂，达到粘接和结合面密封的双重目的，最后使用机械紧固件穿过预制安装孔，将各个模块联结起来。

（二）模块化车体之间的联结技术

底架、侧墙、车顶、端部中间体、司机室（A 车）之间的联结采用螺栓连接方式，在不同部位采用不同形式和不同等级的高强度螺栓。高强度螺栓紧固可使结构件之间的连接能够承受强烈振动、冲击和动载荷。采用自锁式设计，以保证其可靠性。

三、车体模块化结构的注意事项

（1）模块本身应具有足够有刚度，连接部分应具备相应的强度和刚度，因此在设计过程必须进行详细的接口计算。

（2）模块应便于安装，周边应有一定的调整空间。

（3）模块化设计要考虑通用性，满足同一部位互换性要求。

（4）模块化车体因涉及螺栓等多处连接，其车体重量略重于焊接车体。

第五节　车体结构及材料的轻量化途径

一、城市轨道交通车辆结构要求

车体是车辆的关键部件，其不仅牵涉到车辆本身的造价、安全性、舒适度等问题，还直接影响线路、供电、维修费用、城轨总投入等，是控制车辆投资、提高服务水平及运营成本的重要因素。

车体作为车辆结构的主体，其强度对车辆的安全运行十分重要，必须满足极端条件下的动载荷、静载荷的要求；在架车、起吊、救援、调车、连挂和多车编组回送作业时，车体结构应力不超过材料的许用应力，不得产生永久变形及损坏；当超过最大载荷时，不得发生车体压溃的现象；在使用寿命内，不得产生疲劳失效。

车体结构的刚度应在正常载荷和自然频率下，车体的变形不超过运行条件所决定的极限值，应能确保在各种载荷下车门运动不受阻。

（一）静强度设计及载荷要求

国家标准《地铁车辆通用技术条件》GB/T 7928—2003 对车体试验用纵向静载荷值做了相应的规定：如果用户和制造商在合同中没有特殊规定，建议 A 型车不低于 0.8 MN，B 型车不低于 0.49 MN。

（二）作用于车体的机械能量吸收要求

对于列车的纵向冲动，其能量应优先由车钩及缓冲器系统吸收。

假设列车（AW0）与制动的列车（AW0）相撞，当速度为 8 km/h 时，车钩及缓冲器系统可吸收产生的冲击能量，并且任何部件不能损坏；当速度为 15 km/h 时，车钩及缓冲器系统可吸收产生的冲击能量，除车体不能损坏外，同时应满足以下要求：

（1）不得导致主要部件转向架、车钩与车体连接件、贯通道、设备柜及其支承的损坏。在发生事故后，必须对车辆进行检查，尤其是电气及机械连接部分。

（2）列车仍可以通过自身的动力或是由另一机车牵引，顺利通过区间和车辆段内条件最不利的轨道，以到达维修地点。

对于速度大于 15 km/h 的冲击，在自动车钩系统上设有过载保护措施。此外，通过适当地设计边梁的刚度，以使司机室部位的底架结构首先产生变形而起吸收能量的作用，从而保护客室部位的底架结构。

（三）设计寿命

在正常运用条件下，预期运用时间为 30 年，其间对车体结构件无需重修或加固。30 年后对车辆进行重新装配可进一步运用。

（四）车体挠度要求

要求在各种载荷下，其挠度值需保证所有客室和司机室门操作自如。

（五）车顶要求

（1）车顶板在 200 cm^2 的面积上能承受 1000 N 的垂直载荷。

（2）车顶板能在间距为 500 mm 的两个 400 cm^2 面积上分别承受 1 000 N 的垂直载荷。

（3）车顶结构在承载空调单元部位必须加固，并保证空调排水通畅。

（六）底架要求

（1）底架可承受 AW3（满载载客数）的载荷。

（2）提供所有底架安装设备的支撑。

（3）设吊、架车支撑点。

（七）设备支承及布置

城市轨道交通车辆车体内电气设备布置的要求：车辆电气设备安装在车体底架的设备箱或客室的电气柜中，电气设备的位置根据其电气要求选定。设备箱的布置和设计应考虑设备的尺寸、重心位置及车重的分配，应提供重量计算。

设备安装结构应能承受减速度为 30 m/s^2 的冲击力，按照德国《符合 BoStrab 规定的公共客运轨道车辆的结构要求》（VDV 152）或等同国际标准的设计要求。

（八）车体与转向架的连接

车体与转向架的连接部位在减速度为 30 m/s^2 作用力的作用下，不会发生永久变形。在减速度为 5 m/s^2 作用力的作用下，不被损坏。当车体吊起时，其连接结构应能同时吊起转向架。

（九）架车支承

底架模块的设计应考虑吊车和架车支撑点。

在底架边梁上靠近转向架的位置设四个支撑点；在两端的车钩横梁中间分别设一个架车支承点，作为复轨使用，在车钩横梁下方架车应能抬起空载整车的一端；在车辆的四角处设四个起吊点，用于紧急情况下的架车。

架车、吊车、复轨用的架车支承点可满足车辆拆卸、组装、检修、吊运和救援作业的需要。车体的垂向强度应满足在使用任何一对架车点架车时，不能使车体结构的任何部位发生屈服变形。每个架车支承点处设有定位点，架车和吊车点处有标记以指导作业。

（十）防爬装置

防爬装置为可拆卸型，采用低合金高强度钢制造，可承受 100 kN 的任一方向垂向力与 1 000 kN水平力的合力。在发生事故的情况下，两列车相撞时车体上最先接触的部位应该是防爬装置。在每个带司机室的车前端设置防爬装置。

（十一）静力学分析和模态分析

为验证车体设计的合理性、安全性，必须在制造前建立检测车体结构力学特性的有限元模型，参照《地铁车辆通用技术条件》对整体进行静力学分析和模态分析。通过仔细分析其结构特点，合理简化车体结构。

二、车体结构的轻量化途径

车体由底架、侧墙构架、端墙构架及车顶构成一个整体的六面体，长期处在强烈振动、外部气候条件以及乘客量大而又不稳定等较为苛刻的条件下，其总体结构形式、性能和技术经济指标主要取决于车体材料。在设计车体时，对车体构件和内部装饰所用材料的基本要求为：应具有构件所要求的高强度和刚性，重量轻，具有耐老化、耐污染、耐磨耗及耐光照等特性，同时要求耐火、阻燃，施工容易且价格便宜，易于维修，适合于环境的改进（隔热、隔声性能提高、较好的采光性），提高舒适度（减振等）。基于上述要求，车体选材从一开始就成为选择城市轨道交通系统所必须考虑的诸多要素之一。在材料确定的基础上，再对车体结构进一步优化，最终使车体在轻量化的前提下满足各项技术性能指标。总而言之，采用何种材料和结构形式的车体是城市轨道交通工程建设中需考虑的重要问题。

（一）车体材料选型的比较

1. 车体自重的比较

早期车辆的车体大多采用普通碳素钢制成的有众多纵、横型材的骨架和外包板结构，形成一个闭口的筒形薄壳整体承载结构，一般自重达 10～13 t。为了提高车体的耐腐蚀性，延长车体的使用寿命，后来较多应用的是含铜或含镍、铬等合金元素的耐腐蚀的低合金钢材料（或称耐候钢），可使车体钢结构自重减轻 10%～15%。

采用全不锈钢或半不锈钢车体（包板为不锈钢，骨架为普通碳素钢），免除了车体内壁涂覆防腐蚀涂料和表面油漆。在保证强度、刚度的前提下，通过调质压延而获得高强度不锈钢薄板，板厚可减小，同时也提高了使用寿命。一般不锈钢车体自重比普通碳素钢可减轻 30%。

由于铝合金的比重仅为钢的三分之一，从理论上讲，铝合金材料更能使车体轻量化。但铝合金的抗拉强度不如不锈钢，可采用超低碳轻量化不锈钢，其抗拉强度是铝合金的 2～5 倍，而且铝合金的弹性模量也约为不锈钢的三分之一。为了保证城市轨道交通车辆车体有足够的强度和刚度，车体的铝合金材料必须采用大型中空截面的挤压铝型材，同时为了提高铝合金车体断面系数，增大抗弯刚度，防止板材失稳，必须加大板厚，一般取钢材的 1.4 倍。但总体上与耐候钢相比，重量最高可减轻 50%。

从以上分析及实际应用表明，铝合金车体轻量化效果比不锈钢车体更为明显。

2. 其他比较

(1)腐蚀状况。铝合金车体除了车钩部分及车体内的螺钉座使用碳素钢外,其他部位均为铝合金。目前的城市轨道交通车辆的铝合金车体已经使用大型铝合金挤压型材。通过对运营后铝合金车体腐蚀情况进行的调查分析表明,雨檐、门口、窗口周围及底架端部、车体侧面的焊接热影响区处发生了腐蚀。但和碳素钢车体相比较,其腐蚀程度很轻,只要对车辆进行定期维护,其对车体的强度不会产生影响。

不锈钢车体具有耐腐蚀、免维修等特点。全部采用不锈钢材料的车体是与铝合金车体大致在同期开发出来的。通过对运营车辆进行的定期检查,发现没有必要对外板进行修补、涂装。另外,对梁柱也没有必要进行修补,因此除了不需要车体维修费用外,还会减少由于维修而产生的烟雾、有机溶剂等在作业场所的散布,从而减少对相关电气设备的检查、维修等其他作业量。

不锈钢车体不用像碳素钢车体那样预留腐蚀裕量,其全部使用调质压延钢板,55%使用薄板,以实现轻量化。而枕梁、牵引梁、弹簧座、车钩座等部位,由于形状复杂,采用弧焊结构,所以采用了耐候钢材料。像这样全车大部分都采用不锈钢材料的车体,除枕梁、牵引梁等涂漆部分需要适当的修补之外,其余基本上没有腐蚀,根本不用修补,总体防腐蚀上不锈钢优于铝合金车体。

(2)制造成本。在分析碳素钢车体、铝合金车体、不锈钢车体的经济性的同时,必须先确定各种车的样式。现在以确定了形式、大小的城市通勤车为例,考虑到各种车的耐腐蚀性,可将其分为铝合金涂装车、铝合金不涂装车(但外表面要打磨加工),不锈钢不涂装车等几种。如今对车辆的外观有了较高的要求,不涂装车也常贴上彩带,因此不涂装车的成本中还要包含彩带及涂于连接处的防水密封胶,因此分析可知,不锈钢车车体的成本低于铝合金车。

(3)加工成本。在制造成本中,还要考虑加工因素的影响。由于 SUS301L 不锈钢材料需经过调质压延加工,需要专用加工设备,所以使成本增加;铝合金由于采用合金元素及大型挤压设备,而使加工成本增加。另外加工中还要考虑车体的焊接,每种车体的焊接要求各不相同。铝合金车体采用使用焊丝的 MIG 焊和 TIG 焊,而不锈钢车体主要为点焊、MIG 焊和 TIG 焊。

对了防止铝合金车体底架接头处的角部产生应力集中,需要增加打磨加工焊缝的工作。而不锈钢车体采用点焊,所用焊接材料少,焊接热量少,不容易发生变形,所以基本上不需要修整及加工焊缝。在考虑到上述因素影响的前提下,不锈钢车体制造成本占优。

(4)运营总成本。如果将碳素钢车体的制造成本定为 1.0,则不锈钢车为 1.14,铝合金车(不涂漆)为 1.57,铝合金(涂漆)为 1.66。而不锈钢车维修量很少,其总成本最低。

(5)外观质量。相比之下,铝合金车体的耐腐蚀性能较差,但中空铝型材平整、挺拔,又可根据用户要求选择不同的装饰和颜色,因此给人庄重、美观视觉的感受,使广大乘客更容易接受。

(6)国内现状。目前国内的 A 型车仅有铝合金车体一种备选方案(因为国内城市轨道交通车辆的通用轴承最大承重为 17 t,如果采用不锈钢车体将达到承受极限,而铝合金车体的最大轴重不超过 16 t),所以铝合金车体和不锈钢车体的竞争主要在 B 型车上。综上所述,在地铁 B 型车选型中,不锈钢车体与铝合金车体各有优势,具体到某一个城市的车辆选型应该综合考虑以上问题,尤其是要考虑到车体选型对线网的资源共享及本地产业链的影响。

（二）结构的优化

地铁车辆车体的轻量化是车体结构设计的主要方面，采用新型材料是实现车体轻量化的主要途径之一。铝合金、不锈钢材料具有重量轻、耐腐蚀等诸多优点，已成为生产地铁车辆车体的主要材料。但车体结构在满足轻量化要求的同时还要满足结构的强度和刚度的要求，以确保车体的安全性和可靠性。为此必须对车体的强度和刚度进行分析、校核，以验证是否满足相关技术标准。利用有限单元法进行数值分析是常用的手段。

除了进行可靠的结构分析，还要通过试验进行验证。日本在 20 世纪 70 年代末进行轻量化不锈钢车体设计时，经过了 40 次以上的反复计算、7 次载荷试验，在此基础上制造的东急电铁 8400 型和 8090 型车体，其质量为 6 t，比普通钢车体的重量减轻 4t，比普通不锈钢车体的重量减轻 2 t。

我国从最初引进的第 1 代铝合金、不锈钢车体的技术，到代表当前最新研究成果的城市轨道车辆车体的出现，其技术发展的过程并非一帆风顺，每一阶段的设计及制造工艺都出现过很多技术瓶颈。在早期解决了焊接技术、材料开发、固接结构等重大问题后，又面临一系列新的问题，例如，模块化程度不高、车内焊件较多、轻量化程度不高、外观缺陷无法修补等。随着近几年我国城轨交通行业的飞速发展，制造厂家在车体结构上的优化与国际差距逐渐缩小。

下面以国内某型不锈钢车体结构优化的探索为例加以说明。

1. 侧墙内层筋板结构的优化

为满足不锈钢车体外板无涂装的要求，保证外观效果，对车体侧墙的平整度提出了较高的要求，其不平度要求控制在 1mm/m 以内。为此，必须提高侧墙刚度，减少焊接量，控制焊接变形。同时，为了实现车体的轻量化，应采用薄壁式侧墙结构。普通轨道交通车辆采用的薄壁板梁式侧墙结构施工困难，不平度较难保证。而采用内层筋板式侧墙结构，扩大了外板与梁的接触面，提高了梁柱成形精度，有助于解决不平度较难保证的问题。内层筋板结构采用整体冲压的内部筋板取代传统的板梁，作为侧墙结构的补强，简化了施工工艺，实现了结构的模块化，提高了侧墙刚度和外板平整度。内层筋板的结构形式多样，元件设计时主要考虑单元的承载能力、使用部位的受力状态及模压成形工艺等问题。设计的两种内层筋板结构方案如图 2-8 所示。

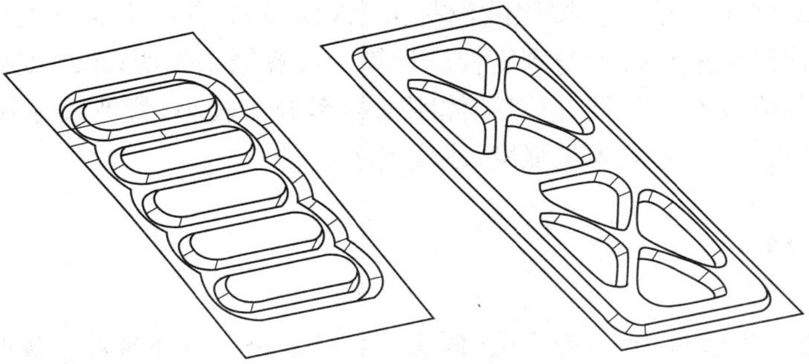

(a) 方案一　　(b) 方案二

图 2-8　内层筋板结构

通过有限元分析，对不同内层筋板方案分别进行拉伸载荷、剪切载荷、弯曲载荷、扭转载荷工况下的强度与刚度对比，确定元件的性能。采用两种筋板分别建立整车计算模型，对两种模型进行垂直载荷工况、纵向压缩工况、扭转工况计算，比较两种筋板方案对整车性能的影响，为侧墙结构设计提供理论依据。有限元计算表明，方案一的内层墙板结构的强度较大；方案二的内层墙板结构的刚度较大。综合分析，方案二单元力的传递特性较差，成形工艺性较差，故优先采用方案一。改进后的侧墙效果如图 2-9 所示。

2. 后端墙结构的优化

传统的后端墙均为横梁、立柱、外板组成件，由于焊接量大，造成外端板不平整，外观视觉效果较差。优化方案采用整体冲压的鼓筋外板点焊结构，减少了端墙零部件的数量和焊接量，提高了端墙的表面视觉效果。在整车模型中，将后端墙优化方案各梁及板按照壳单元离散，在车体底架施加欧洲标准《铁路设备 铁路车辆车身的结构要求》(EN 12663—2000)规定的载荷工况，重点考虑纵向压缩工况后端墙门角的应力水平，以及该工况下车体端部的变形。计算结果表明，后端墙结构优化方案的强度与刚度满足标准要求。

图 2-9 改进后侧墙效果

3. 车顶、底架波纹板结构的优化

将车顶波纹板与底架波纹地板厚度减为 0.6 mm，并考虑波纹地板附属件的安装，对波纹截面进行优化，以减轻车体重量。按照欧洲标准《铁路设备 铁路车辆车身的结构要求》(EN 12663—2000)，对该结构进行强度与刚度校核计算。计算结果表明，车顶波纹板与底架波纹地板减薄后，地板局部刚度有所降低，但对整体刚度的影响比较小，将波纹地板与牵枕缓的连接结构进行局部改进后，整体方案满足强度、刚度要求。

本章小结

车体是车辆的主体结构，主要由底架、侧墙、端墙、车顶等部分组成。按照车体所使用材料可分为普通钢(含耐候钢)车体、铝合金车体和不锈钢车体三种。

铝合金车体是一种轻型整体承载结构，主体材料是铝合金型材，采用模块化结构或全焊接组装。铝合金材料密度小，比强大，这种车体在满足车体强度和刚度的同时大幅度地减轻了车体的重量。铝合金车体的发展经历了板梁期、开口型材期和目前广为使用的大型中空挤压型材期三个发展阶段。

城市轨道交通车辆采用不锈钢的品种主要为奥氏体不锈钢 SUS 301L、SUS 304。不锈钢车体结构采用板梁组合整体承载全焊结构。为了不降低车体板材强度和减小变形，应尽量采用点焊，采用接触焊代替弧焊，是不锈钢车体的技术关键。

模块化车体结构最显著的特点就在于将模块化的概念引入到车体设计、制造与生产管理的各个环节之中。将整个车体分为若干个模块，在每个模块的制造过程中完成整车需要的内装、布管与布线的预组装并解决相互之间的连接问题。各模块完成后即可进行整车组装。每一模块的结构部分本身采用焊接，而各模块之间的组成采用机械连接。

车体选材从一开始就成为选择城市轨道交通系统所必须考虑的诸多要素之一。在材料确定的基础上，再对车体结构进一步优化，最终使车体轻量化的前提下满足各项技术性能指标。采用何种材料和结构形式的车体是城轨交通工程建设中需考虑的重要问题。

复习思考题

1. 简述车体的作用与分类。
2. 简述车体的基本特征。
3. 铝合金车体有哪些优点？
4. 画图说明铝合金车体的架车位置。
5. 试述铝合金材料在使用中应注意的问题。
6. 试述不锈钢车体的结构组成和各组成部分的结构特点。
7. 试述不锈钢材料在使用中应注意的问题。
8. 什么是车体模块化结构？需注意哪些问题？
9. 比较和分析铝合金和不锈钢两种车体的综合性能。

第三章　城市轨道交通车辆设备及其布置

我国目前运营的城市轨道交通车辆类型繁多，既有国产车辆，又有进口车辆。各个公司生产的车辆的设备布置不尽相同，但车辆设备都是按照车顶设备、车内设备和车底设备来进行布置。

目前我国的城轨车辆都是电动车组，车内设备的布置以为旅客服务、方便旅客为原则，要尽量创造较大的车内空间容纳旅客，所以大部分与服务旅客无关的设备都设置于车顶或车底。

第一节　车顶设备

一、受电弓

受电弓是轨道交通车辆从接触网取得电能的电气设备，是主电路系统的重要部件。受电弓安装在车顶上，不同公司运营的车辆安装的车位也不同，例如，广州地铁 3 号线受电弓安装在动车 A 车的二位端，深圳地铁则安装在 B 车上。受电弓要尽量安装在转向架回转中心上，以避免在车辆通过曲线时引发受电弓脱离接触网的故障。

（一）受电弓作用原理

受电弓安装于车辆的顶部，当受电弓升起后，其碳滑板与接触网导线接触，将电流引入车内。受电弓有两个动作过程，即升弓和降弓。

升弓：压缩空气经电磁阀均匀进入传动风缸，风缸活塞压缩风缸内的降弓弹簧，此时升弓弹簧使下臂杆转动，抬起上框架和滑板，受电弓匀速上升，在接近接触网导线时有一缓慢停滞，然后迅速接触接触网导线。

降弓：传动风缸内压缩空气经受电弓缓冲阀迅速排向大气，在降弓弹簧作用下，克服升弓弹簧的作用力，使受电弓迅速下降，脱离接触网。

正常情况下，压缩空气的充、放由司机操纵按钮使相应电磁阀得、失电来实现。在车辆控制系统中设有在紧急制动情况下的失电回路，以保障车辆运行的安全。在受电弓升起及降落时，HSCB（高速断路器）断开，使电流降低，避免拉弧及对供电系统的冲击。受电弓还设有隔离及接地开关控制其工作模式。

负荷电流通过接触线和受电弓碳滑板接触面的流畅程度称为受流质量，它与滑板与接触网导线间的接触压力、过渡电阻、接触面积有关，取决于受电弓和接触网之间的相互作用。

为保证牵引电流的顺利流通，受电弓和接触网导线之间必须有一定的接触压力。弓网实际接触压力由四部分组成：受电弓升弓系统施加于滑板，使之向上的垂直力为静态接触压力[一般为(120±10)N]；由于接触悬挂本身存在弹性差异，接触网导线在受电弓抬升作用下会产生不同程度的上升，从而使受电弓在运行中产生上、下振动，使受电弓产生一个与其本身归算质量相关的上、下交变的动态接触压力；受电弓在运行中受空气流作用产生的一个随速度增加而迅速增加的气动力；受电弓各关节在升降弓过程中产生的阻尼力。

弓网接触压力能直观的反映受电弓碳滑板和接触线间的接触情况，它必须符合正态分布规律，在一定范围内波动。如果太小，会增加离线率；如果太大，会使滑板和接触线间产生较大的机械磨耗。为保证受电弓具有可靠的受流质量，应尽量减小受电弓的归算质量，增加接触悬挂的弹性均匀性。滑板的质量和机电性能对受流质量影响很大。

（二）受电弓的结构

图 3-1 所示为受电弓的结构图，其由底架、高度止挡、绝缘子、构架、下臂、下导杆、上臂、上导杆、弓头、接触滑板、端角、升降装置、电流传输装置、锁钩、最低位置指示器等部件组成。

牵引工况下，主电路系统通过安装在车顶的受电弓将接触网的 DC1500 V 引入车底架下部的 PH 箱中，在 PH 箱中受高速断路器控制后，经牵引逆变器逆变送入牵引电机，并最终通过接地电刷经由车体、转向架形成电流回路。在电阻制动工况下，通过牵引电机将列车的动能转化为电能，并经牵引逆变器、制动电阻以热量的形式散发掉，再生制动是通过牵引电机将列车的动能转化为电能，并经牵引逆变器、高速断路器、受电弓等将电能反馈给电网，再生制动优先施加。表 3-1 所示为深圳地铁一期车辆受电弓的基本参数。

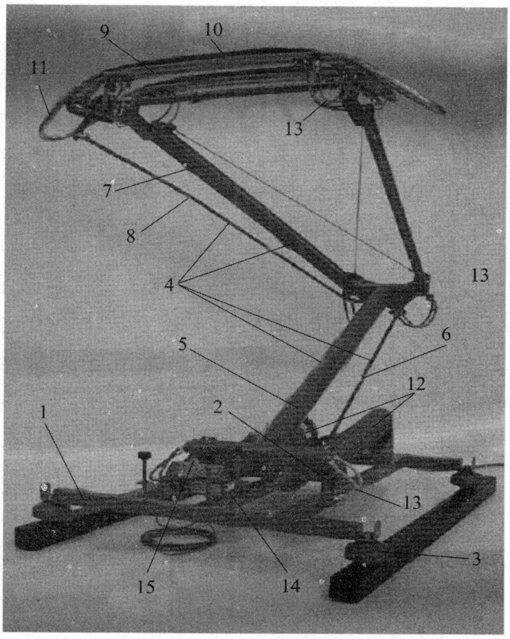

图 3-1　受电弓

1—底架；2—高度止挡；3—绝缘子；4—构架；5—下臂；6—下导杆；7—上臂；8—上导杆；9—弓头；10—接触滑板；11—端角；12—升降装置；13—电流传输装置；14—锁钩；15—最低位置指示器

表 3-1　深圳地铁一期车辆受电弓基本参数

空气压力	最小：300 kPa；最大：1 000 kPa；额定压力范围：750～900 kPa		
自由高：	2 050 mm	工作接触压力	100～140 N
升弓时间	约 7～8 s	降弓时间	约 7～8 s
接触滑板长度	800±1 mm	适用运行速度	≤100 km/h
最低位置指示器	感应接近开关；工作电压：20～250 V AC/DC；额定电流（连续）：100 mA（DC，−25～+80°C）；额定电流（峰值）：2.2 A（20 ms/0.5 Hz）；受电弓可调整的额定转换距离：约 8 mm		
总重量	190～195 kg		

（三）受电弓气路

图 3-2 所示为受电弓的供风设备结构图，其主要由截断塞门 1、脚踏升弓泵 2、升弓风缸 4、滤尘器 8、逆止阀 6(7)及受电弓电磁阀 5 等部件组成。

在主风管风压足够时，司机按压升弓按钮，受电弓电磁阀 5 得电动作，开通总风经截断阀门 1、过滤器 8、逆止阀 7 和电磁阀 5 到升弓风缸 4 的气路，使受电弓升起；当司机按压降弓按钮时，受电弓电磁阀 3 失电，开通受电弓升弓风缸 4、受电弓电磁阀 3 到大气的通路，受电弓降下。

当主风缸风压不足时，司机需取出脚踏升弓泵 2 泵风，同时，按下受电弓电磁阀 3，直至受电弓升起；风压足够而无电时，可直接按下受电弓电磁阀3，直到受电弓升起。

（四）对弓网关系的要求

（1）将接触网设计为“之”字形。受电弓工作的最大特点是靠滑动接触而收取电流。这就要求受电弓滑板与接触网导线可靠接触且摩擦小，为此将接触网设计为“之”字形，滑板运行中在有效范围内与接触网导线滑动接触。

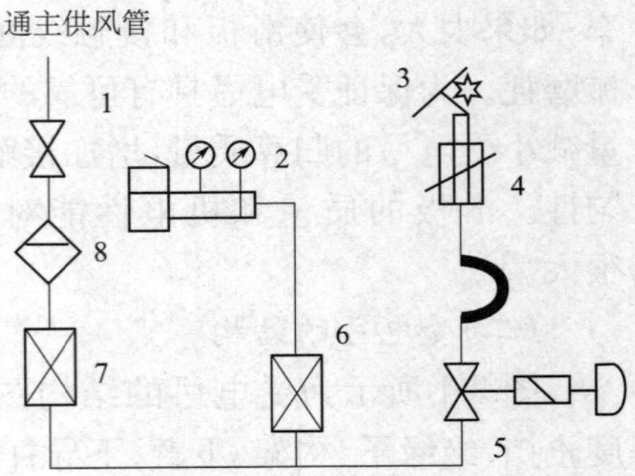

图3-2　受电弓气路

1—截断阀门；2—脚踏升弓泵；3—受电弓；4—升弓风缸；5—受电弓电磁阀；6、7—逆止阀；8—滤尘器

（2）接触压力。要求在工作高度范围内具有大小不变，数值适中的压力。接触压力太小，接触电阻增大，功率损耗增加，同时运行时易产生离线和电弧，导致接触网导线和滑板磨耗增加。停车时可能因接触电阻大而造成接触网导线被烧断；接触压力太大，加重机械摩擦，严重时可使滑板局部拉槽，进而造成接触网导线弹跳拉弧，以至于刮弓。

（3）滑板的材料

滑板的材料要求硬度适中，导电性能好，接触电阻较小，重量轻，与接触网导线滑动过程中具有较小的摩擦。通常采用碳系列材料来制作滑板条。硬度太大，与接触网导线摩擦增加，滑板摩擦减小；硬度太小，滑板导线摩擦增加，接触网摩擦减小，滑板容易损坏。

二、空调单元

车顶除了设置受电弓以外，一般还设有空调单元。每节车配有两台独立的车顶单元式空调机组，用于客室、司机室的通风和空气调节，每节车两台空调机组的运行由一个控制板进行控制。带司机室的A车还配有独立的司机室通风机，可通过手动旋钮对风量做多级调节。

空调机组的出风口与车内主风道通过软风道连接，空调机组处理后的空气经车内主风道由送风口送达客室，起到调节客室和司机室内空气温度、湿度的目的。

单元式空调机组具有结构紧凑、体积小、互换性好的特点，由于主要部件集中布置，缩短了连接管路，可减少管路的泄漏，且便于在车顶进行检修和维护。

（一）车顶一体式空调机组的组成

城轨车辆的空调机组由压缩机/冷凝器室、空气处理室和蒸发室三部分组成，并被组合在一个不锈钢制的箱体内，通过八个安装座，与减震垫一起被固定在车顶上，如图3-3所示。空气处理单元主要包括的部件有蒸发器、冷凝风机、送风机、新风调节门、紧急逆变电源、制冷管路电磁阀、热力膨胀阀、温度传感器、干燥过滤器、充注阀、新风过滤器（金属材料）、混合空气过滤器（无纺布材料）、冷凝器等。

1. 压缩机/冷凝器室的组成

压缩机/冷凝器室主要包括的部件有两台涡旋式压缩机、两台冷凝风机、两个冷凝器、四个压力开关、两个电磁阀、两个干燥过滤器、两个窥视镜、一个接线盒等。

（1）涡旋式压缩机

制冷压缩机的作用是将来自蒸发器的低温、低压气态制冷剂压缩成高温、高压的气体。

空调机组的压缩机采用是全封闭涡旋式压缩机，主要由电动机、汽缸、偏心轮、转子、风隔

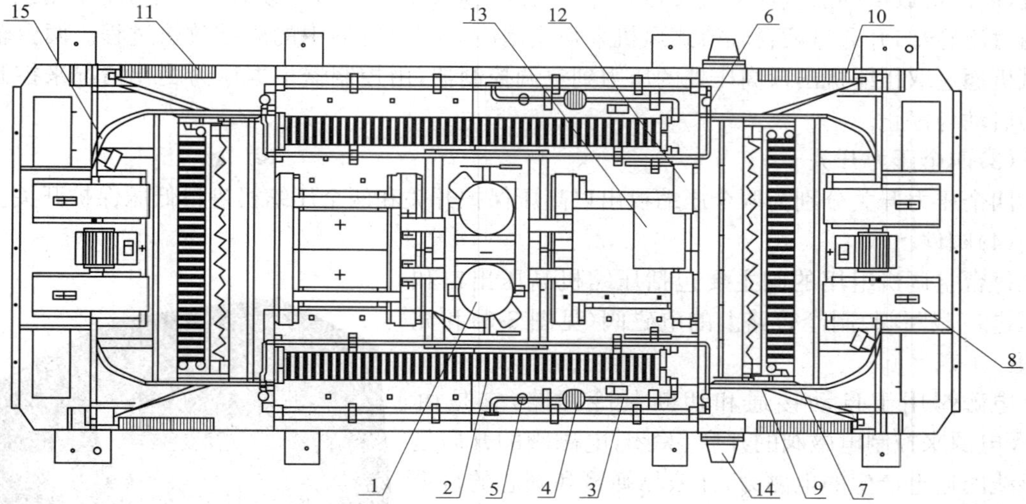

图 3-3　空调机组组成

1—压缩机；2—冷凝器；3—电磁阀；4—干燥器；5—窥视镜；6—膨胀阀；7—蒸发器；8—送风机；9—混合空气过滤网；10—新风过滤器；11—新风门；12—高、低压开关；13—接线盒；14—减振器；15—风压探测器

叶片、排气阀、外壳等组成。涡旋式制冷压缩机与往复式制冷压缩机对比，其振动小。因为它没有往复运动部分，可减少空间容积，使得整机结构紧凑、重量轻、机械损失小，降低了压缩功的损失，改善了压缩效果，提高了效率。它还具有压缩比大、对湿压缩不敏感、平衡性能好等特点，其外观如图 3-4 所示。

图 3-4　涡旋式压缩机

由于分隔叶片具有较好的刚性和强度，吸、排气口又无阀片，一旦液体制冷剂通过时，不容易发生“液击”现象。

(2)冷凝器

冷凝器是制冷系统中主要的换热装置之一，选用铜管、铜翅片材料，其外观如图 3-5 所示。冷凝器的作用是将制冷压缩机排出的高温、高压的制冷剂过热蒸汽，通过其放热面将热量传递给低温物质(即空气)，让制冷剂冷凝成液态，以使制冷剂在系统中循环使用。

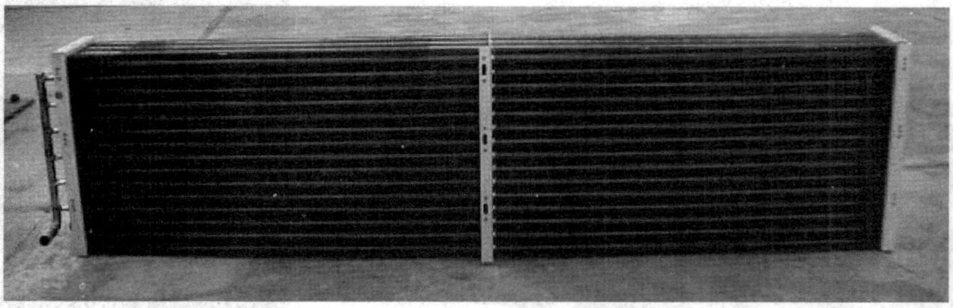

图 3-5　冷凝器

城轨车辆的空调装置采用的是空气冷却式冷凝器，空气在冷凝管外流动，使制冷剂在管内

冷凝，制冷剂放出的热量被空气带走。为了增强换热时的空气循环流动，空调机组采用强迫通风的对流冷却，并通过两台轴流式风机来强化制冷剂在冷凝器中的凝结放热过程。两台轴流式风机通过取压缩机出口高压处的压力到空调控制器，由控制器根据压力变化情况来控制风机的启动与停止。

(3)四个压力开关

四个压力开关分别为两个压缩机出口高压保护开关和两个压缩机进口低压保护开关。

(4)阀件

每台空调机组用的阀主要包括压缩机高压出口和低压进口截断阀、制冷管路上的电磁阀(见图 3-6)和充注阀。

图 3-6　电磁阀

电磁阀用于自动接通和切断制冷回路，它是由 110 V电源来控制电磁阀的开启、关闭，电磁阀的开启是依靠线圈通电产生的电磁力，并依靠弹簧和阀芯的自重来关闭。它装在膨胀阀之前的管路上，与压缩机联动，当压缩机启动时，电磁阀打开制冷管路，当压缩机停机时，切断制冷管路。

充注阀是装在制冷管道上的阀件，在需要对管路中的制冷剂进行排空或充注时使用。

(5)干燥过滤器

由于制冷系统在充灌制冷剂前难以做到绝对干燥，总是含有少量的水汽。当制冷循环系统中存在水分时，一旦蒸发温度低于 0℃，会在节流机构膨胀阀中发生结霜冰堵现象，影响系统的正常运行。

干燥过滤器中的干燥剂用来吸收制冷循环系统中的水分，过滤器用来清除系统中的一些机械杂质，例如，金属屑和氧化皮等，避免系统中出现的“冰堵”和“脏堵”。干燥过滤器的外观如图 3-7 所示。

图 3-7　干燥过滤器

图 3-8　窥视镜

(6)窥视镜(流量/湿度指示器)

窥视镜是用来显示系统运行时制冷剂量和流动情况,而视镜中心部位的圆芯则用来指示制冷剂的含水量。当圆芯纸遇到不同含水量的制冷剂时,其水化合物能显示不同的颜色,从而根据纸芯的颜色来判断含水的程度。纸芯的颜色变化可显示出制冷剂的含水量情况:当纸芯的颜色为紫色时表明正常;当纸芯颜色开始偏红时说明系统中制冷剂的含水量已到了需加强跟踪的警示位置;当纸芯颜色为粉红色时必须尽快更换干燥过滤器。

2. 混合空气室的组成

混合空气室主要的部件有混合空气过滤网、膨胀阀、新风过滤网、新风温度传感器等。

(1)膨胀阀

膨胀阀位于冷凝器之后,它使从冷凝器来的高压制冷剂液体在流经节流机构、膨胀阀,使压力被降低后进入蒸发器,它除了起节流作用外,还起到调节进入蒸发器制冷剂流量的作用。通过膨胀阀的调节,使制冷剂离开蒸发器时有一定的过热度,避免液体制冷剂进入压缩机。

(2)混合空气过滤网

混合空气过滤网采用的是无纺布材料,要求满足 DIN 5510 防火标准,要求定期进行更换。其主要作用是过滤混合空气,使进入客室的混合空气满足含尘标准。图 3-9 所示为混合空气过滤网的实物图。

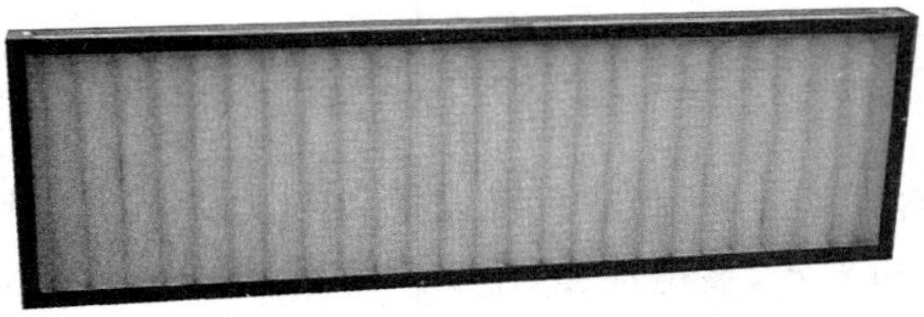

图 3-9　混合空气过滤网

(3)新风过滤网

新风过滤网为金属网,主要作用对进入蒸发器室的新风进行过滤。

3. 蒸发气室的组成

蒸发气室的主要组成部件为蒸发器、送风机、压力探测器、送风温度传感器。

(1)蒸发器

制冷剂在蒸发器内吸热汽化,制冷剂在蒸发器管路中由液态变成气态,制冷剂的液、气两态变化过程为汽化吸热过程。

在蒸发器中,来自膨胀阀出口处的制冷剂,通过分配器从管子的一端进入蒸发器,吸热汽化,并在到达另一端时让制冷剂全部汽化,从而吸收管外被冷却空气的热量,空气的热量被蒸发器内的制冷剂吸收后温度降低,达到冷却空气的目的。

(2)送风机

送风机为两台离心式风扇,兼有吸风和送风的双重功能。一方面,通过新风格栅吸入新风,并使其与回风混合,另一方面将经过蒸发器冷却、除湿后的空气通过送风机输送到客室的送风管道中,并被送到客室内,以达到调节客室温度、湿度的目的。

(3)温度传感器

空调系统分别在客室、新风入口、送风管道处设有温度传感器,用于监测客室温度、环境温度和送风的温度，通过对温度采样值的判断来控制空调机组的运行模式。空调机组温度传感器采用的是NTC型，这种传感器的温度与电阻呈负曲线关系，即温度值愈高电阻值愈低。

(4)压力探测器

压力探测器安装在送风机的送风口处，以利于实时监测送风机的工作状态。它将送风口的压力信号转换为电信号传输给空调控制器，来监测送风机的工作状态，以达到保护压缩机的目的，其外观如图3-10所示。

图3-10　压力探测器

第二节　车底设备

车底设备一般包括有供风设备、制动系统设备和电气设备。图3-1所示为车底设备的布置图，主要包括蓄电池充电器箱、蓄电池箱、牵引PH箱、牵引PA箱、制动电阻、供风单元、辅助线路感应器(ACM)、牵引线路感应器(MCM)、紧急逆变器、转向架、车钩连接箱、制动控制模块、供风模块等。本节主要介绍车底电气设备布置，各节车辆车底电气设备布置如图3-12所示。

一、高速断路器

高速断路器是对过电流(如短路、接地)施行迅速高效保护的装置，断路器一旦检测到过流即迅速反应，在电弧发生时间内的一定瞬间过电压将电弧抑制掉。深圳地铁一期车辆每车装有两台高速断路器，将其装在B车上分别与本组的B车和C车连接。高速断路器是单级直流断路器，具有双向电磁控制，并且可以自然冷却。当检测到过载电流时，这个断路器可以迅速做出响应。高速断路器设在牵引PH箱内。

(一)高速断路器(深圳地铁一期车辆)的结构

高速断路器的结构如图3-13所示，主要包括灭弧罩、动触头、静触头、电磁铁、控制杆等主要部件。高速断路器接通时动触头与静触头接通，动触头受控制杆控制也可手动断开。

(二)高速断路器的作用

(1)连接牵引电源与牵引系统。

(2)对牵引系统实施过载与短路保护。

(3)紧急状态下切除动力。

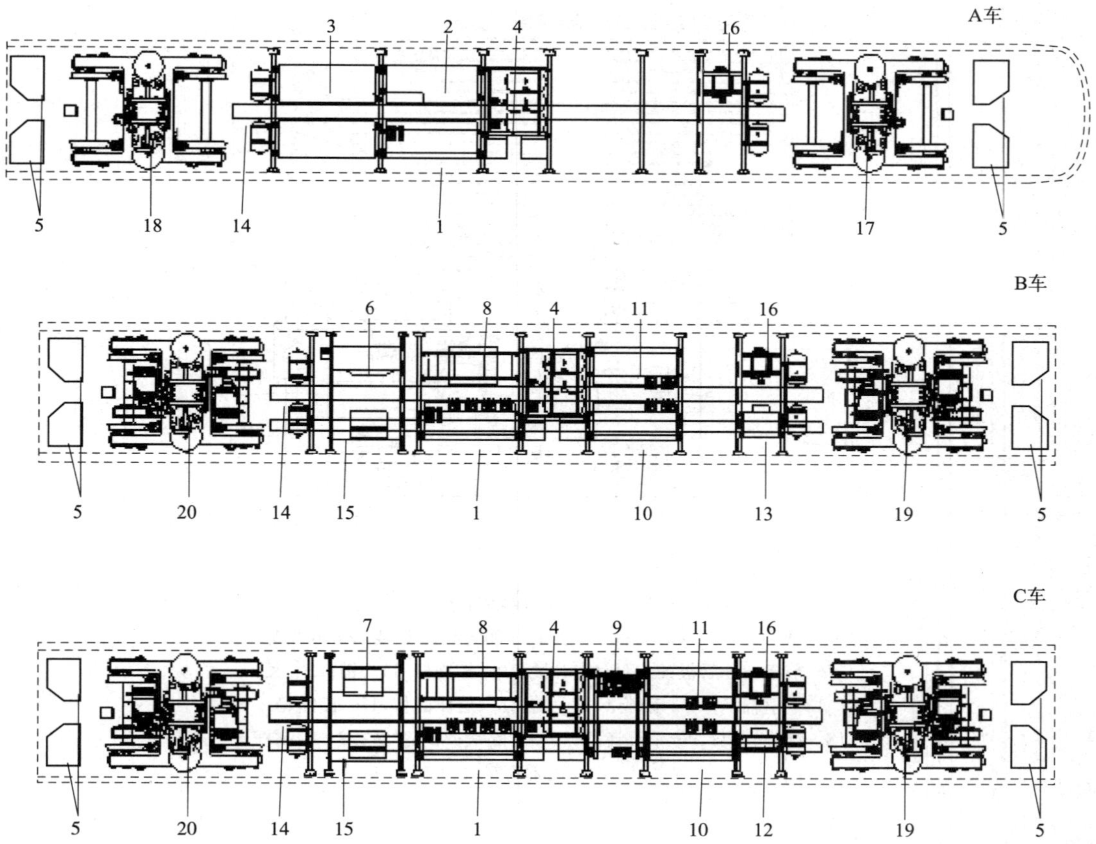

图 3-11　车底设备布置图

1—辅助设备箱；2—蓄电池充电器箱；3—蓄电池箱；4—制动控制模块；5—车钩连接箱；6—牵引 PH 箱；7—牵引 PA 箱；8—制动电阻；9—供风单元；10—电子设备箱；11—设备箱；12—辅助线路感应器；13—牵引线路感应器；14—低压线槽；15—高压线槽；16—紧急逆变器；17—1 位端拖车转向架；18—2 位端拖车转向架；19—1 位端动车转向架；20—2 位端动车转向架

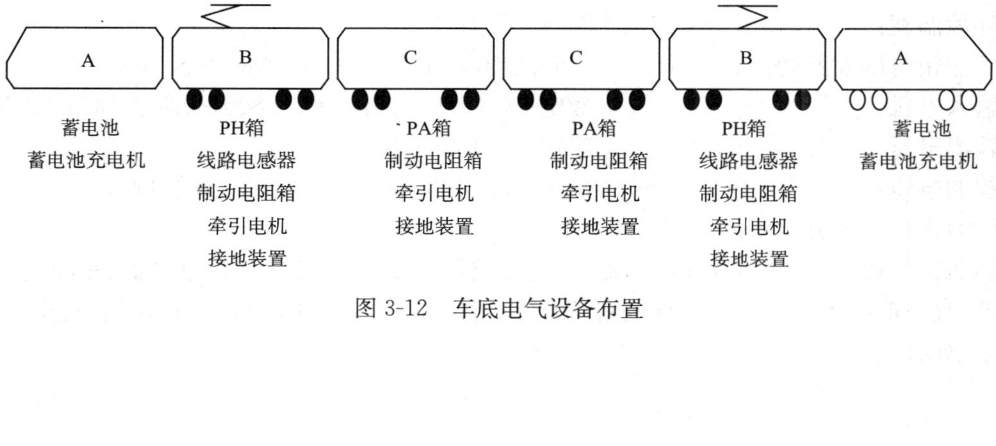

图 3-12　车底电气设备布置

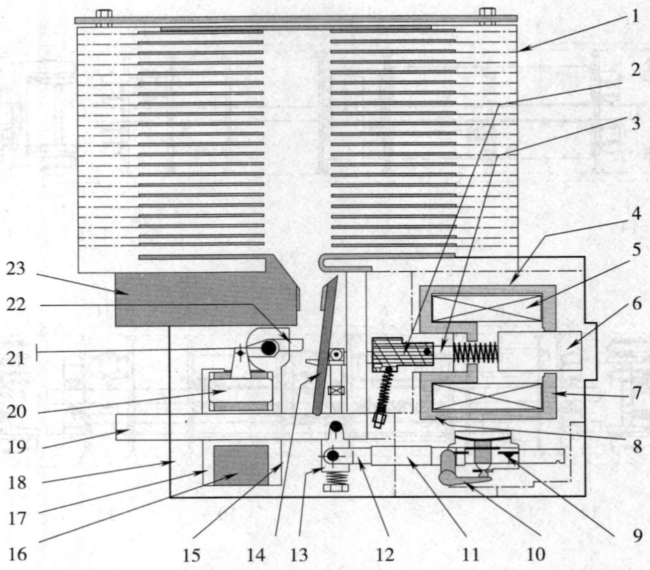

图 3-13　高速断路器

1—灭弧罩；2—叉；3—杆；4—缸；5—闭合线圈 E 型；6—芯组成；7—前板；8—后板；9—双触点开关；10—控制杆；11—销；12—叉；13—枢轴承；14—动触点；15—盖；16—层压磁板；17—断路箱；18—绝缘框架；19—下部连接；20—动磁铁；21—弹簧；22—控制杆；23—上部连接

二、PH 箱

PH 箱全称为牵引与高压电器设备箱，是牵引主电路系统的核心，它分为三部分：高压电器区、中部通风散热区、MCM 区。

(一)PH 箱的技术数据(深圳地铁一期车辆)

外形尺寸：	高 600 mm×宽 1 800 mm×长 2 040 mm
重　　量：	900 kg
环境温度：	25～40℃
工作箱内最大温度：	中间区 50℃、高压区 60℃、MCM 区 70℃
输入电压：	额定 DC 1 500 V、最大 DC 1 800 V、最小 DC 1 000 V
输出电压：	额定 AC 0～1 400 V
控制电压：	额定 DC 110 V、最大 DC 137 V、最小 DC 77 V

(二)高压区主要电器组成

高压区主要电器包括：高速断路器、高速断路器控制电阻、测量电压继电器、车间电源供电接触器、高速断路器控制及紧急继电器、辅助电源熔断器、充电机熔断器和隔离接地开关等，如图 3-14 所示。

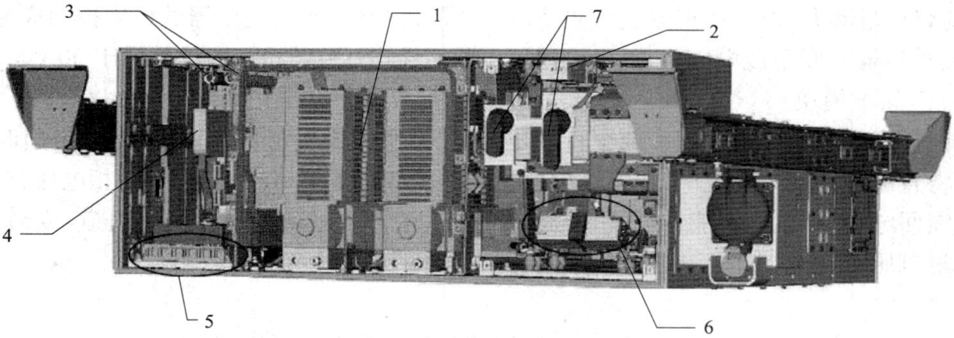

图 3-14　高压区电器组成

1—高速断路器；2—电压传感器；3—断路器控制电阻；4—车间供电接触器；
5—高速断路器控制及紧急继电器；6—辅助电源保险丝；7—隔离接地开关

(三)中部通风散热区主要电器组成

图 3-15 所示为中部通风散热区的主要电器组成。在高压部分内部没有强制空气制冷。安装在独立冷却器(面向中间部分安装)上的去耦二极管是主要散热源。这样，去耦二极管由 PH 箱的外部风扇冷却。即使不打开外部风扇，二极管也会充分的自然冷却。

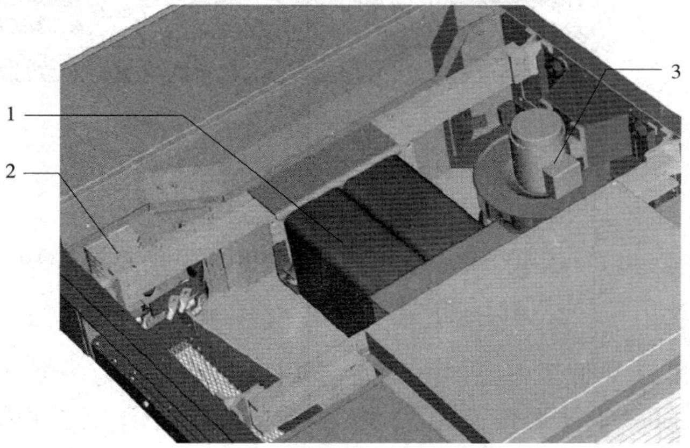

图 3-15　中部散热区

1—牵引逆变器电感线圈；2—去耦二极管冷却器；3—外部风扇

(四)牵引逆变器(MCM)

牵引逆变器是将受电弓提供的 1 500 V 直流电逆变成交流电，并将其提供给牵引电动机的装置。在电阻制动和再生制动工况时，将牵引电机发出的交流电整流为直流电，传输给制动电阻或通过受电弓传输回电网。主要部件包括 DC 链接电容器、相/斩波模块、门极驱动单元(GDU)、低压电源、测量传感器、牵引控制单元(DCU/M)等。其中，DC 链接电容器、相/斩波模块为主电路部分，是进行逆变的主要部件；门极驱动单元(GDU)、低压电源、测量传感器、牵引控制单元(DCU/M)为控制电路部分，主要对逆变电路中 DC 链接电容器、相/斩波模块的工作进行指挥和控制。牵引逆变器的结构如图 3-16 所示。

1. DC 链接电容器

DC 链接电容器并联在直流输入端，是一个能量缓冲器起滤波和稳定直流电压环节的作用，它的容量足够大，能保持直流电压波动在允许的范围内，并使逆变器的精确控制成为可能。DC 链接电容器并联了放电电阻，放电电阻可以将直流电压在 5 min 内放到低于 50 V。

2. 相/斩波模块

牵引逆变器有三个逆变相和两个斩波相，逆变相实现牵引与再生制动功能，牵引时，三相逆变器将直流电逆变为交流电，控制牵引电机的速度和转矩。电制动时，将三相电流整流为直流电反馈回电网，若电能不能被吸收，斩波相则提供了再生制动能量释放的通道，或当直流电网发生过电压时，开启斩波功能，保持直流电网波动在允许的范围内。

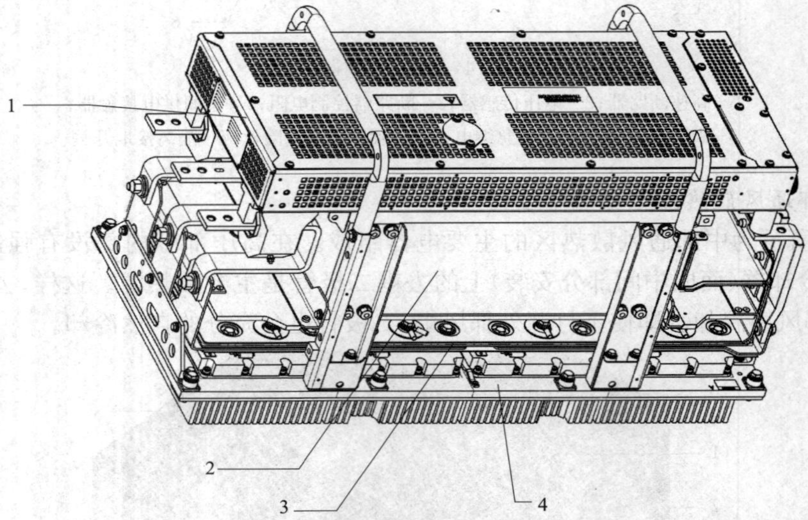

图 3-16　牵引逆变器模块

1—电子箱；2—直流链接电容器；3—门极驱动单元；4—相/斩波模块

3. 门极驱动单元

门极驱动单元由 24 V 低压电源供电，每一个门极驱动单元为一个 IGBT 模块服务，门极驱动单元都与相应的 IGBT 就近布置的。门极驱动单元接受牵引控制单元的命令，驱动 IGBT 的开关。门极驱动单元与牵引控制单元之间采用光纤传输，将蓄电池电路和高压电路隔离开，同时也避免了控制系统受到干扰。逆变相和斩波相的门极驱动单元硬件结构是相同的，但软件是不同的。门极驱动单元可以将相输出电压状态迅速反馈给牵引控制单元。

4. 低压电源

低压电源为牵引控制单元、电压电流传感器、门极驱动单元以及辅助逆变器的内部风扇供电。低压电源的输入来自于车辆蓄电池 110 V，输入、输出采取电气隔离，将输入电压转变成 ±24 V 输出电压。

5. 测量传感器

测量传感器包括电流传感器、电压传感器、温度传感器和速度传感器。传感器采集牵引逆变器电流、电压、温度和牵引电动机转速信息，反馈给牵引控制单元。

6. 牵引控制单元

牵引控制单元包括三部分：计算机板、扩展板、光纤板。牵引控制单元可实现对逆变过程的控制，并可以与车辆控制系统进行连接，是车辆控制系统的一部分。

三、制动电阻箱

深圳地铁一期车辆每一节动车都有一个制动电阻箱，箱内有两组电阻元件，分别由不同的IGBT控制其是否投入运行，工作时由风机对其进行冷却。电阻元件材料具有高电阻系数、耐高温、高温状态下的机械强度高等特性。电阻元件在电阻箱内盘绕，由绝缘瓷件支撑固定。

（一）技术参数

重量：370 kg

电阻值：冷态：2×3.0 Ω；热态：2×3.5 Ω；误差范围：在20℃时−5%～+7%

功率：最大：2×750 kW；持续：2×220 kW

强迫风冷状态下，内部电阻元件最高温度：600℃；外壳温度：100℃。

（二）制动电阻箱的结构组成

制动电阻箱由制动电阻片组、制动电阻连接铜排和制动风机组成，如图3-17所示。制动电阻片组通电以后将电能转变成热能，制动风机为制动电阻片进行通风散热。

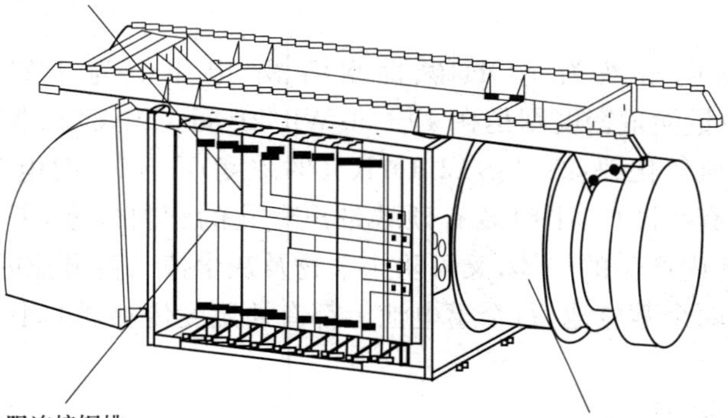

图3-17　电阻制动箱

四、蓄电池和PA箱

车底设备除了PH箱之外还设有PA箱，PA箱内放置牵引逆变器和辅助逆变器。辅助逆变器是将受电弓输入的1 500 V直流电进行逆变，输出380 V三相交流电。辅助逆变器和牵引逆变器结构基本相同，这里不再赘述。

城市轨道交通车辆都设有蓄电池，相应的还设有蓄电池充电机。蓄电池充电机除了给蓄电池进行充电之外还要给全车的直流负载提供电源。各公司的车辆蓄电池的布置位置不尽相同，但一般都会放置在车底。

深圳地铁一期车辆蓄电池组在每个三车单元的拖车（A车）上安装，放在车下底架的蓄电池箱中，蓄电池箱安装在能拉进拉出的滑道上，这样在车上就可以进行蓄电池的维护和修理。

（一）蓄电池的基本功能

城市轨道交通车辆的蓄电池的主要作用是保证在没有外部电压供电的情况下能够激活列车，并为直流负载设备提供稳定的110 V直流电压。

在蓄电池充电机不工作时，蓄电池投入工作，为以下设备或维护工作提供 110 V 直流电源：

(1)列车上的紧急照明。

(2)整个通信系统(有线广播和列车无线电)。

(3)列车两端的头尾灯。

(4)紧急通风。

(5)车厂内的维护工作。

蓄电池设计的使用寿命：在平均温度为 22℃的条件下可超过 15 年，温度过高会影响使用寿命，当有效容量降至低于额定容量的 70%时，就到了它的使用寿命。

(二)蓄电池的结构布局及工作原理

1. 蓄电池单体的结构

镍镉蓄电池单体正极以多孔烧结氧化镍为电极基片，用化学方法沉淀氢氧化镍做电极活性物质。负极以金属镉为基片，用化学方法沉淀氢氧化镉为电极。它们分别包在穿孔钢带中，经加工成为正极组和负极板组，以绝缘物隔离正、负极板，牢固地装在塑料外壳内组成蓄电池单体。

镍镉蓄电池的电解液为 KOH 碱性水溶液，电压值为 1.2V，体积能量密度约为 130～200 Wh/L，质量能量密度则是在 40～50 Wh/kg 间。FNC232 MR 型蓄电池电解液中也包含一定百分比的氢氧化锂：23.1 g/LLiOH(55%浓度)，+20℃时电解液浓度为 1.19 kg/L。

蓄电池盖上留有注液口，平时装有顶端带出气孔的塑料气塞，需注入电解液时可随时打开，它既能排除电池内产生的气体，又可防止杂物及灰尘掉入蓄电池内。

每组蓄电池有两个蓄电池，每个蓄电池上都有插温度传感器的小孔，其中一个插有温度传感器，另一个备用。

2. 蓄电池工作原理

蓄电池充电时，正极发生氧化反应、负极发生还原反应；放电时，负极发生氧化反应，正极发生还原反应。充放电过程中电池的主要的电化学反应如下：

$$2Ni(OH)_2 + Cd(OH)_2 \underset{放}{\overset{充}{\Leftrightarrow}} Cd + 2\beta NiOOH + 2H_2O$$

3. 蓄电池组的结构布局

蓄电池组由 80 个镍镉蓄电池单体组成，80 个蓄电池单体在 16 个不锈钢托盘中串联，同一托盘中的各蓄电池单体用镀镍铜板相连，托盘与托盘间的连接采用无卤素铜电缆连接器。

五、蓄电池充电机

蓄电池充电机为模块化设计，因此可以在不拆箱体的条件下更换零件或整机。在正常运营时充电机通过受电弓从接触网获得电源，充电机连接到列车 1 500 V 列车母线上。当列车在车辆段时可使用车间电源插座把 DC1 500 V 电源供给充电机和辅助逆变器。

(一)蓄电池充电机的功能

1. 蓄电池充电及给 DC110 V 负载供电

蓄电池充电机给全部的 110 V 负载供电，其中包括蓄电池，充电机给蓄电池以限压恒流的浮充电对蓄电池持续充电。

一般城轨车辆设有两个蓄电池充电机，如果一个蓄电池充电机故障，将由另外一个给全部六辆车供电，连接 DC 110V 列车线的接触器自动把它们连接在一起，此时充电机故障端的蓄电池不再使用，列车可不受控制地继续运行。

蓄电池充电机内部有一个紧急蓄电池用于紧急启动，通过按下充电机紧急启动按钮可激发此功能。

蓄电池充电机给所有的 DC110V 负载供电，包括：

(1)列车照明(车外信号灯，客室照明)。

(2)门控制和驱动。

(3)列车通信(车载无线电台，广播)。

(4)列车控制(牵引控制单元，制动控制单元，VTCU)。

(5)雨刷。

2. 蓄电池充电控制

蓄电池充电机控制蓄电池电压，用于蓄电池电压控制的设定值是蓄电池温度和蓄电池充电电流的函数。蓄电池充电电流受到蓄电池电压和可配置最大电流的双重控制。

为了避免设备受到极端外部高温的损坏，输出电流被限制，如果散热温度达到临界值，则输出电流最大将被削减掉 25%，而蓄电池仍将处于充电状态。

(二)蓄电池充电器的结构布局及工作原理

1. 蓄电池充电器的结构布局

深圳地铁一期车辆蓄电池充电器 GVG1 500/110-25 包括以下元件(见图 3-18)：

(1)充电机模块 GVG1 500-02(也称 DC/DC 开关模块)。

(2)连接和蓄电池配电模块 AMG—03(也称开关模块)。

(3)输入扼流圈(两片)。

(4)输出变压器。

输入扼流圈和输出变压器放在通风区内，其他元件放在封闭的区域内，这些区域被隔离物分开，电缆从一个区域到另一个区域要经过防水通道。所有元件都能从模块的前面拔出，而模块 GVG1500-02 和 AMG-03 都用卡宾旋转接头紧固，其作用就像锁一样，可防止任何非正常的拔出。

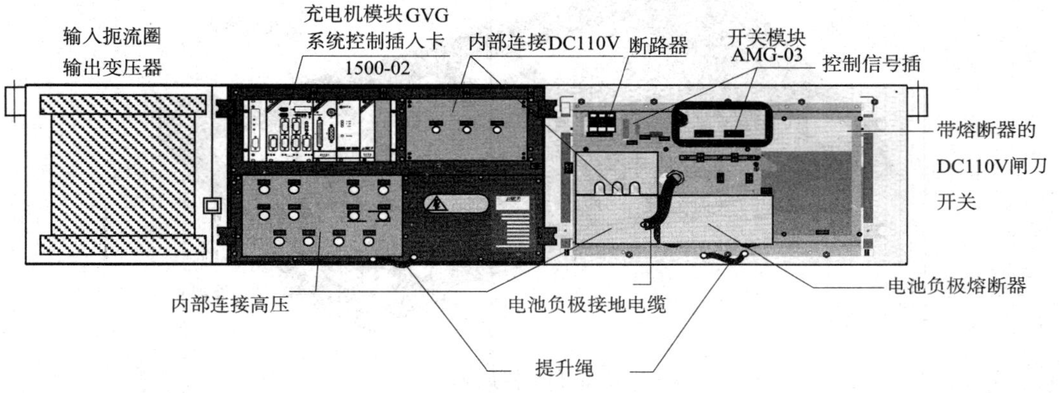

图 3-18　蓄电池充电机前视图

连接高压和 DC 110 V 电压的外部电缆从箱体后部的法兰板通过，这些电缆被连接在开关模块 AMG-03 的柱头螺栓端子上。为了实现该连接，箱体后部的检查门必须打开，如图 3-19 所示。

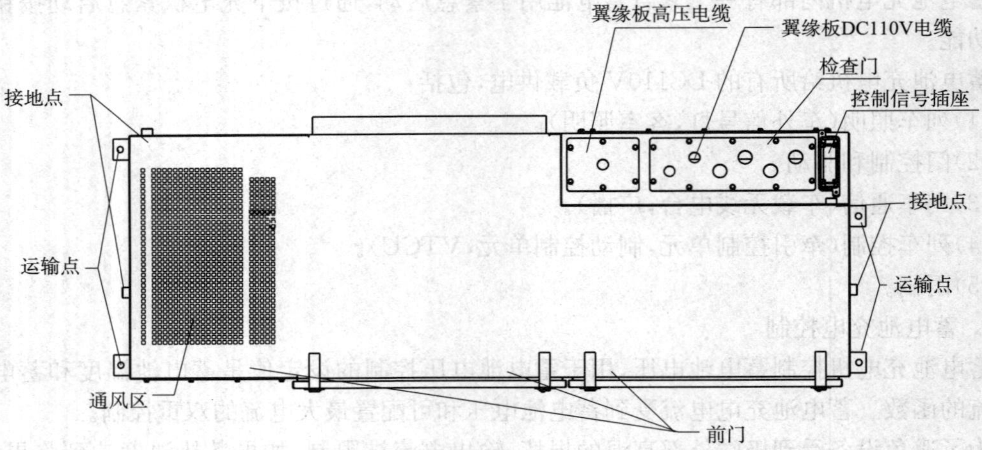

图 3-19　蓄电池充电机俯视图

内部电源和控制连接、熔断器和插入卡都可以从前面接触到。车载蓄电池负极接地端子也同样与设备前部箱体接地电位相连。使内部紧急蓄电池与其他设备断开的插头 X290，它位于高压连接的柱头螺栓端子 X200 和 X201 的后面，在检查门的后面可以接触到。

六、车底其他设备

(一)供风单元

供风单元是制动系统的压缩空气源，整合成供风模块安装在 C 车上，向主风缸供风并通过主风管(MRE)等设备与其他车相连。供风单元由空气压缩机、空气干燥器和油过滤器组成，如图 3-20 所示。

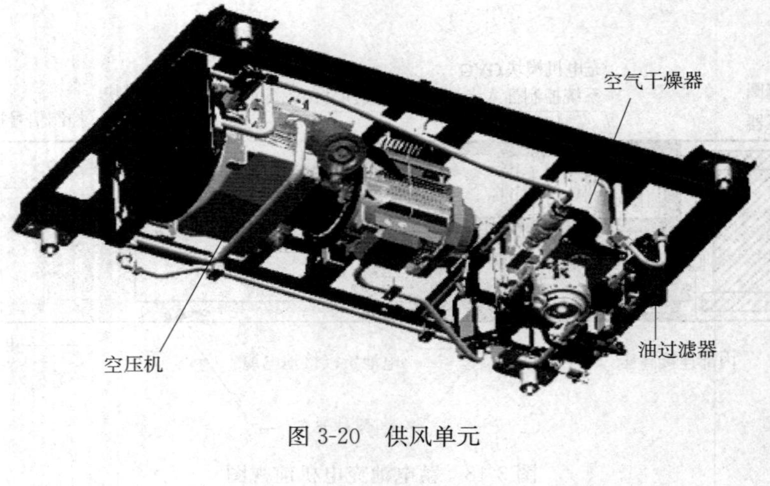

图 3-20　供风单元

(二)线路电感器

车辆共有六个电感器,四个在动车主回路中,另两个在辅助回路中。B车有两个线路电感器,分别提供B、C车MCM使用,其中一个在PH箱内,另一个单独悬挂在B车下,如图3-11所示;PH箱、PA箱内的线路电感器采用强迫风冷,另一个线路电感器采用自然风冷。

辅助回路中电感器称为辅助线路感应器,一个设在PA箱内,另一个悬挂在图3-11所示的C车下方。

(三)紧急逆变器(HVAC)

紧急逆变器是一种应急设备。当辅助逆变器出现失效情况,紧急逆变器向车载空调提供电源,保证车体内的通风。如果车载供电系统故障,空调无法使用。为了保持向客室内供应新鲜空气,地板下的一个紧急逆变器启动,由蓄电池供电,给供风风扇供电。同时,循环空气盖被关闭,只有外部空气供向车内。

(四)设备箱

车下还设有辅助设备箱、设备箱和电子设备箱,内部安装有其他牵引逆变相关设备。

第三节　车内设备

城轨车辆内部设有司机室和客室。司机室是供司机驾驶的地方,安装在A车前端,为模块结构,主要由车钩托梁、前端结构、顶部结构和侧墙结构等组成,外罩玻璃钢罩板。司机室前端设有防爬装置,紧急疏散门、侧墙设有供司机上下的侧门、后墙设有通向客室的间隔门,司机室前窗为电热式车窗,可通电加热。此外,司机室内还有许多电气设备,包括电线槽内部配件等,这些设备要在总装配之前安装完成并进行测试。

客室是容纳旅客的地方,每节车都设有客室车厢。客室内设有座椅、扶手、照明系统、旅客信息系统等为旅客服务的设备。客室两侧设有车门,相邻车辆间以贯通道相连。下面以深圳地铁一号线为例介绍车内设备布置。

一、司机室

司机室中含有列车司机所必需使用的元件和功能。司机室是一个焊接铝结构,作为一个整体预先被安装在A车上。司机室覆盖层结构由玻璃钢(GRP)叠片组成,外表油漆层可以保护司机室金属零件不受腐蚀。司机室组成部分如图3-21和图3-22所示。

(一)司机室系统组成及功能

1. 前窗

为了适合司机室的整体轮廓三块前窗(挡风玻璃)是3D曲线形。窗户使用黏结剂粘在司机室的GRP覆层上。考虑到美观和空气动力学等因素,外部窗格表面要和前罩平齐。中间前窗是司机室前部紧急疏散门的一部分。相同设计形状的左右前窗也包括上部运行灯的装置,如图3-23所示。

窗格之间的前窗由带有叠片结构,且充分透明的双层安全玻璃组成。在玻璃边上使用黑色丝网印刷防止黏合线UV辐射。从整个黑色区域到黏合线印刷逐渐退色("圆形退色"图案)。内部有一个防碎层,防止玻璃受到碰撞而毁坏。每个前窗都综合吸收电子热量(微型丝)用来除雾/除冰,即使在潮湿或者寒冷的天气条件之中,使得司机有足够的视野观察到前方。

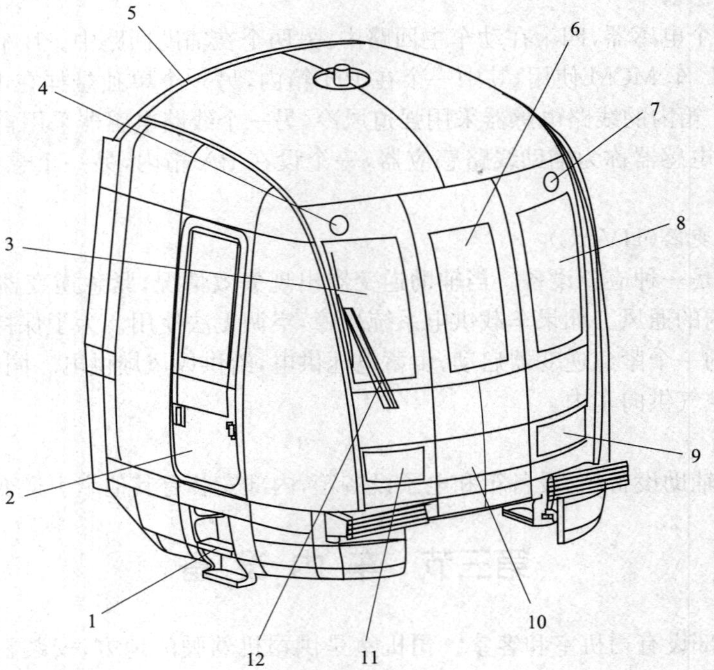

图 3-21　司机室外视图

1—脚踏板；2—司机室侧门；3—右侧前窗；4—右侧运行灯；5—隔墙；
6—中间前窗；7—左侧运行灯；8—左侧前窗；9—左头灯；
10—紧急疏散门；11—右头灯；12—挡风玻璃雨刷器

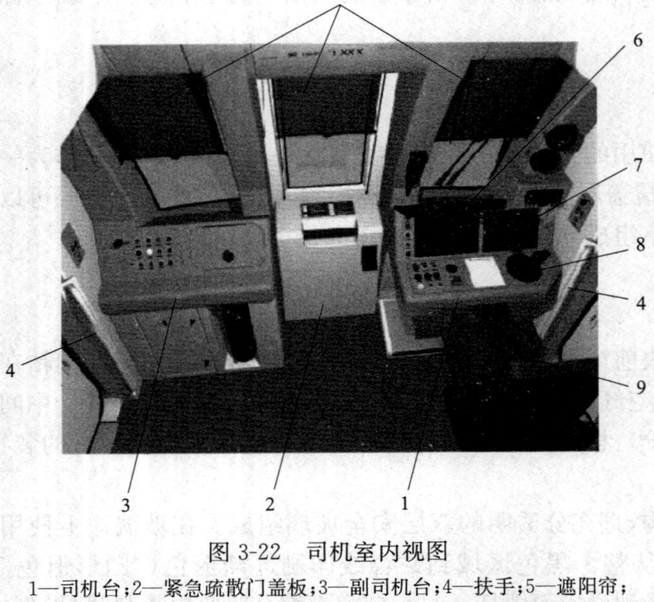

图 3-22　司机室内视图

1—司机台；2—紧急疏散门盖板；3—副司机台；4—扶手；5—遮阳帘；
6—司机控制面板照明；7—司机控制面板；8—主控器；9—司机座椅

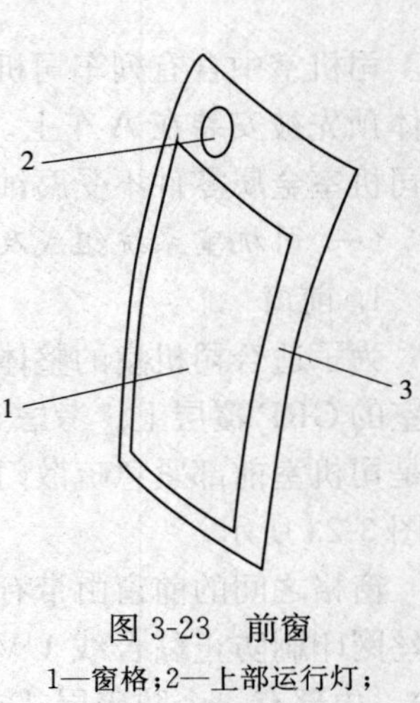

图 3-23　前窗

1—窗格；2—上部运行灯；
3—丝网印刷

2. 紧急疏散装置

在司机室前部安装有一个紧急疏散装置，作为列车全体乘务员和乘客的备用出口。紧急疏散可以是列车到列车或者列车到轨道。当不使用时，紧急疏散装置保持在司机室前端内部。紧急疏散装置包括门、斜坡、梯子和扶手，如图 3-24 和图 3-25 所示。

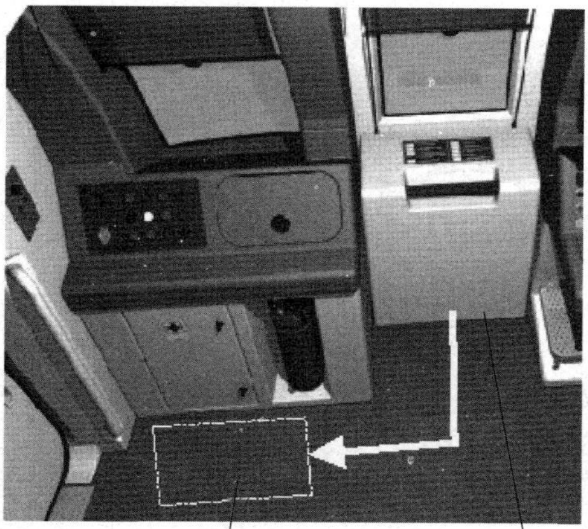

图 3-24　逃生装置板

1—逃生装置板；2—副司机台区域

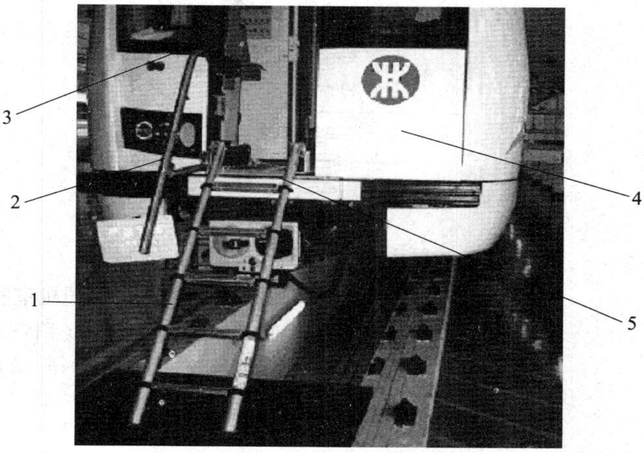

图 3-25　列车到轨道位置上的紧急疏散装置

1—伸缩梯；2—导向扶手；3—扶手；

4—紧急疏散门(开启位置)；5—斜坡

紧急疏散门包括一个矩形的铝结构、3D 曲线形窗户和 GRP 覆层与司机室外观匹配。门内部安装有折叶、锁和窗户上部的遮阳帘。门边上的槽使用橡胶密封。紧急疏散门是四点锁紧：两个锁塞与窗户下面的一个操作手柄连接，两个单独的偏心锁在窗户上部。只能在司机室内部打开紧急疏散门。

使用紧急疏散门时，要先拆下逃生装置板。紧急疏散门由司机室结构和紧急疏散门扇之间的一个导杆控制，打开和关闭紧急疏散门时，紧急疏散门与司机室外墙为平行移动。打开紧急疏散门后，将逃生梯放到地面，旅客和乘务人员可以由此通道离开车辆。疏散门打开后，可以作为和另一车辆的临时通道。

3. 内部照明

内部照明可为司机室提供足够的工作照明，不受外部照明条件影响。司机室内部照明是由顶板上带有两个荧光管的灯提供。司机台上彩色显示屏左上方安装了一个横向荧光管。

4. 司机座椅

司机座椅安装在司机台前面司机室地板上的一个基础支座上。座椅可以左右旋转(最大 60°)，靠背的倾斜角度可以改变，座椅高度和纵向位置也可以调整。调节机械装置放置于保护罩中，如图 3-26 所示。

坐垫是长绒松软表面，内部充满聚氨酯泡沫体。使用四个螺栓和螺母将风箱下面的金属基础板和基础支座顶板连接，螺栓和螺母带有塑料帽防止磨损。基础支座使用四个螺栓和密封剂连接在地板上。

5. 前灯和运行灯

前灯置于司机室前部矩形前灯单元之中，如图 3-27 所示。每个前灯单元包括一个透明保护前部玻璃和两个前灯灯泡(远光灯和近光灯)和一个尾灯。上部运行灯和左右挡风玻璃成一体化。

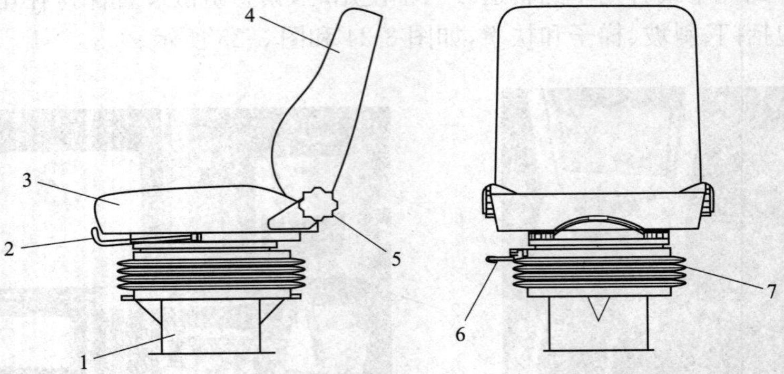

图 3-26　司机室座椅

1—基础支座;2—纵向调整手柄;3—坐垫;4—靠背;
5—靠背倾斜旋钮(每面有一个);6—高度调节手柄;7—保护罩

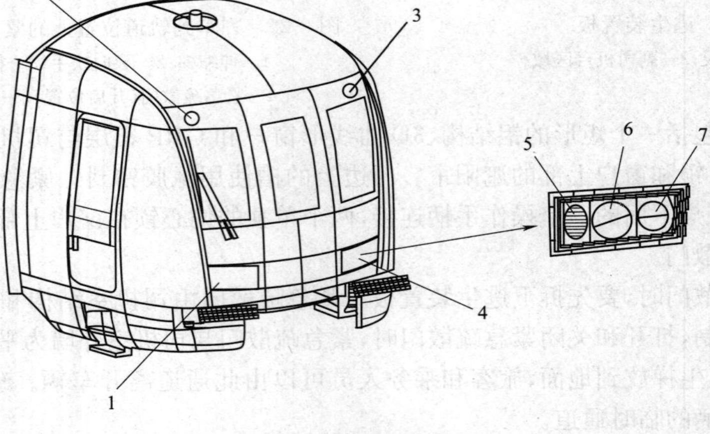

图 3-27　前灯和运行灯

1—右前灯单元;2—右侧上部运行灯;3—左侧上部运行灯;
4—左前灯单元;5—尾灯;6—前灯,远光灯;7—前灯,近光灯

(1)前灯单元。每个前灯单元的透明玻璃嵌入司机室表面。玻璃粘接在拧紧于司机室前部的一个金属构架上,中间带有密封橡胶带。每个前灯单元有一个控制台支撑两个前灯装置,一个电路板支撑一个尾灯。为了垂直和水平调节光图形,车灯装置配有两个调节螺丝。控制台一侧有折页,可以通过旋转进入灯座和连接器。

(2)尾灯。前灯单元上尾灯板上有很多红色 LED(发光二极管)。当前灯工作时,不启动尾灯。

(3)运行灯。左右挡风玻璃的每个上部运行灯在一个普通板上包含两个 LED 区域,白色和红色区域。根据列车运行方向和操作状态确定启动白色区域或者红色区域。

6. 挡风玻璃雨刷

挡风玻璃雨刷是并列式的，通常保持叶片垂直。中轴在司机挡风玻璃的中心位置。雨刷臂通过前墙里面一个摇动的机械装置发动带有传动装置的电机来驱动，使用司机台上的开关可以选择两个速度。相邻 AC 110 V 逆变器为雨刷提供 DC 24 V。

7. 隔墙

隔墙将司机室和客室分开，为乘务员提供一个安全的工作环境，防止乘客接触司机室中的设备。两个电子柜配备的墙板也属于隔墙，如图 3-28 所示。

墙板直接安装在电子柜构架上面。墙板材料是高压层板(HPL)，中间为铝制蜂窝形材料，每个电器箱中安装一个烟雾探测器。间隔门的右侧安装折页，并且有一个专供乘务员使用的锁。遇到紧急情况时，可以通过拉下间隔门顶部边的一个手柄在客室里面打开这个锁。

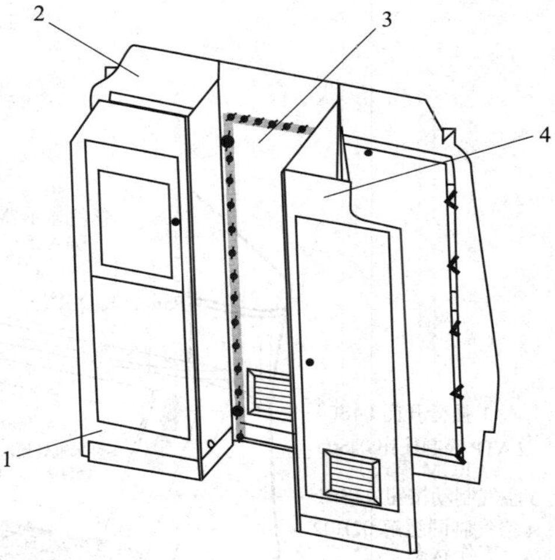

图 3-28　隔墙零件(司机室内部后面)
1—右面电子柜墙板；2—隔墙；3—间隔门；4—左面电子柜墙板

8. 扶手和脚踏板

(1)扶手。扶手由垂直、喷漆的碳钢管组成，使用柱头螺母将扶手安装到墙中。安装在：司机室内部，每边车门的两边；客室内部，进入司机室的车门的两边。

(2)脚踏板。脚踏板以两阶楼梯的形式安装在司机室每边车门的外部，脚踏板单元由不锈钢制成，表面进行抛光。

9. 司机室侧门

司机室侧门位于两端司机室，其结构由一扇门页(配有安全锁和一把钥匙)；一个门机械装置；一个底部导轨装置；一套密封件；安装垫片等构成。门机械装置用螺钉紧固在车体上，门页直接安装到门机械装置的滑轨上。

(二)司机室操纵设备

司机室设有的操纵设备，包括主司机操作台、副司机操纵台和设备柜。司机和乘务人员通过操作操纵设备控制车辆的牵引、制动及其他车载设备。

1. 主司机操作台设备布置与功能

主司机操纵台设有操纵手柄、司机操纵面板、通信设备、显示器等设备，如图 3-29 所示。

(1)操纵手柄。操纵手柄的结构和位置如图 3-29 和图 3-30 所示。其包括主控手柄 15 和方向手柄 14。主控手柄设有四个位置，零位、牵引位、制动位、快速制动位。零位时手柄处在中间位置，牵引位为手柄向前位置，手柄向后有两个位置，手柄向后为制动位，继续向后为快速制动位。手柄在牵引位时，车辆为牵引工况；手柄在制动位和快速制动位时，车辆为制动工况。

方向手柄有三个位置，手柄处在中间位置(即零位)，手柄向前为前进位，手柄向后为后退位。

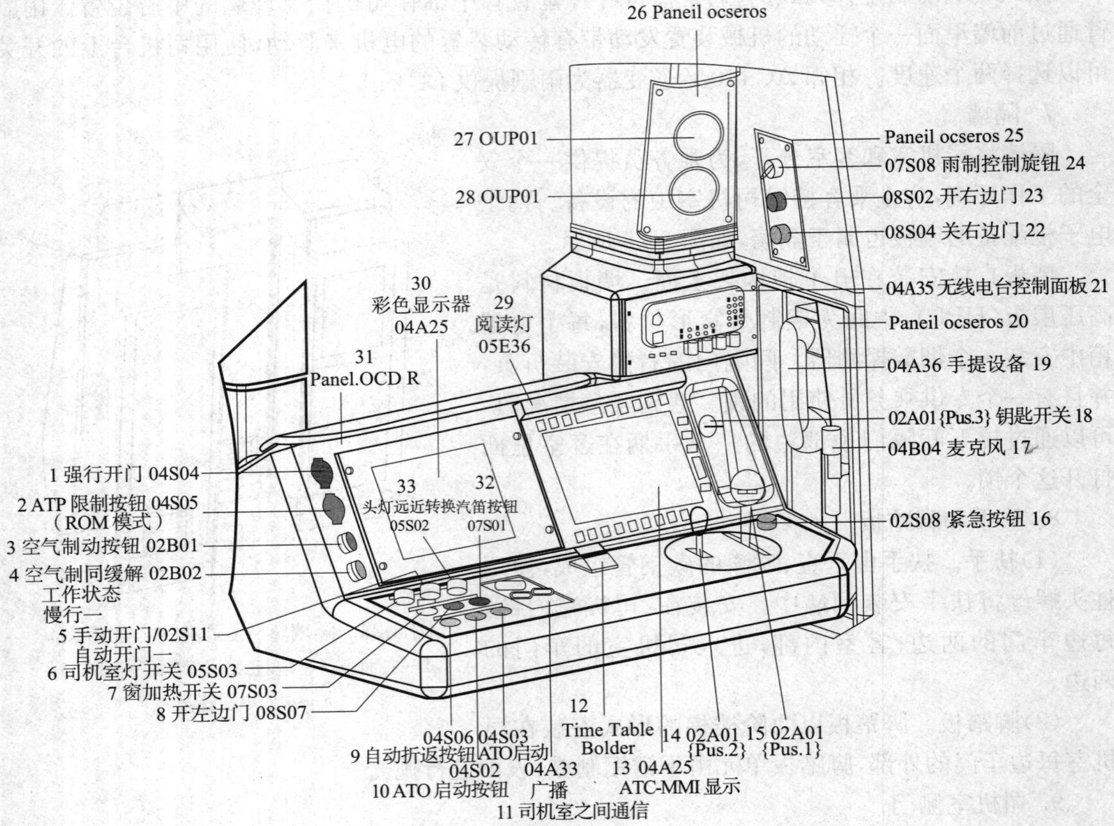

图 3-29　主司机操纵台设备布置

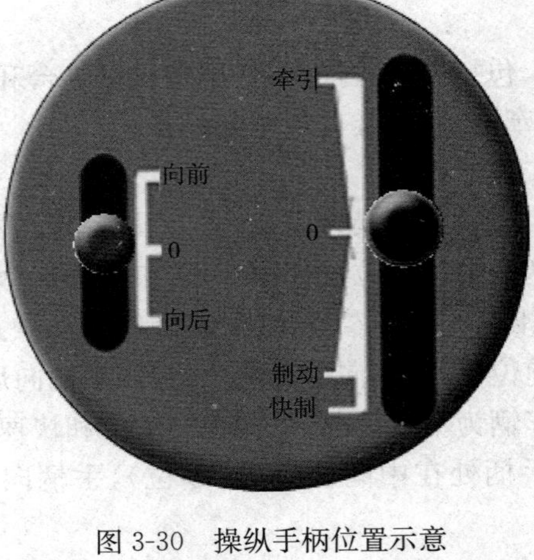

图 3-30　操纵手柄位置示意

(2)主司机操作台按钮。

①强行开门按钮:强制打开客室车门,如图 3-29 所示的 1。

②ATP 限制按钮:使 ATP 进入限制模式,如图 3-29 所示的 2。

③空气制动按钮：3 为空气制动施加，4 为空气制动缓解，如图 3-29 所示。

④开关车门按钮：对客室车门的开关进行操作，如图 3-29 所示的 8、22 和 23。

⑤汽笛按钮：鸣笛，如图 3-29 所示的 32。

⑥自动折返按钮：车辆进入自动折返模式，如图 3-29 所示的 9。

⑦ATO 启动按钮：启动 ATO，如图 3-29 所示的 10。

⑧紧急按钮：车辆进入紧急制动模式，如图 3-29 所示的 16。

(3)主司机操纵台旋钮。

①司机室灯开关：开关司机室灯，如图 3-29 所示的 6。

②窗加热开关：开关司机室车窗的电加热设备，如图 3-29 所示的 7。

③手动/自动开门转换开关：对手动、自动开关车门模式进转换，如图 3-29 所示的 5。

④头灯远近转换开关：对车辆头灯灯光的照射远近进行调节，如图 3-29 所示的 33。

⑤雨刮控制旋钮：控制雨刷器投入使用和进行速度调节，如图 3-29 所示的 24。

(4)主司机操纵台其他设备。

①广播控制面板：进行全车的广播控制和进行两个司机室间的通信，如图 3-29 所示的 11。

②显示器：主司机操纵台设有两个显示器。左侧设有车辆控制显示器，显示全车的控制和运行情况，还可以通过显示器的触摸屏进行控制操作；右侧设有车辆运行监控显示器，显示车辆运行监控信息，如图 3-29 所示的 13 和 30。

③钥匙开关：操纵台总控开关，控制所有操纵设备的使用权，如图 3-29 所示的 18。

④麦克风：广播用麦克风，如图 3-29 所示的 17。

⑤手提设备：无线电台对话设备，如图 3-29 所示的 19。

⑥无线电台控制面板：控制无线电台的使用，如图 3-29 所示的 21。

⑦双针压力表：显示制动缸压力和总风缸压力等，如图 3-29 所示的 27、28。

2. 副司机操作台设备布置与功能

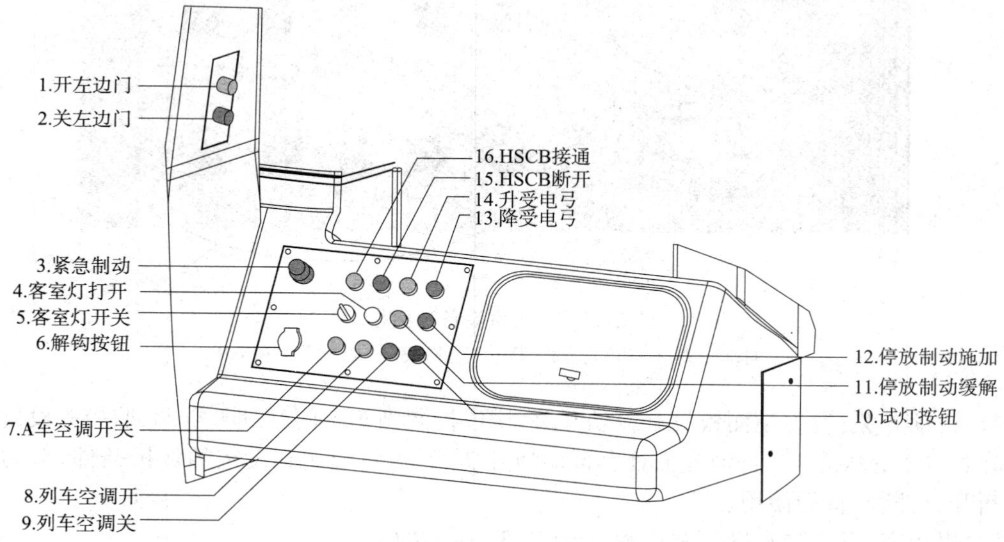

图 3-31　副司机操纵台设备

副司机操纵台主要设有以下控制按钮和开关：

(1)左门开关按钮：开关客室左门，如图 3-31 所示的 1、2。

(2)副司机紧急制动按钮：按下按钮实行紧急制动，旋转按钮进行缓解，如图 3-31 所示的 3。

(3)客室灯控制开关：控制客室照明灯具开关，如图 3-31 所示的 4、5。

(4)解钩按钮：按下按钮解开全自动车钩，如图 3-31 所示的 6。

(5)空调控制按钮：分别控制 A 车和全列的空调开关，如图 3-31 所示的 7、8、9。

(6)试灯按钮：检查主司机操纵台和副司机操纵台指示灯是否良好(按下按钮后，除 RM 指示灯外，所有指示灯亮)，如图 3-31 所示的 10。

(7)停放制动开关按钮：开关停放制动，如图 3-31 所示的 11、12。

(8)受电弓升降按钮：升降受电弓，如图 3-31 所示的 13、14。

(9)高速断路器开关按钮：通断高速断路器，如图 3-31 所示的 15、16。

3. 设备柜

司机室设备柜设置在后侧墙壁，控制柜内部为电气设备，外部为控制面板。

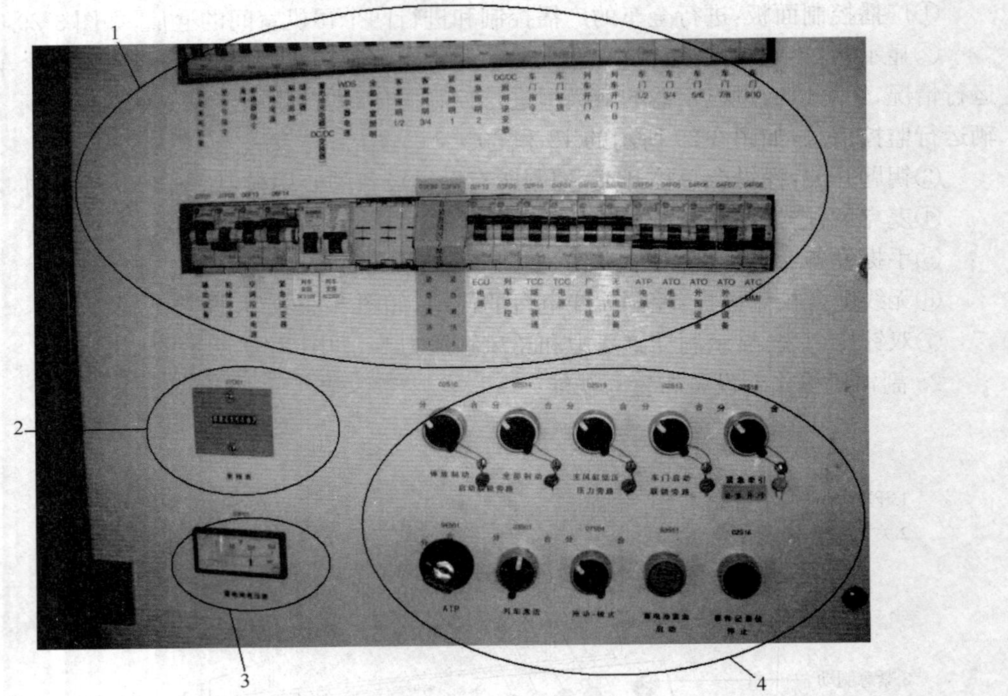

图 3-32　司机室设备柜面板 1

1—自动开关；2—里程表；3—蓄电池电压表；4—旋钮开关和按钮

(1)自动开关：设备柜面板设有自动开关，用以控制列车车门、照明、空调、监控等设备的开关，如图 3-32 所示的 1。自动开关具有自动断开功能，当系统达到设定的保护条件，自动开关自动断开，切断设备的使用。

(2)里程表：显示列车已行驶里程，如图 3-32 所示的 2。

(3)蓄电池电压表：显示蓄电池电压，如图 3-32 所示的 3。

(4)旋钮开关和按钮(见图 3-32 中的 4)：

①上面一行是紧急情况下使用的控制制动系统、车门开关和受电弓升降的旋钮。正常情况下，这些旋钮都是用铅封封上，紧急情况破封使用。

②下面一行包括 ATP 钥匙开关、列车激活旋钮、拖动模式旋钮、蓄电池紧急启动按钮和事件记录仪停止按钮。

二、客　室

客室是供乘客乘坐的地方，在车厢的两侧设置有不锈钢长座椅，在每个座椅上设置有一个透明车窗，供乘客观看车外和站台景色。客室内还设置有立柱、扶手杆、拉手提供给乘客进行抓扶，保证乘客安全，为使客室内更为美观，还安装了白色内饰板（包括顶板、侧墙板、侧顶盖板）、蓝色地板布，客室顶部纵向设置有两条送风格栅，来自空调的新风和混合风从送风格栅徐徐向客室内输送，提供给乘客一个舒适的环境。

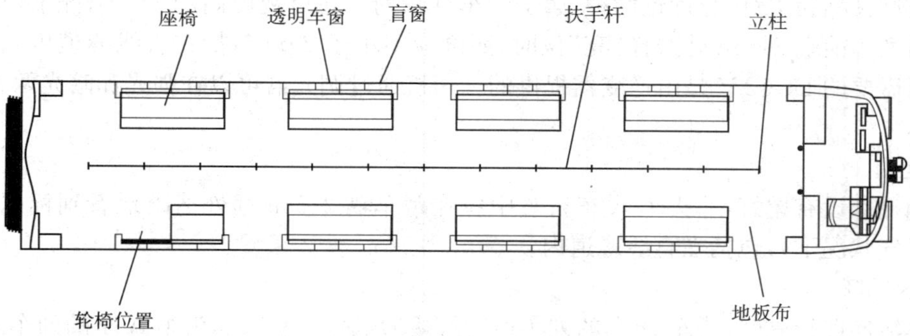

图 3-33　客室内装俯视图

图 3-34　客室内装实物图

如图 3-33 和图 3-34 客室内设有地板、立柱、座椅、拉手、照明灯具、空调送风格栅及轮椅位置等设备。客室内的设备均是为了旅客更舒适的乘车而设立的。

各节车辆客室间设有贯通道。贯通道的作用是连接两节车辆的过渡结构，使乘客沿全列车可以随意走动，使乘客在全列车中均匀分布，也有利于在列车发生意外事故时使乘客有秩序地沿贯通道从司机室前端的安全门撤离。

三、照明系统

照明系统分为车辆外部照明和车辆内部照明，外部照明包括（远、近）前照灯、尾灯和运行灯，车辆内部照明包括司机室照明和客室照明。

（一）车辆外部照明

1. 前照灯

前照灯又称为头灯，分远近两种，属于汽车灯系列。在可视度高的天气情况下（没有其他照明），离列车前端 215 m 处选择“亮”位时，照度应不小于 2 lx（包括在直线隧道内）。前照灯（头灯）所需要的 DC 12 V 是由逆变器提供的。司机通过调光器可以在强光和暗光两者之间进行转换。

2. 尾灯

车辆端部设有尾灯，非头车 A 车行驶中应在距车辆 215 m 远处清晰地看到标志灯（视觉清晰的天气状况下），包括在直线隧道内。

3. 运行灯

当车辆向前行驶时，头车 A 车的列车运行灯接通，显示白色；非头车 A 车的列车运行灯接通，显示红色。

4. 外部照明逻辑关系

（1）司机控制器方向手柄在“向前”位时，以下所列灯应亮：

①列车前端的前照灯和白色运行灯亮。

②列车后端的尾灯和红色运行灯亮。

（2）司机控制器方向手柄在“向后”位时，以下所列灯应亮：

①列车前端和后端的前照灯和白色运行灯亮。

②列车前端和后端的标志灯和红色运行灯亮。

（3）当列车停车待命（DC110V 低压电源仍工作）时，每一端的标志灯和红色运行灯应亮。在待命状态下，司机控制器调速手柄无动作。

（二）车辆内部照明

1. 司机室照明

司机室照明包括司机室顶灯、司机阅读灯以及仪表照明。司机室照明灯有专门开关打开和关闭，不必使用司机台的钥匙。司机阅读灯以及仪表照明由 24 V 电源供电。

在正常运营时，司机室内的照度在中央地板处应为 3～5 lx，在驾驶台表面应为5～10 lx。为方便维修工作，司机室中央距地板面 800 mm 处的照度不小于 200 lx。

2. 客室照明

客室照明要求在车内离地板面高 800 mm 处测得的照明强度≥300 lx。客室照明由充电机提供 DC110 V 电源，紧急情况下由蓄电池供电。

四、乘客信息系统

乘客信息系统由列车有线广播系统和乘客信息显示系统两个部分组成；乘客信息显示系统又由列车综合图文显示系统（WDS）和车站地图闪光系统（FSM）组成。其在客室具体分布如图 3-35 所示。

PIS（广义）
- 列车有线广播系统（或简称 PA）
- 乘客信息显示系统（狭义 PIS）
  - 列车综合图文显示系统（WDS）
  - 车站闪光地图系统（FSM）

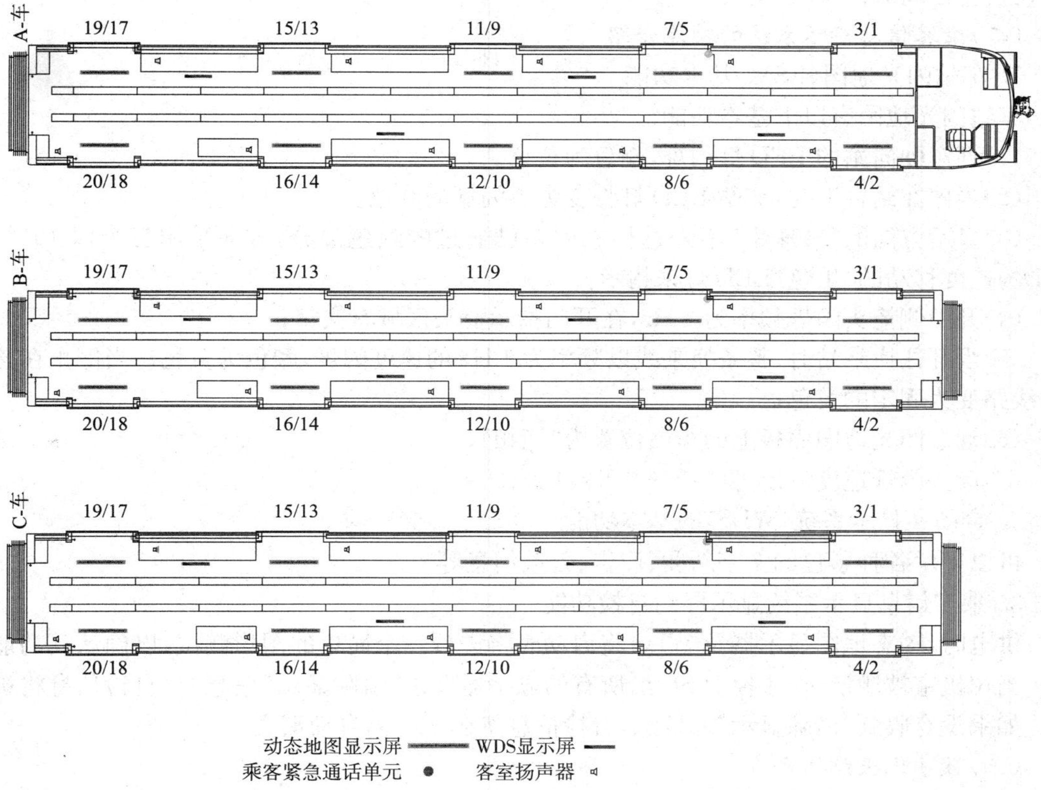

图 3-35　PIS 客室分布图

（一）列车有线广播系统

1. 列车有线广播系统的基本功能

列车有钱广播系统有以下基本功能：

（1）司机室对客室的广播（PA 广播，带有提示音）。

（2）后端司机室对客室的广播（PA 广播，带有提示音）。

（3）OCC 客室的无线广播：通过车载无线电系统来实现（PA 广播，没有提示音）。

（4）自动触发数字化广播（自动报站）：已激活的司机室的 PISC 自动激活司机室的数字化广播，与乘客信息显示系统一起工作。

（5）司机人工触发数字化广播（手动报站及紧急广播）：通过激活的司机室的 PISC/MIT-

RAC 来激活数字化广播，与乘客信息显示系统一起工作。

(6)乘客报警与通信(P-C)：司机与乘客紧急通信。

(7)司机室之间对讲(C-C)：从任一司机室到所有其他司机室(包括联挂的列车)。

(8)关闭车门提示声音信号：报站机能实现中英文语言报站；而且可以存储 100 个站名和 20 条信息，每条时间为 30 s。

2. 广播各功能的优先级别

广播各功能的优先级别，由高至低如下：关闭车门提示声音信号、乘客紧急报警与通信(PC 模式)、对客室的无线广播、司机室对客室的人工广播(PA 模式)、自动触发的数字化广播、司机室之间对讲(C-C 模式)。

(二)乘客信息显示系统的功能介绍

1. 车站闪光地图(FSM)基本功能

车站闪光地图有以下基本功能：

(1)列车驶向站的 LED 灯闪烁，颜色为黄色。

(2)当停在站台上时，该站 LED 灯将变为不闪烁的红色。

(3)显示方向的"珍珠串"不经过标志列车已通过的红色部分，方向采用三个以 10 个/s LED的速度移动的"黑色"LED 灯来指示。

(4)开门侧箭头闪烁频率为 1 Hz，在开门指示箭头区域有文字；

(5)当开往换乘站时，整条换乘线以频率为 1 Hz 的速度闪烁，颜色为黄色。当停止在该站时，线路变为固定的黄色；

(6)动态闪光地图面板上的车站位置为"镜相"；

(7)箭头闪烁速度设定为可变的 0.5 s、1 s、1.5 s。

2. 合图文显示系统(WDS)的基本功能

可以显示各种彩色的文字新闻、广告、公益信息等。

3. 乘客信息显示系统显示屏的自检功能

供电时，动态地图显示器及 WDS 将启动时将进行一个简单的图形测试，以确认其功能正常。当司机室被激活时，主控 PISC 给所有的显示器发送"清除显示"信息时，自检信息将被清除。如果没有收到"清除显示"的信息，自检信息将在 90 s 内自动消失。

(三)数字化报站简介

1. 手动报站

列车司机台激活后，PIS 系统经 90 s 自检后工作正常。此时司机可以通过 MMI 显示屏设置目的站、起始站/到达站，则相关的广播号码将发送到 PIS，触发相关的数字化广播和 WDS 的文字报站；动态地图相关的编码数据在动态地图显示器上显示。

2. 自动报站

列车运行过程中，在经过轨旁电路时，ATS 的报站信号(即目的站、起始站/到达站的信号)将通过轨旁电路以报文方式传送到车载 ATP/ATO，再转换成相关的广播号码，传送到 PIS 进行报站。

自动报站的信号流向：ATS 系统→轨旁电路→车载 ATO/ATP→车辆 TCC→PIS。

本章小结

按照设备设置的位置，车辆设备分为车顶设备、车底设备和车内设备。

车顶设备包括受电弓和空调单元。

受电弓是将DC1 500 V由接触网导入车辆的受流装置，是主电路系统的一部分。受电弓的升降是以压缩空气为动力。

车辆的空调机组由压缩机/冷凝器室、空气处理室和蒸发室三部分组成。每节车配有两台独立的车顶单元式空调机组，用于客室、司机室的通风和空气调节，空调机组的出风口与车内主风道通过软风道连接，空调机组处理后的空气经车内主风道由送风口送达客室，起到调节客室和司机室内空气温度、湿度的目的。

车底设备主要包括PH箱、PA箱、制动电阻柜和蓄电池及充电机。

PH箱全称为牵引与高压电器设备箱，是牵引主电路系统的核心，它分为三部分：高压电器区、中部通风散热区、MCM区。

高压电器区中设置的是控制牵引逆变器的电器设备，其中包括高速断路器。

MCM区内安装有牵引逆变器，是将受电弓导入的1 500 V直流电逆变为交流电输出给牵引电动机，在电制动时可以将牵引电动机发出的交流电整流为直流电输出给制动电阻。

PA箱内设有辅助逆变器和牵引逆变器，辅助逆变器结构和功能与牵引逆变器类似，将输入的1 500 V直流电逆变为交流电输送给辅助供电系统。

制动电阻箱由制动电阻片组、制动电阻连接铜排和制动风机组成。制动电阻片组通电以后将电能转变成热能，制动风机为制动电阻片进行通风散热。

蓄电池是电能存储设备，在进行列车激活和紧急情况下使用。

蓄电池充电机将DC1 500 V转变为DC110 V，给蓄电池充电，同时作为车辆的110 V直流电源，给直流负载供电。

车内设备包括司机室、客室、列车照明系统和乘客信息系统。

司机室是司机驾驶车辆的地方，设有操纵车辆的各种设备包括主司机操纵台、副司机操纵台及设备柜。

客室设有为旅客乘车进行服务的各种设备。

照明系统分为车外照明和车内照明，车外照明为车辆提供行驶照明并进行信号灯显示。车内照明提供司机室和客室的照明。照明电源通常为DC110 V，司机台部分灯源为DC24 V。

乘客信息系统由列车有线广播系统和乘客信息显示系统两个部分组成；乘客信息显示系统又由列车综合图文显示系统(WDS)和车站地图闪光系统(FSM)组成。

复习思考题

1. 简述受电弓的作用原理。
2. 对弓网关系有哪些要求？
3. 空调单元由哪些部件组成？各部件有哪些作用？
4. 简述城市轨道交通车辆车底的设备组成。

5. 高速断路器有哪些作用?

6. PH 箱与 PA 箱有什么区别?

7. 逆变器有什么作用?牵引逆变器有什么作用?

8. 牵引逆变器由哪些部件组成?

9. 蓄电池及蓄电池充电机有哪些功能?

10. 试述司机室操纵设备的组成及操纵设备各按钮、开关、手柄的作用。

11. 客室内有什么设备?

12. 车辆照明分哪些部分:各由什么部件组成?旅客信息系统由哪几部分组成?各有什么作用?

第四章　城市轨道交通车辆转向架

第一节　概　　述

转向架又称走行部，位于车体底架和钢轨之间，它是支承车体垂直载荷，产生并传递牵引力和制动力，引导车辆沿着轨道运行的走行装置。为了便于通过曲线，在车体和转向架之间设有心盘或回转轴，转向架可以绕这一中心轴相对车体转动。每一辆车的两端各设有一台两轴转向架，其结构是否合理将直接影响车辆的运行品质、动力性能和行车安全，所以转向架是车辆最重要的部件之一。

可以确切或客观地说，转向架技术是“靠轮轨接触驱动运行的机车车辆”得以安全运行及发展的核心技术之一。

由于各国铁路发展历史和背景的不同以及技术条件上的差异，致使各国研制的城市轨道交通车辆转向架结构类型也差异较大。然而在设计原则上的共识和实践经验却促使城市轨道交通车辆转向架形式上有众多相同之处：无磨耗轴箱弹性定位、盘形制动为主的复合制动系统等。转向架结构一般主要包括：轮对轴箱装置、弹性悬挂装置、构架、制动装置、牵引电机与齿轮传动装置、转向架支撑车体装置。

一、转向架的作用

城市轨道交通车辆转向架应具有以下基本作用：

(1)承载。承受车架以上各部分(包括车体、车架、动力装置和辅助装置等)的重量，并使各轴重均匀分配，同时传递各种作用力。

(2)牵引(动力转向架)。保证必要的轮轨黏着，并把轮轨接触处产生的轮周牵引力传递给车架、车钩，牵引机车车辆前进。

(3)缓冲。缓和线路不平顺对车辆的冲击，保证车辆具有良好的运行平稳性和稳定性。

(4)转向。保证车辆顺利通过曲线。

(5)制动。产生必要的制动力，以使车辆在规定的距离内减速或停车。

因此，对转向架的要求主要是确保车辆在运行速度提高时的舒适性和安全性，这也是转向架不断改进和发展的前提。

二、转向架的组成及各部分的作用

城市轨道交通车辆转向架可分为动力转向架和非动力转向架。由于车辆运用条件与要求的不同，所采用的转向架结构各异，种类繁多。但它们的基本组成部分和主要功能是相同的，以图 4-1 所示的动车转向架为例，说明其主要组成部分和作用。

1. 轮对轴箱装置

轮对直接向钢轨传递重量，通过轮轨之间的黏着产生牵引力和制动力，并通过车轮的回转实现车辆在钢轨上的运行（平移）。轴箱与轴承装置是连接构架和轮对的活动关节，它除了保证轮对进行回转运动外，还能通过轮对适应线路不平顺等条件，相对于构架上下、左右和前后运动。轮对除传递车辆的重量外，还传递轮轨之间的各种作用力。

2. 弹簧悬挂装置

为减少线路不平顺和轮对运动对车体产生的各种动态的影响，转向架在轮对与构架或构架与车体（摇枕）之间，设有弹性悬挂装置。前者称为轴箱悬挂装置，后者称摇枕（或中央）悬挂装置，也可称一系悬挂装置和二系悬挂装置。一系悬挂装置用来保证一定的轴重分配，缓和线路不平顺对车辆的冲击，并保证车辆运行平稳性。它包括轴箱弹簧、垂向减振器和轴箱定位装置等。二系悬挂装置（车架/体与转向架间的连接装置）用以传递车体与转向架间的垂向力和水平力，使转向架在车辆通过曲线时能相对于车体回转，并进一步减缓车体与转向架间的冲击振动，同时必须保证转向架安全平稳。它包括二系弹簧、各方向减振器、抗侧滚装置和牵引装置等。

3. 构架

构架是转向架的基础，它把转向架的各个零、部件组成一个整体。故它不仅承受、传递各种载荷及作用力，而且它的结构、形状和尺寸都应满足各零部件组装的要求（应满足制动装置、弹簧减振装置、轴箱定位装置等安装的要求）。它包括侧梁、横梁或端梁以及各种相关设备的安装或悬挂支座等。

4. 制动装置

为使运行中的车辆在规定的距离范围内停车，必须安装制动装置，其作用是传递和放大制动缸的制动力，并将其传给闸瓦（或闸片），使其压紧车轮（或制动盘），使转向架内摩擦力转换为轮轨之间的外摩擦力（即制动力），从而产生制动作用。它包括制动缸（气缸或油缸）、放大系统（杠杆机构或空—油转换装置）、制动闸瓦（或闸片）和制动盘等。

5. 驱动装置（动力转向架）

使牵引电机的扭矩转化为轮对或车轮上的转矩，利用轮轨之间的黏着作用，驱动车辆沿着钢轨运行。牵引电机在列车运行中还起着产生牵引力和电制动力的作用。它包括牵引电机、车轴齿轮箱、联轴节或万向轴和各种悬吊机构等。

6. 转向架中心牵引装置

转向架中心牵引装置由中心销系统和牵引拉杆组成。其功能是传递牵引力和制动力，完成转向架相对于车体的回转运动，架车时悬吊转向架。它包括中心销、牵引拉杆系统等。

三、转向架的主要技术要求

对城轨车辆转向架的主要技术要求包括以下五点：

(1)保证最佳的黏着条件。轴重转移应尽量小，且轮轨间不产生黏—滑振动。

(2)良好的动力学性能。尽量减少轮轨间的动作用力，减少轮轨间的应力和磨耗。

(3)重量轻且工艺简单。尽可能减轻自重，且制造和修理工艺简单容易。

(4)良好的可接近性。易于接近，便于检修。

(5)零部件标准化和统一化。结构和材质尽可能统一化。

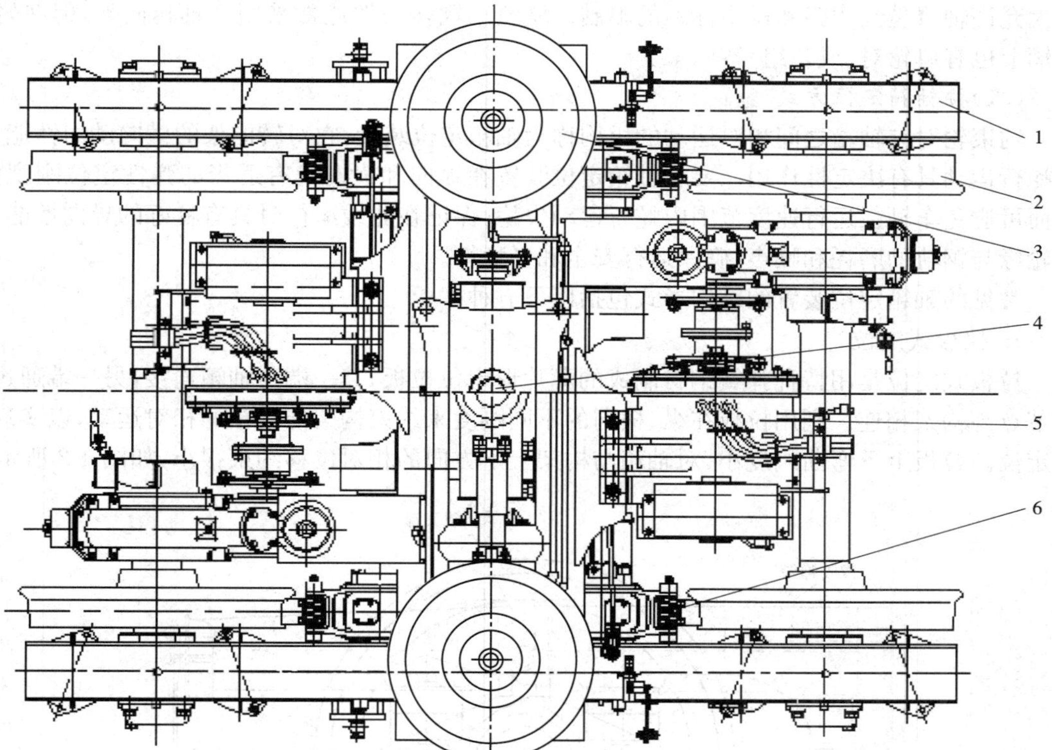

图 4-1　动车转向架组成

1—构架；2—轮对轴箱装置；3—二系悬挂装置；4—牵引装置；5—驱动装置；6—基础制动装置

四、转向架的设计原则

根据国内、外城轨车辆转向架的设计经验，建议采用以下设计原则：

(1)采用高柔性的弹簧悬挂系统，以获得良好的振动性能。这种高柔性空气弹簧在正常速度下均能表现出优越性。

(2)采用高强度、轻量化的转向架结构，以降低轮轨间的动力作用。

(3)采用能有效地抑制转向架蛇行运动，提高转向架蛇行运动临界速度的各种措施。

(4)基础制动装置采用复合制动系统。除采用常规的空气盘形制动和踏面制动外，可配以磁轨制动、涡流制动等非黏制动系统。

五、转向架的分类

由于转向架用途的不同，运行条件的差异，对转向架的性能、结构、参数和采用的材料及工艺等提出了不同的要求，从而出现了多种形式的转向架。各种转向架主要的区别在于所用车轴的类型和数目、轴箱定位的方式、弹簧装置的形式、载荷传递的方式等。

(一)按车轴的数目和类型

按转向架上轴数，可分为 2 轴、3 轴和多轴转向架。转向架轴数的多少是由车辆总重和每根轴的允许轴重确定的。在我国铁路车辆上按允许轴重可将车轴分为 B、C、D、E、F 等类型，最大允许轴重受到线路和桥梁标准的限制。城轨车辆转向架通常采用 2 轴转向架，但在轻轨车辆上也有单轮对(或轮组)转向架。

(二)按轴箱定位方式

约束轮对与轴箱之间相对运动的机构称为轴箱定位装置，它对转向架的横向动力性能、抑制蛇行运动具有决定性作用。要求轴箱定位装置在纵向和横向具有适当的弹性定位刚度值，从而可避免车辆在运行速度范围内蛇行运动失稳，保证在曲线运行时具有良好的导向性能，减轻轮缘与钢轨的磨耗和噪声，确保运行安全和平稳性。

常见的轴箱定位装置的结构形式包括以下五种：

1. 拉板式定位

拉板式定位是用特种弹簧钢材制成的薄片形定位拉板，其一端与轴箱连接，另一端通过橡胶节点与构架相连。利用拉板在纵、横向的不同刚度来约束构架与轴箱的相对运动，以实现弹性定位。拉板上下弯曲刚度小，对轴箱与构架上下方向的相对位移约束很小，如图 4-2 所示。

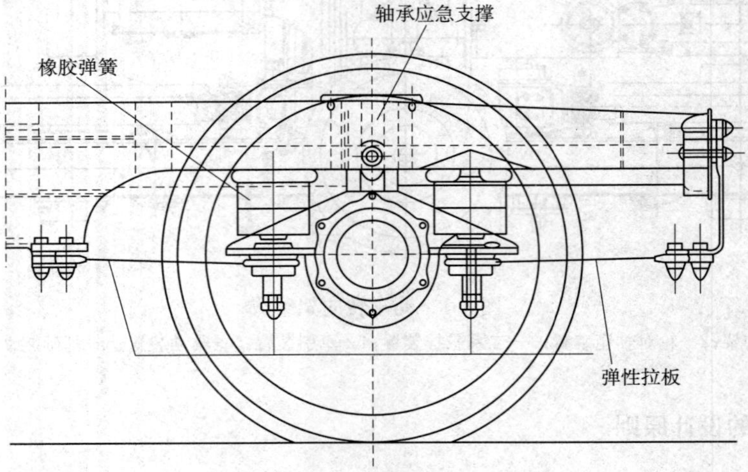

图 4-2　拉板式轴箱定位

2. 拉杆式定位

拉杆式定位是将拉杆的两端分别与构架和轴箱销连接，拉杆两端的橡胶垫、套分别限制轴箱与构架之间的横向与纵向的相对位移，实现弹性定位。拉杆允许轴箱与构架在上下方向有较大的相对位移，如图 4-3 所示。

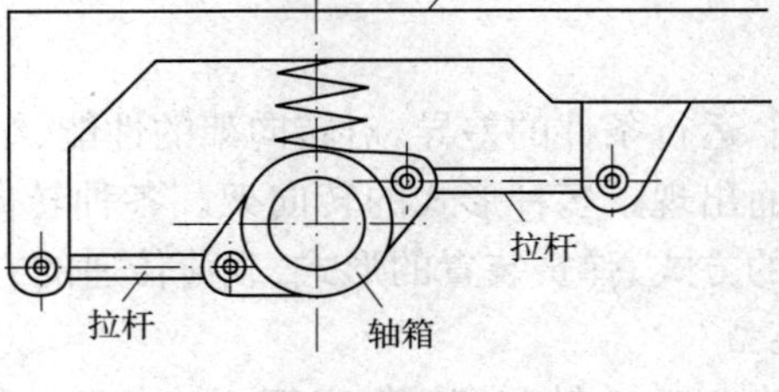

图 4-3　拉杆式轴箱定位

3. 转臂式定位

转臂式定位又称弹性铰定位，定位转臂的一端与圆筒形轴箱体连接，另一端以橡胶弹性节点与构架上的安装座相连接。弹性节点允许轴箱与构架在上下方向较大的位移，弹性节点内的橡胶件应设计成使轴箱在纵向和横向具有适宜的不同的定位刚度的要求。北京地铁车辆的老式转向架，其结构形式如图 4-4 所示。

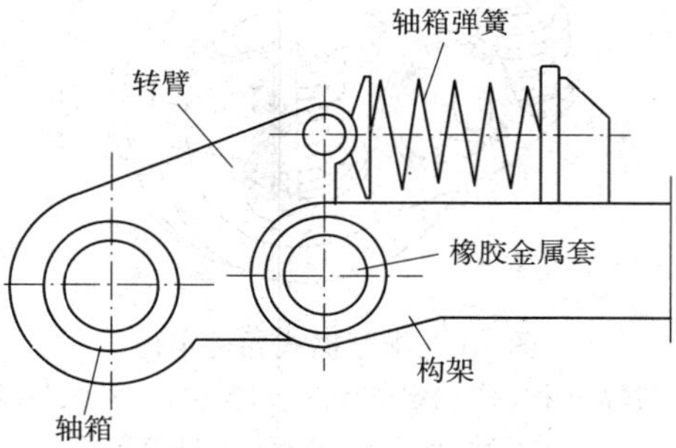

图 4-4　转臂式轴箱定位

4. 层叠式橡胶弹簧定位

层叠式橡胶弹簧定位是在构架与轴箱之间装设压剪型层叠式橡胶弹簧，其垂向刚度较小，使轴箱相对构架有较大的上、下方向位移，而它的纵、横向有适宜的刚度，以实现良好的弹性定位。现代地铁车辆和轻轨车辆多数采用此种定位轴箱，其结构如图 4-5 所示。

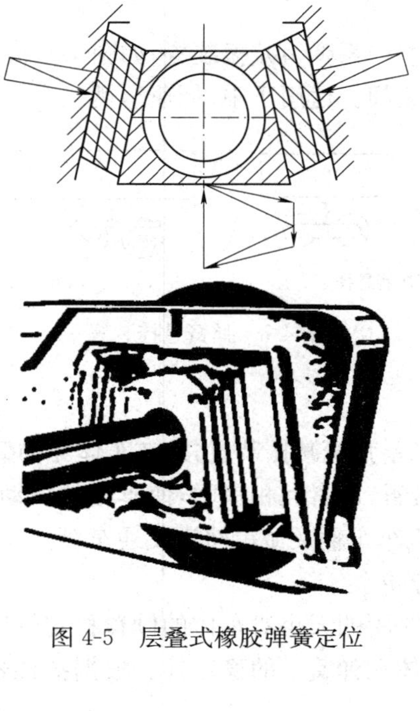

图 4-5　层叠式橡胶弹簧定位

5. 干摩擦式导柱定位

干摩擦式导柱定位是在安装于构架上的导柱及坐落在轴箱弹簧托盘上的支持环均装有磨耗套，导柱插入支持环，当构架与轴箱之间发生上下运动时，两磨耗套产生干摩擦，它的定位作用是通过导柱与支持环传递纵向力和横向力，再通过轴箱橡胶垫产生不同方向的剪切变形，实现弹性定位作用。其结构如图 4-6 所示。

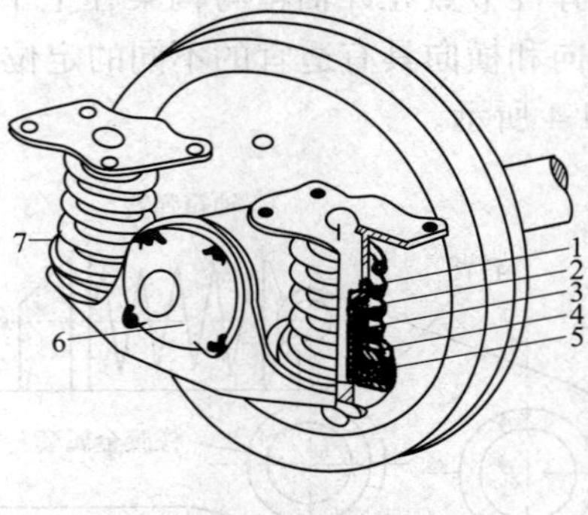

图 4-6　干摩擦式导柱定位

1—弹簧支柱；2—内定位套；3—外定位套；4—支持环；
5—橡胶缓冲垫；6—轴箱；7—轴箱弹簧

在上述的定位方式中，前四种均为无磨耗的轴箱弹性定位装置，通过对橡胶金属弹性铰或弹性节点的设计，可以实现轴箱纵、横向不同定位刚度的要求，达到较为理想的定位性能。

（三）按弹簧装置的形式（悬挂方式）

根据转向架所装设的弹簧系统的多少可将其分为以下两种形式：

1. 一系弹簧悬挂

在车体与轮对之间，只设有一系弹簧减振装置，如图 4-7(a)所示。它可以设在车体与构架之间，也可以设在构架与轮对之间。适用于中、低速车辆。

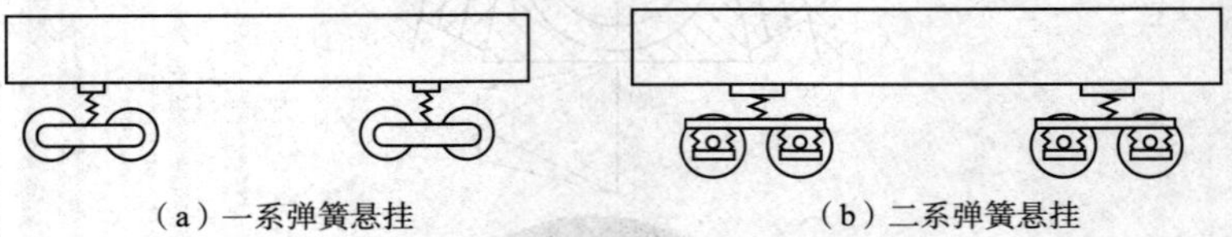

（a）一系弹簧悬挂　　　　（b）二系弹簧悬挂

图 4-7　弹簧悬挂装置

2. 二系弹簧悬挂

在车体与轮对之间设有二系弹簧减振装置，即在车体与构架间设摇枕弹簧减振装置，在构架与轮对间设轴箱弹簧减振装置，两者互相串联，使车体的振动经历两次弹簧减振的衰减，如图 4-7(b)所示。适用于高速机车车辆及城市轨道交通车辆。

（四）按摇枕弹簧的横向跨距

转向架中，摇枕弹簧横向跨距的大小对车体的倾覆稳定性影响显著。增大跨距可增加车体抗倾覆的复原力矩，提高车体在弹簧上的稳定性。根据摇枕悬挂装置中弹簧横向跨距的不同可将转向架分为以下三种。

1. 内侧悬挂

摇枕弹簧横向跨距小于构架两侧梁纵向中心线距离，如图 4-8(a)所示。

2. 外侧悬挂

转向架摇枕弹簧横向跨距大于构架两侧梁纵向中心线距离，如图 4-8(b)所示。

3. 中心悬挂

摇枕弹簧横向跨距与构架两侧梁纵向中心线距离相等，如图 4-8(c)所示。

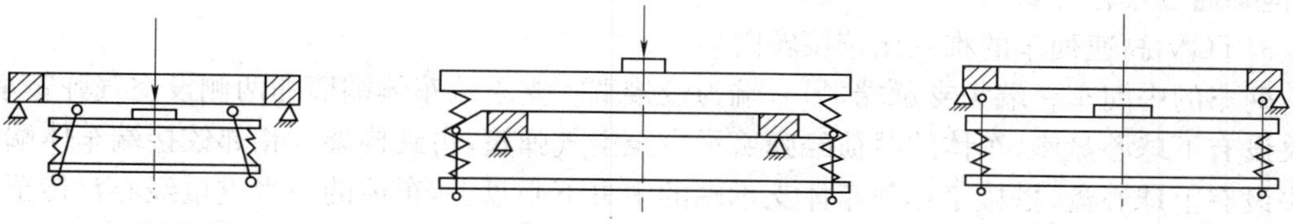

(a) 内侧悬挂　(b) 外侧悬挂　(c) 中心悬挂

图 4-8　弹簧装置的横向跨距

(五)按车体与转向架之间的载荷传递方式

按车体与转向架之间的载荷传递方式可将转向架分为以下三种：

1. 心盘集中承载

车体上的全部重量通过前、后两个上心盘分别传递给前后转向架的两个下心盘，如图 4-9(a)所示。

2. 非心盘承载

车体上的全部重量通过中央弹簧悬挂直接传递给转向架构架，或者通过中央弹簧悬挂装置与构架之间装设的旁承装置传递，如图 4-9(b)所示。这种转向架虽还设有类似于心盘的回转装置，但它仅作为牵引及转动中心之用。

3. 心盘部分承载

车体上的重量按一定比例分配，分别传递给心盘和旁承，使之共同承载，如图 4-9(c)所示。

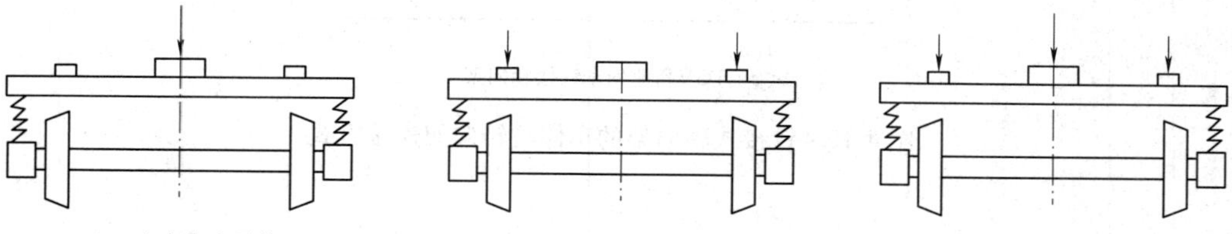

(a) 心盘集中承载　(b) 非心盘承载　(c) 心盘部分承载

图 4-9　车体载荷传递方式

(六)按车架(体)与转向架之间的连接方式

按车架(体)与转向架间连接方式的不同，可将转向架分为有心盘(或有牵引销)转向架、无心盘(或无牵引销)转向架和铰接式转向架(又称雅克比转向架)。

地铁车辆转向架通常采用有心盘(或有牵引销)转向架，而轻轨车辆常常采用铰接式转向架。铰接式转向架与车体的连接，既要保证相邻两车体端部彼此连接传递垂直、纵向和横向载荷，又能保证车体两端在通过曲线时能彼此相对转动(垂向和横向)。其连接结构原理如图 4-10 所示。

1. 具有双排球形转盘的铰接转向架

两相邻车体一端支于内盘，另一端支于外盘，转动盘通过摇枕弹簧与构架相连，构架坐落在轮对的两轴箱弹簧上。垂直载荷由转盘经摇枕→摇枕弹簧→构架→轴箱簧→轮对。纵向牵引与冲击力通过内外转盘传递。通过曲线时，相邻两车体可绕转动盘彼此回转。

2. 具有球心盘的铰接转向架

两相邻车体端部通过球形心盘相互搭接，球心盘座固接于摇枕梁上，摇枕梁坐落在构架上，构架通过轴箱弹簧与轮对连接。

3. TGV 高速列车的雅可比铰接转向架

列车的中间车一端为支承端，另一端为铰接端。支承端车体端墙的两侧设空气弹簧承台，中央设有下球心盘座，车体的载荷经弹簧承台至空气弹簧，再到构架。相邻铰接端车体端墙的中央设有上球心盘，搭接于相邻车体支承端的中央下心盘上，车体的一半重量经心盘传至支承端，两车辆之间的纵向力也通过心盘传递。所以中间车体呈三点支撑。

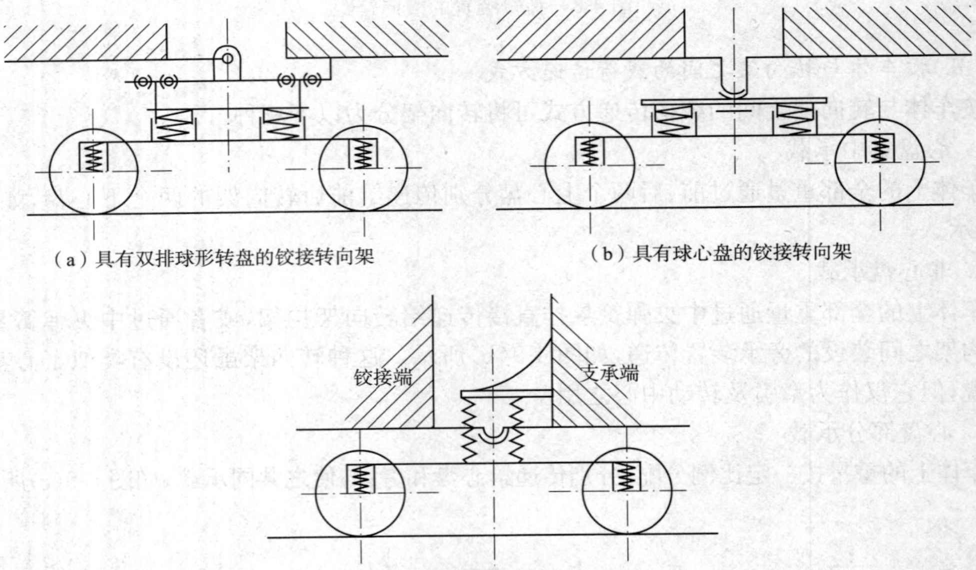

(a) 具有双排球形转盘的铰接转向架

(b) 具有球心盘的铰接转向架

(c) TGV高速列车铰接转向架

图 4-10　铰接式转向架的车体与转向架连接方式

第二节　构　　架

一、作用与组成

1. 作用

转向架构架是转向架的骨架，用以联系（安装）转向架各组成部分和传递各方向的力，并用来保持车轴在转向架内的位置。

2. 组成

构架一般由左、右两侧梁和一个或几个横梁（或端梁）等组成。

侧梁的作用：不仅是向轮对（或轮组）传递垂向力、横向力和纵向力的主要构件，还用来规定轮对的位置。

横梁的作用：保证构架在水平面内的刚度，保持各轴的平行及承托牵引电动机等部件。

二、转向架构架的设计原则

城轨车辆转向架构架与铁路车辆构架在设计时均须遵守以下原则：

(1)必须全面考虑构架与各有关零部件的相互位置关系，合理布置结构。

(2)构架各梁尽可能设计成等强度梁，以保证能获得最大强度和最小自重。

(3)构架各梁的布置应尽可能对称，以简化设计和制造。

(4)各梁本身以及各梁组成构架时，必须注意减少应力集中。

(5)除了保证强度外，应合理设计构架的刚度，使其具有一定的柔性。

(6)焊缝的结构尺寸和布置应选择合理，并注意消除焊接应力。

(7)在构架上需要考虑设置机车车辆出轨使其复位的支承部位。

三、几种城轨车辆转向架构架简介

1. 北京地铁 10 号线车辆转向架构架

构架分为动车用构架和拖车用构架，如图 4-11 和图 4-12 所示。其结构的主干部分完全相同，例如，侧梁和横梁无缝钢管的尺寸是相同的。主要区别是根据各自所安装的设备的不同，例如，动车构架带有电机吊座、齿轮箱吊台等，都属于 H 型构架，钢板焊接结构的箱形侧梁，与侧梁相贯通的无缝钢管作为横梁。为降低重量，简化结构，其设计具有以下特点。

(1) 横梁用无缝钢管制成，同时，无缝钢管用做附加空气室，替代以前转向架用摇枕作为附加空气室。

(2) 侧梁和无缝钢管的焊接是用圆环形板进行加强的，辅助附加空气室位于横梁两端，用来增大附加空气室的容积。

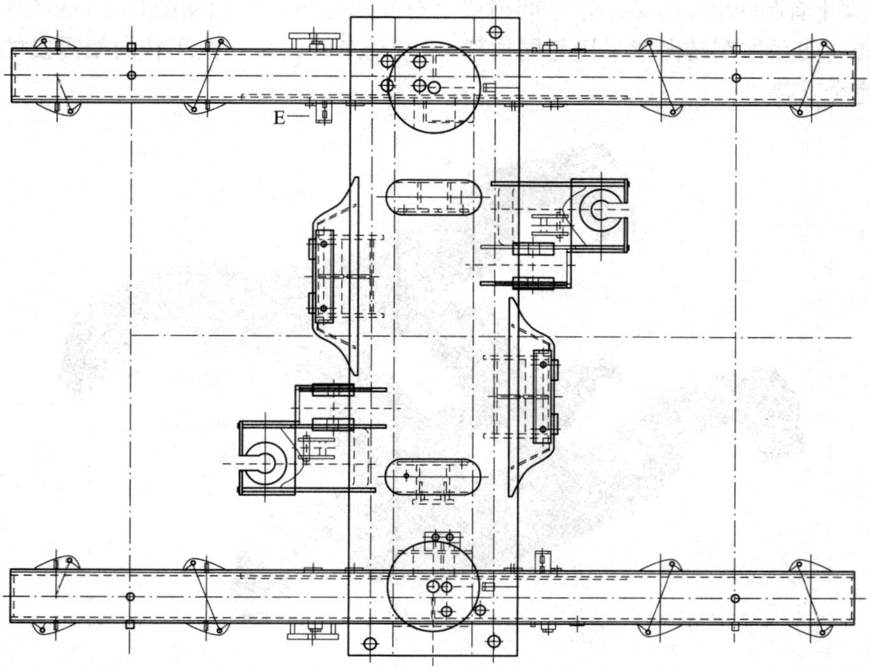

图 4-11　动车构架

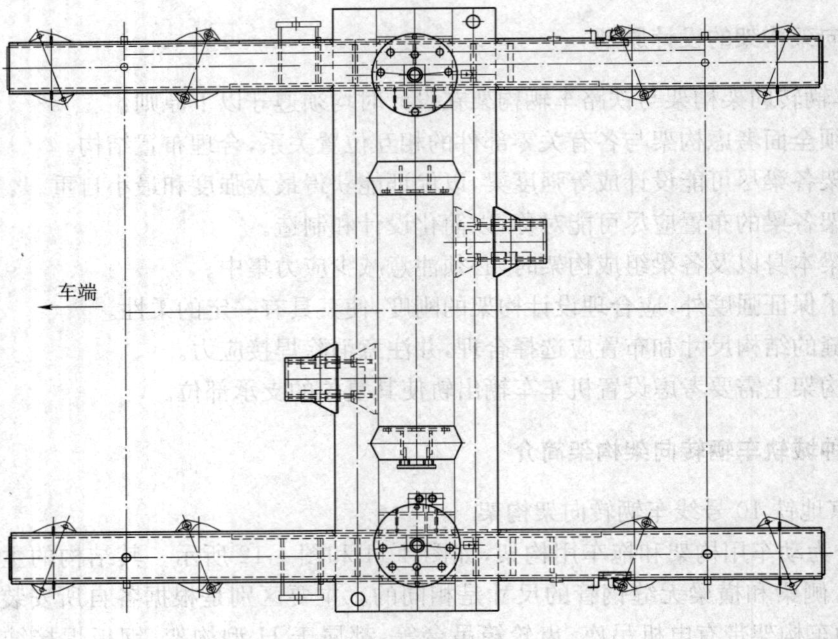

图 4-12　拖车构架

2. ZMA080 型转向架构架

ZMA080 型转向架是中国南车株洲电力机车有限公司在上海轨道交通明珠线二期工程的地铁车辆中引进西门子公司技术的转向架。其构架是由两根侧梁和中间横梁组成，两根侧梁由中间横梁连接，构成无摇枕的 H 形结构，采用低合金高强度的钢板。构架的侧梁在转向架中间降低以便安装空气弹簧。侧梁上有制动单元的安装座，中间横梁上有支撑电机和齿轮箱的托架，如图 4-13 所示。

动车转向架和拖车转向架采用相同构架，带有动车转向架和拖车转向架需要的安装座，以保证可以完全互换。

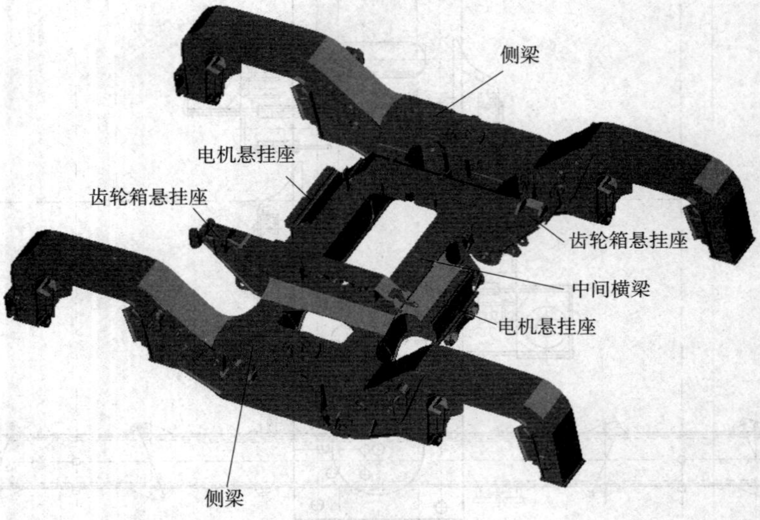

图 4-13　构架

3. 深圳地铁 1 号线车辆转向架构架

构架由两根侧梁和两根横梁组成的焊接构架，并组成箱型结构，可承受很大的载荷，达到最优化的强度与重量之比值。构架形式为 H 形构架；动车转向架构架与拖车转向架是完全相同的，可以进行互换；每根侧梁的两端具有两个对称布置的一系弹簧座，用来固定一系圆锥叠层橡胶弹簧；构架侧梁两端设有四个起吊座；空气弹簧座位于侧梁的中心；制动单元座、牵引电机悬挂安装座、液压减振器吊座、抗侧滚扭杆安装座、高度阀杆座及其他转向架安装部件的支承座均焊接（或安装）在构架上，如图 4-14 所示。

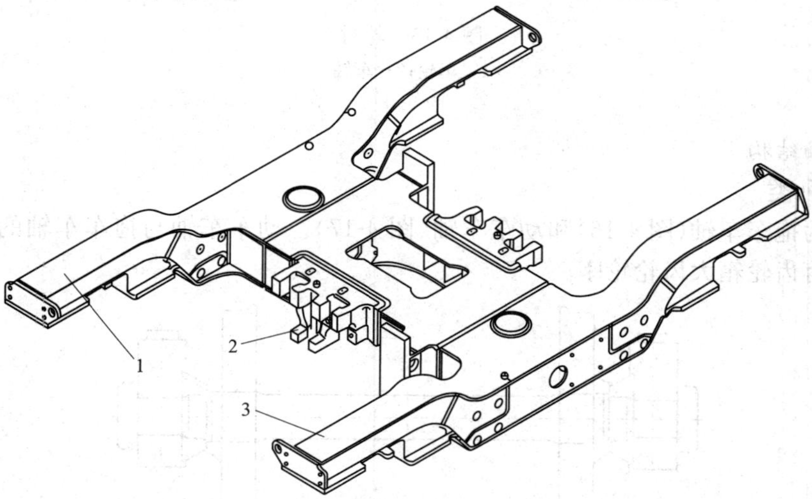

图 4-14　转向架构架

1、3—构架侧梁；2—电机吊座

第三节　轮对轴箱装置

一、轮　　对

（一）轮对的组成及作用

1. 轮对的组成

轮对是由一根车轴和两个相同的车轮采用过盈配合组成，是组成转向架的重要部件之一，其结构如图 4-15 所示。城市轨道交通车辆轮对分为动力轮对和非动力轮对，动力轮对上通常装有牵引大齿轮（或齿轮箱）。

2. 轮对的作用

（1）承担车辆全部载荷和冲击。

（2）与钢轨黏着产生牵引力和制动力。

（3）轮对滚动使车辆前进。

3. 轮对的要求

（1）应具有足够的强度。

（2）重量尽量轻，并具有一定的弹性。

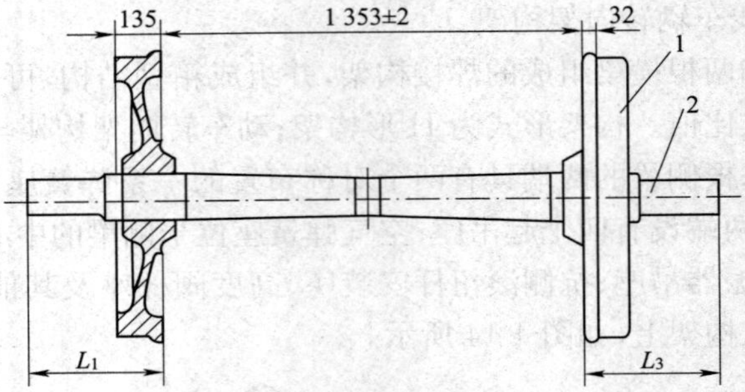

图 4-15 轮对

1—车轮；2—车轴

(二)车轴结构

1. 车轴种类

车轴分为拖车车轴(图 4-16)和动车车轴(图 4-17)。动车车轴与拖车车轴的区别在于动车车轴上配有齿轮箱大齿轮轮座。

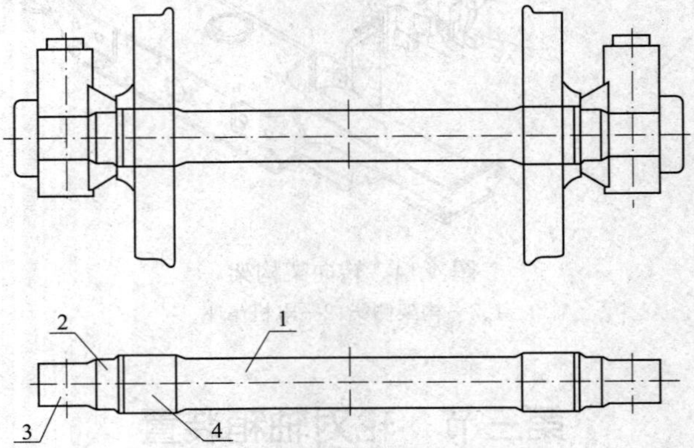

图 4-16 拖车轮对及拖车车轴

1—轴身；2—防尘板座；3—轴颈；4—轮座

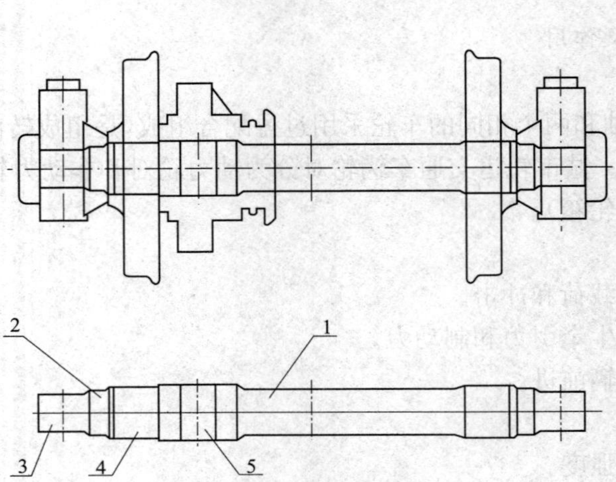

图 4-17 动车轮对及动车车轴

1—轴身；2—防尘板座；3—轴颈；4—轮座；5—齿轮座

2. 车轴各部位名称

(1)轴颈:是安装滚动轴承和承载的部件。

(2)防尘板座:供安装防尘板座和限制轴瓦过分内移用。

(3)轮座:是车轴与车轮配合的部位,也是受力最大的部件,所以直径最大。为了保证轮轴之间有足够的压紧力,过盈量应为 0.18～0.21 mm。

(4)轴身:是两轮座的连接部分,标准车辆轴身呈圆柱形。

(5)齿轮座:用于安装齿轮箱大齿轮。

3. 车轴材质

一是符合《机车车轴技术条件》(TB/T 1027—1991),材质为 JZ。二是按 EN 13104－2001 等欧洲标准进行设计,材料为 EA4T(25CrMo4V),符合 EN 1326.1－2003 的要求。

车轴为转向架的簧下部分,降低簧下部分的质量对改善车辆运行品质和减少对轮轨动力作用有很大影响,特别对于高速列车,为降低簧下质量常采用空心车轴结构。由于车轴主要承受横向弯矩作用,截面中心部分应力很小,制成空心结构后,对车轴的强度影响很小。一般空心车轴比实心车轴可减轻 20%～40%的质量。

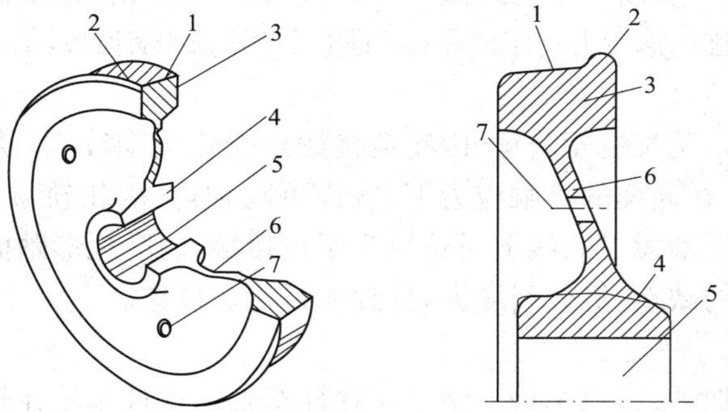

图 4-18　整体辗钢轮

1—踏面;2—轮缘;3—轮辋;4—轮毂;5—轮毂孔;6—辐板;7—辐板孔

(三)车　　轮

1. 车轮种类

车轮的结构、形状、尺寸、材质是多种多样的。按其结构的不同可分为整体车轮和带箍车轮两种。整体车轮按其材质可分为辗钢轮和铸钢轮等。带箍车轮分为铸钢辐板轮心、辗钢辐板轮心以及铸钢辐条轮心的车轮。为降低噪声,减小簧下质量,还可选择橡胶弹性车轮、消声轮等。

2. 车轮结构

整体辗钢轮由踏面、轮缘、辐板和轮毂等组成,如图 4-18 所示。车轮与钢轨的接触面称为踏面,一侧沿着圆周突起的圆弧部分称为轮缘,是保持车辆沿钢轨运行,防止脱轨的重要部分。在车轮的轮缘上安装有车轮降噪阻尼器,能起到很好的吸振降噪效果。踏面沿径向的厚度部分称为轮辋。轮毂是轮与轴互相配合部分。轮辋与轮毂连接的部分称辐板。辐板上有两个小圆孔,便于轮对在切削加工时与机床固定,以及供搬运车轮、轮对时使用。

(1)锥形踏面。车轮踏面一般做成一定的斜度,称为踏面,如图 4-19(a)所示。踏面锥形的作用是在直线运行时使轮对能自动调中;在曲线运行时,由于离心力的作用使轮对偏向外轨,由于踏面锥形，使外轨上滚动的车轮以较大的滚动圆滚动，在内轮上以较小的滚动圆滚动，从而减少了车轮在钢轨滑动，使轮对顺利通过曲线；车轮踏面有斜度，运行时车轮与钢轨接触的滚动直径在不断地变化，致使轮轨的接触点也在不停地变换位置，从而使踏面磨耗更为均匀。

锥形踏面有两个斜度，即 1∶20 和 1∶10，前者位于轮缘内侧 48～100 mm 范围内，是轮轨主要接触部分，后者为离内侧 100 mm 以外部分。踏面的最外侧做成半径 $R=6$ mm 的圆弧，其作用是通过小半径曲线，也便于通过辙叉。

由于车轮踏面有斜度，各处直径不相同，因此规定在离轮缘内侧 70 mm 处测量所得的直径为名义直径，作为车轮的滚动圆直径。例如，我国铁路客车的标准轮径尺寸为 915 mm，货车标准轮径尺寸为 840 mm。轮径小，可以降低车辆重心，增大车体容积，减小车辆簧下质量，缩小转向架固定轴距，但阻力增加，轮轨接触应力增大，踏面磨耗加快。城市轨道交通车辆新轮直径尺寸为 840 mm。

(2)磨耗形踏面。图 4-20 所示为车轮磨耗率与运行公里的曲线关系图。实践证明，锥形踏面车轮在投入运用的前期，其踏面磨损严重，当磨耗成一定形状后，磨耗速度变得缓慢(此时轮轨接触区域较宽)，磨耗后踏面形状将相对稳定。因此，我们可将新踏面一开始就做成类似磨耗后的稳定形状。这种将新的车轮踏面外形直接做成与标准锥形踏面磨耗后的形状相类似(或近似)的一种踏面，称为磨耗形踏面(亦称凹形、曲形、弧形踏面)，简称 LM 型踏面，如图 4-19(b)所示。

磨耗形踏面的优点：延长镟轮公里(因轮轨接触点变化范围较大，使轮轨磨耗较均匀)，并减少镟轮时的车削量。在同样的接触应力下，容许更高轴重(因轮轨接触面积较大)。减少曲线上的轮缘磨耗(因锥形踏面在曲线上时轮轨为两点接触，而磨耗形踏面在曲线上时轮轨为一点接触)。磨耗形踏面的缺点：等效斜度大，导致蛇行稳定性差。

3. 弹性车轮

(1)结构形式。在地铁、轻轨车辆上常采用弹性车轮。这种车轮在轮心轮毂与轮箍之间装有橡胶弹性元件，使车轮在空间三维方向上具有一定的弹性。弹性车轮减小了簧下重量，减小轮轨之间的作用力，以缓和冲击，减小轮轨磨耗，降低噪声，改善车轮与车轴的运用条件，提高列车运行平稳性。根据橡胶元件的受力状态，弹性车轮有承压型、承剪型和剪压复合型三种类型，如图 4-21 所示。现代城市轨道交通车辆上使用最多的是剪压复合型橡胶弹性车轮。

剪压复合型橡胶弹性车轮是一种既能承剪又能承压的结构。通常对橡胶元件采用 V 形布置，如图 4-21(c)所示。由于这种结构能使剪力和压力的分配可以随橡胶元件的 V 形角的改变而改变，即轴向刚度与径向刚度能达到人们所期望的最佳匹配，因此，这种剪压复合型橡胶弹性车轮代表了弹性车轮的发展方向。

(2)特点。

①垂向弹性可明显降低车轮垂向加速度。早在 1933 年，西斯费尔德(Hirschfeld)就对橡胶弹性车轮的垂向冲击加速度进行了研究，其成果如图 4-22 和图 4-23 所示。在图 4-22 所示的车轮垂向冲击加速度与车轮静挠度的关系可以看出：当完全刚性的车轮在刚性道床的轨道上运行时(通常轻轨线路或地铁线路的混凝土道床是很硬的)冲击加速度高达 $30g$，但只要存在一个不大的静挠度时，该冲击加速度就会迅速下降。例如，当静挠度为 1.75 mm 时，其值降至 $10g$。图 4-23 所示为车轮垂向冲击加速度与运行速度的关系，曲线 a 代表完全刚性的钢制车轮，是一条直线，加速度值很高；但车轮稍具弹性时，就会使高速度运行的冲击加速度显著下

降，如图 4-23 所示的曲线 b；当弹性位移为 2 mm 左右时，冲击加速度已下降到了允许的范围之内，如图 4-23 所示的曲线 d。

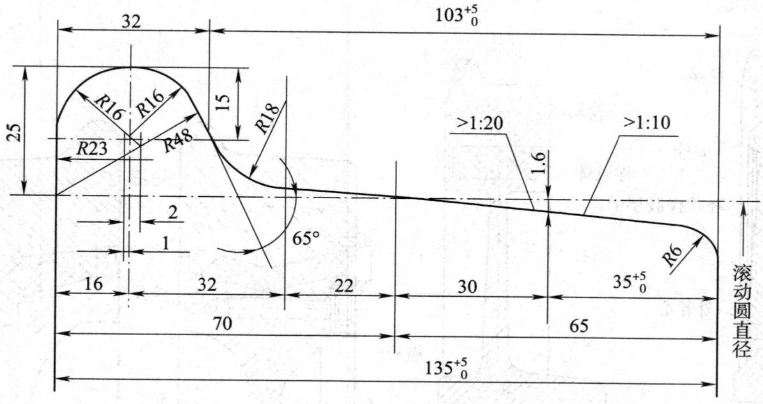

(a) 标准锥形踏面

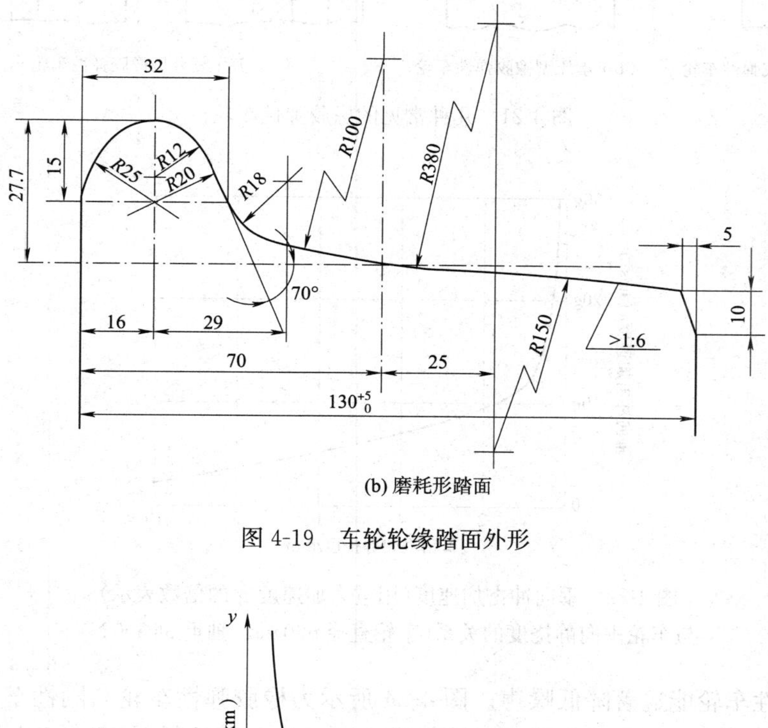

(b) 磨耗形踏面

图 4-19　车轮轮缘踏面外形

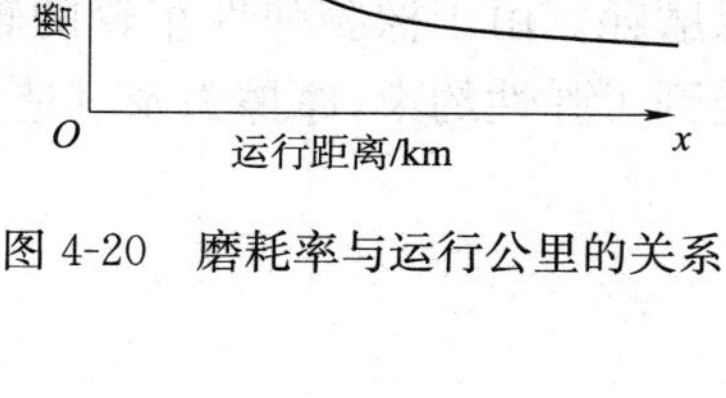

图 4-20　磨耗率与运行公里的关系

由图 4-22 和图 4-23 所示关系曲线可得出重要结论：只要在静载荷作用下能有 2 mm 左右的垂向静挠度，车轮垂向冲击加速度就可以降到合理的程度，并能有效保护钢轨、车轮、轴承和轴悬式牵引电动机。

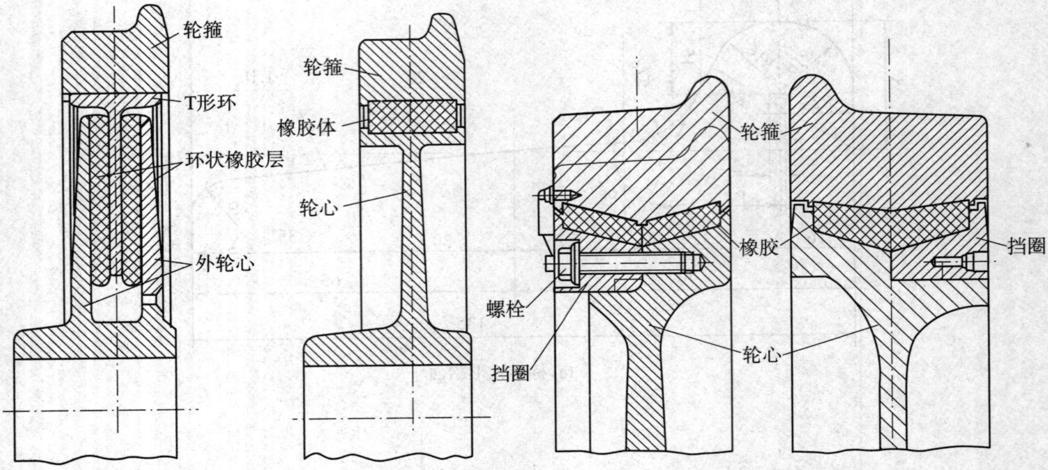

（a）承剪型橡胶弹性车轮　（b）承压型橡胶弹性车轮　（c）剪压复合型橡胶弹性车轮

图 4-21　几种常见的橡胶弹性车轮

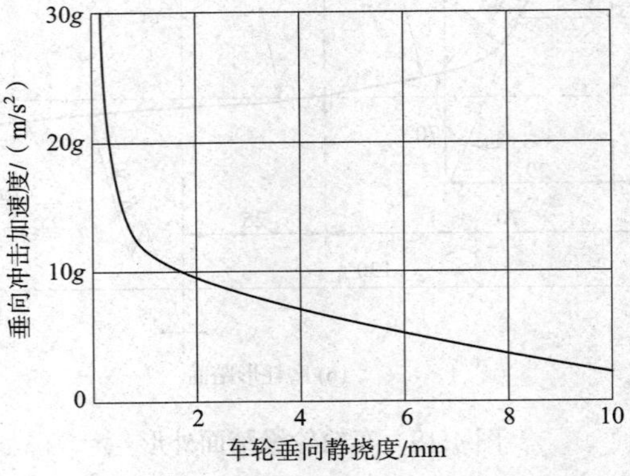

图 4-22　垂向冲击加速度（用重力加速度 g 的倍数表示）与车轮垂向静挠度的关系（车轮直径 660 mm，轴重 36 500 N）

②橡胶弹性车轮能显著降低噪声。图 4-24 所示为橡胶弹性车轮与刚性车轮的噪声比较结果，当车速为 60 km/h 时，橡胶弹性车轮的噪声比刚性车轮的低。特别值得指出的是，橡胶弹性车轮在降低曲线噪声方面具有明显效果。根据德国汉堡地铁试验结果，橡胶弹性车轮在曲线区间可减少噪声 20～22 dB(A)。

③橡胶弹性可明显减少轮缘磨耗。由于橡胶弹性车轮的轴向弹性，使通过曲线及道岔时轮缘刚性贴靠钢轨滑行的情况受到了弹性约束，摩擦力及其造成的轮缘磨耗大大降低（最大可降低 40%）。

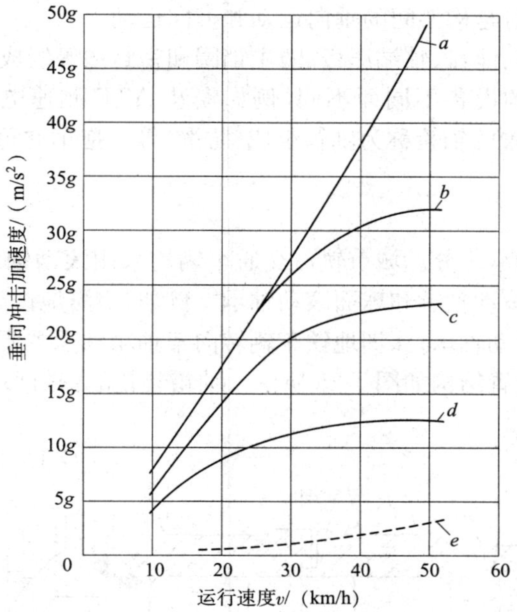

图 4-23　垂向冲击加速度(用重力加速度 g 的倍数表示)与运行速度的关系

a—刚性车轮；b—弹性位移 0.25 mm；c—弹性位移 0.584 mm；

d—弹性位移 1.96 mm；e—采用橡胶轮胎的车轮

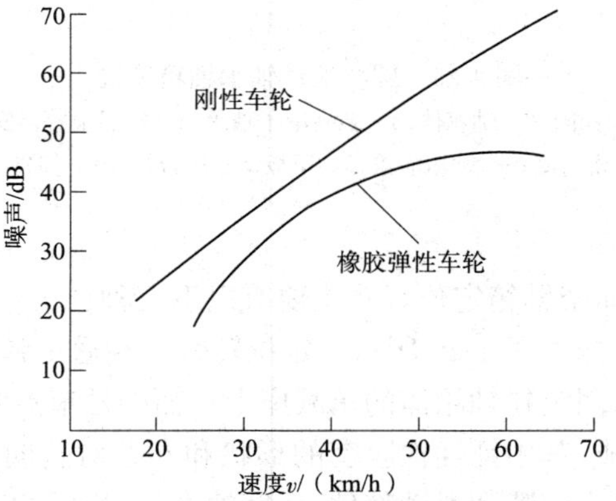

图 4-24　橡胶弹性车轮与刚性车轮的噪声比较

二、滚动轴承轴箱装置

(一)轴箱装置的作用与组成

轴箱是实现轮对与构架相互连接又相互运动的关键部件，它起着承上启下的重要作用。具体来说，它必须具有以下功用：

(1)活动关节——连接轮对与构架的活动关节。

(2)传力——传递牵引力、横向力和垂向力。

(3)运动——实现轮对与构架间的垂向运动和横向运动。

轴箱组成主要由箱体、前盖、轴端压板、防尘挡圈和密封垫等组成，圆柱滚子轴承安装在轴箱内。轴箱根据所安装的设备不同而不同，例如安装 ATP 测速电机的轴箱称为轴箱组成(ATP)，安装防滑测速装置的轴箱称为轴箱组成(防滑)等。拖车的每根轴都安有防滑装置。

(二)轴箱装置形式

1. 轴承类型

有滑动轴承和滚动轴承之分。城市轨道交通车辆均采用滚动轴承轴箱，而滚动轴承轴箱又有圆柱滚动轴承、圆锥滚动轴承和球面滚动轴承。例如，上海地铁和北京地铁车辆转向架轴箱轴承主要为双列圆柱滚动轴承；深圳地铁车辆转向架轴箱轴承主要为双列圆锥滚动轴承。

圆柱滚动轴承轴箱装置结构如图 4-25 所示。轴箱装置的密封形式采用金属迷宫式。

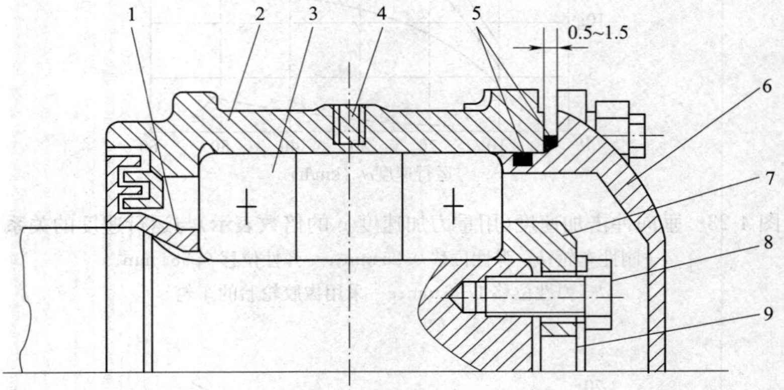

图 4-25　圆柱滚动轴承轴箱装置

1—防尘挡圈；2—轴箱体；3—圆柱滚子轴承；4—轴温报警器安装孔；
5—密封圈；6—轴箱前盖；7—压板；8—压板螺栓；9—防松板

2. 定位方式

城市轨道交通车辆转向架轴箱定位方式主要有以下三种：

(1)转臂式定位。其结构如图 4-26 所示。定位转臂一端通过弹性节点与构架上的定位转臂座相连，另一端则用螺栓固定在轴箱体的承载座上。而弹性节点主要由弹性橡胶套、定位轴(锥形销套)和金属外套组成，其中弹性橡胶套的形状和参数对转向架走行性能影响较大。其优点是：轴箱与构架间无自由间隙和滑动部件，无摩擦磨损；构成的零件很少，分解、组装容易，且维修方便；轴箱的上下、左右及前后定位刚度可以各自独立设定，比较容易满足转向架悬挂系统的最佳设计要求，即在确保良好乘坐舒适度的情况下，能够同时确保稳定的高速行驶性能和良好的曲线通过性能。

(2)八字形橡胶堆轴箱定位装置。上海地铁车辆(SMC)和广州地铁车辆采用了八字形(也称人字形)橡胶堆轴箱定位装置，如图 4-27 所示。该橡胶堆具有三向弹性特性，且可根据需要设计。通常 $k_x : k_y : k_z = 1 : (2 \sim 2.5) : (10 \sim 12)$，即垂向刚度 k_x 最小(约为纯剪的一倍)，纵向刚度 k_z 最大，如图 4-28 所示。在垂向载荷作用下，橡胶同时受剪切和压缩变形，改变其安装角度，可得到不同的垂向和纵向刚度，此安装角一般取 10°～11°。该定位装置的优点是无摩擦磨损，重量轻、结构简单，吸收高频振动和减少噪声等，寿命可达 150 万走行公里以上。

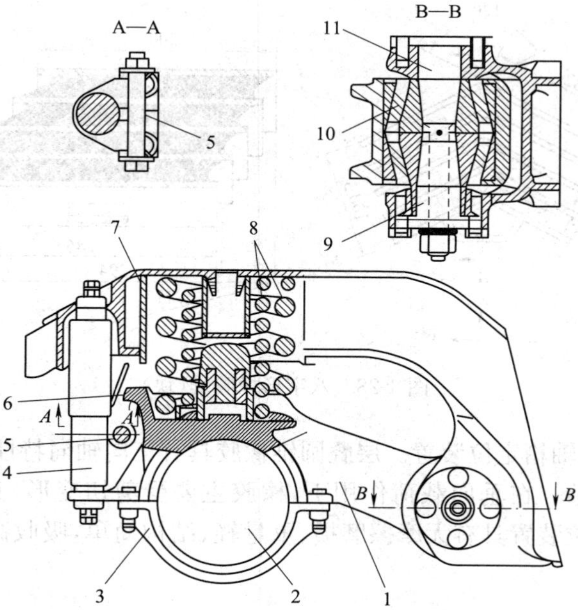

图 4-26 转臂式轴箱定位结构示意图(天津轻轨车辆和北京地铁车辆 DK3 用)

1—定位转臂(包括弹簧座);2—轴箱;3—底部压板;4—垂向减振器;5—止挡管;6—转臂凸台;7—弹簧套;8—螺旋弹簧;9—锥形套;10—柱形橡胶套;11—锥形销轴

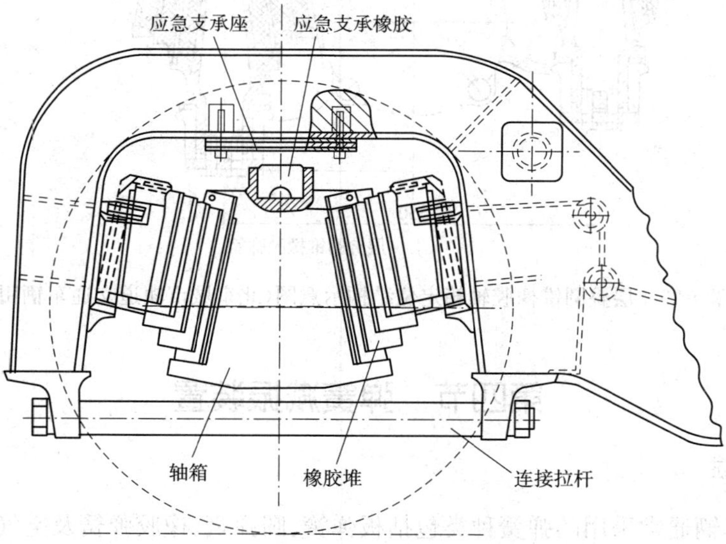

图 4-27 八字形橡胶堆轴箱定位结构示意图

(上海和广州地铁车辆用)

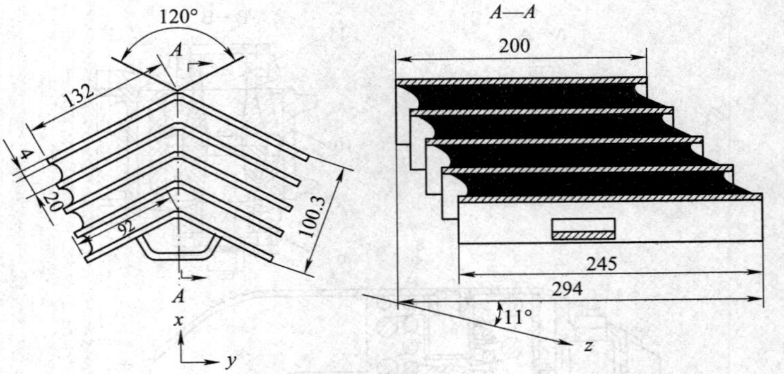

图 4-28　八字形橡胶堆(块)

(3)层叠圆锥橡胶轴箱定位装置。层叠圆锥橡胶具有三向轴向特性,且其横向弹性可通过在圆周上开切口来调整。在垂向载荷作用下,橡胶主要受剪切变形,其结构如图 4-29 所示。层叠圆锥橡胶轴箱定位装置具有无摩擦磨损、重量轻、结构简单,吸收高频振动和减少噪声等优点。

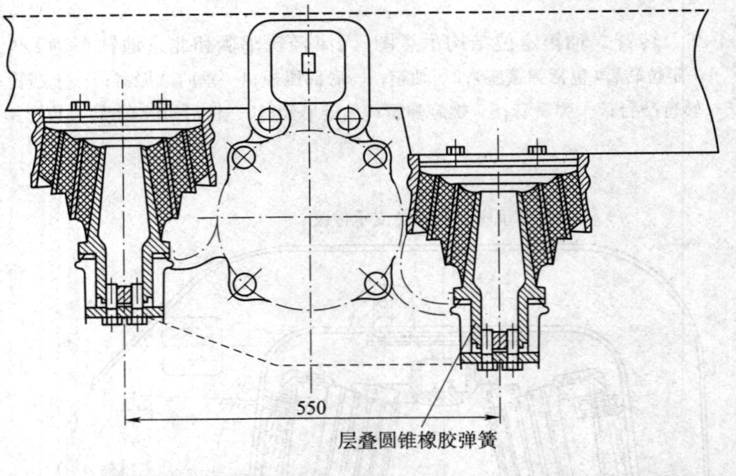

图 4-29　层叠圆锥橡胶轴箱定位结构示意图(北京城市轨道交通车辆用)

第四节　弹簧减振装置

一、概　　述

铁路机车车辆通常采用的弹簧种类包括板弹簧、圆弹簧、橡胶弹簧及空气弹簧。板弹簧由于结构笨重且性能较差,已很少使用。而圆弹簧和橡胶弹簧经常被用作一系悬挂,空气弹簧则被广泛运用于二系悬挂。

铁路机车车辆通常采用的减振器种类包括液压减振器、摩擦减振器。现代铁路客车和城轨车辆均采用液压减振器。

通常,一系悬挂是指仅在构架与轴箱间设有一系簧的弹性悬挂,一般用于铁路货车;

二系悬挂是指既有一系弹簧，还在构架与车体间设有二系簧的弹簧悬挂，中、高速机车车辆，铁路客车和城轨车辆均采用二系悬挂。

采用二系悬挂的目的是可减少弹簧装置的合成刚度，增大其总静挠度，以改善机车车辆铅垂方向的运行平稳性，减少机车车辆对线路的动作用力。

二、弹簧装置的作用

弹簧装置具有以下作用：

(1)分配给各轴一定的载荷，并使所分配的重量在车轮行经不平顺线路时不致发生显著变化。

(2)缓和冲击，使运行平稳。

(3)改善机车车辆横向运动性能和曲线通过性能。

若在车轮与车体或转向架间安装了弹簧装置，则当车轮行经高度为 h 的不平顺处时(图 4-30)，车轮与轮轨间的动作用力 ΔQ 可用下式计算：

$$\Delta Q = \frac{q}{g} \cdot \frac{\mathrm{d}^2 y}{\mathrm{d}t^2} + kh \qquad (4\text{-}1)$$

式中 $\frac{q}{g} \cdot \frac{\mathrm{d}^2 y}{\mathrm{d}t^2}$——簧下部分产生的动作用力；

$\frac{\mathrm{d}^2 y}{\mathrm{d}t^2}$——冲击加速度，可高达(5～10)$g$；

kh——簧上部分对弹簧装置的反作用力；

q——簧下重量；

g——重力加速度；

k——弹簧刚度；

h——不平顺高度。

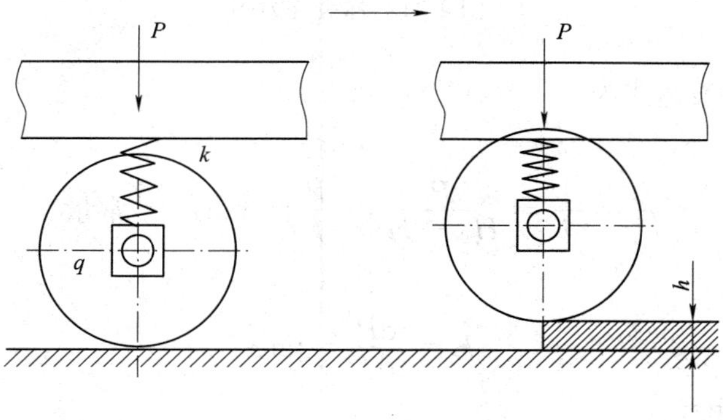

图 4-30　有弹簧装置时车轮行经不平顺处

由此可以得出以下结论：

(1)簧下重量 q 越小，轮轨动作用力越小。因此，必须采取有效措施尽可能降低簧下重量(而采用牵引电动机架悬式驱动装置是一种最有效地减轻簧下重量的措施之一)。

(2)弹簧刚度 k 必须进行合理选择。

(3)为防止弹簧能量释放过程中产生共振，并限制共振振幅，必须加装液压减振器。

三、弹簧的特性及计算

(一)弹簧的串联、并联刚度计算

弹簧的主要特性是挠度、刚度和柔度。挠度是指弹簧在外力作用之下产生的弹性变形的大小或弹性位移量，而弹簧产生单位挠度所需的力的大小，称为该弹簧的刚度，反之单位载荷作用下产生的挠度成为该弹簧的柔度。

弹簧的特性可用弹簧挠力图表示，纵坐标表示弹簧承受的载荷 P，横坐标表示其挠度 f，如图 4-31 所示(不考虑内部阻力的情况)。图 4-31(a)所示为力与挠度呈线性关系，即弹簧刚度为常量。螺旋圆弹簧的特性就属此例。图 4-31(b)所示为力与挠度呈分段线性关系，属于非线性弹簧，又称准线性，曲线 1，刚度特性为“先软后硬”，例如，一些重载货车上采用的两级弹簧的特性就是分段线性关系。图 4-31(c)所示为力与挠度呈曲线关系，即刚度随着载荷的变化而变化，为非线性特性，曲线 1 的刚度，随载荷增加而逐渐增大，例如，车辆上采用的一些橡胶弹簧、横向缓冲器就属于这种特性。在车辆悬挂系统中，为了减小振动，控制振动位移在一定范围内，不能使用图 4-31(c)所示的曲线 2 的特性(“先硬后软”或随载荷增加，刚度逐渐变小)弹簧。

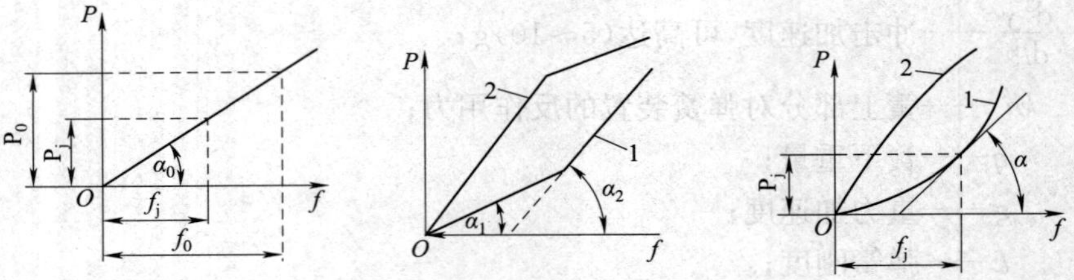

(a) 线性弹簧特性　(b) 分段线性弹簧特性　(c) 非线性弹簧特性

图 4-31　弹簧挠力图

弹簧刚度特性的表达式为

线性弹簧：

$$K = \frac{1}{i} = \frac{P}{H_0 - H} = \frac{P}{f} = \tan\alpha_0 = \text{常量} \tag{4-2}$$

非线性弹簧：

$$K = \frac{\mathrm{d}P}{\mathrm{d}f} = \tan\alpha \tag{4-3}$$

式中　K——弹簧刚度；

i——弹簧柔度；

H_0——弹簧自由高；

H——静载荷作用下弹簧刚度；

P——弹簧承受的静载荷；

f——静载荷作用下弹簧的挠度；

α_0、α——挠度线(或挠力线某点的切线)与横坐标的夹角。

为了改善弹簧的特性，适应安装位置及空间大小的需要，在车辆上时常采用组合弹簧，采用弹簧并联、串联和串并联三种。组合弹簧的总(当量)刚度的计算方法如下：

(1)并联时，一般弹簧为对称分布，如图 4-32(a)所示。由于各弹簧在载荷 P 的作用下产生相同的挠度 f，所以 n 个弹簧中的每个弹簧上分布的载荷分别为

$$P_1 = K_1 f; \quad P_2 = K_2 f; \quad \cdots \quad P_n = K_n f;$$

故有

$$P = P_1 + P_2 + \cdots + P_n = (K_1 + K_2 + \cdots + K_n) f = K_\Sigma f \tag{4-4}$$

式中　$K_\Sigma = K_1 + K_2 + \cdots + K_n$——并联布置的弹簧系统的当量刚度等于各个弹簧刚度的代数和。

(2)串联时，在组合弹簧上作用着载荷 P，分别使各弹簧产生挠度为 $f_1, f_2, \cdots f_n$，如图 4-32(b)所示。所以，组合弹簧总挠度为 f_Σ，即

$$f_\Sigma = f_1 + f_2 + \cdots + f_n$$

故有

$$f_\Sigma = i_1 P + i_2 P + \cdots i_n P = (i_1 + i_2 + \cdots i_n) P = i_\Sigma P \tag{4-5}$$

式中　i_Σ——组合弹簧的当量挠度，$i_\Sigma = i_1 + i_2 + \cdots i_n$。

组合弹簧的当量刚度 K_Σ 为

$$K_\Sigma = \frac{1}{i_\Sigma} = \frac{1}{i_1 + i_2 + \cdots i_n} = \frac{1}{\frac{1}{K_1} + \frac{1}{K_2} + \cdots \frac{1}{K_n}} \tag{4-6}$$

当 $K_1 = K_2 = \cdots = K_n$ 时，

$$K_\Sigma = \frac{K}{n} \tag{4-7}$$

串联布置的弹簧系统的总柔度等于各弹簧柔度的代数和。

(3)串并联时，可先将各级并联弹簧当量刚度用式(4-5)计算出来，然后简化成串联布置的当量弹簧系统，再用式(4-9)计算其当量刚度，就是整个系统的当量刚度，如图 4-32(c)所示。

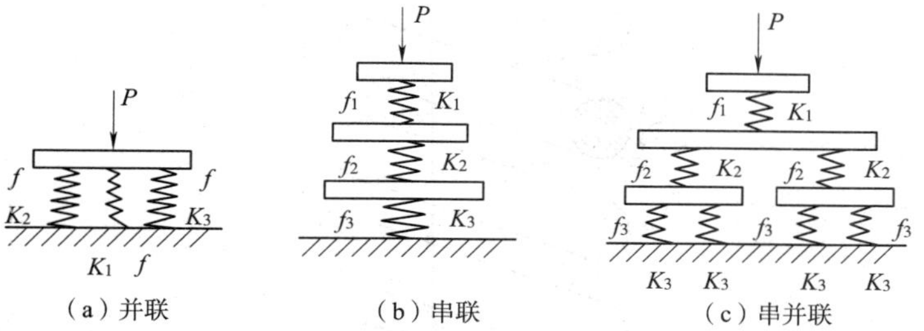

图 4-32　弹簧系统布置

在讨论弹簧系统的总柔度或总刚度时，弹簧自重忽略不计。在车辆静载荷作用下的挠度称为静挠度，弹簧装置刚度小，静挠度大，使得车体自振频率低，这对车辆运行平稳性有利。所以，在条件允许的情况下，应尽可能采用较大的弹簧静挠度。

(二)弹簧刚度与车体自振频率值的估算

在估算车体的浮沉的自振频率值时，要计算车辆的垂向的弹簧总刚度。一般情况下，城市轨道交通车辆或干线铁路客车转向架均采用二系弹簧装置和轴箱弹簧装置，彼此相互串联。

假设一车辆其转向架摇枕弹簧的总刚度为 $K_{\Sigma sz}$，轴箱弹簧的总刚度为 $K_{\Sigma pz}$，则总弹簧刚

度为

$$K=\frac{K_{\Sigma 系} \cdot K_{\Sigma 架}}{K_{\Sigma 系}+K_{\Sigma 架}} \tag{4-8}$$

若以 m_i 表示车体和转向架簧上部分质量之和，则车体浮沉振动的自振频率 r_v 可由下式求得：

$$r_v=\frac{1}{2\pi}\sqrt{\frac{k}{m_i}} \tag{4-9}$$

对于要求舒适度较高的远途客车，转向架采用弹簧的静挠度较大，车体的浮沉自振频率可低至 1 Hz。轻轨交通车辆，特别是地铁车辆，由于受到转向架净空和隧道轮廓的限制，或者考虑到空重车地板面高度差与月台高度相配合，对空重车之间的弹簧高度差有限制，弹簧配置必定要硬些，其浮沉振动的自振频率可能要增大至 1.2～2 Hz。

四、钢弹簧结构及计算

1. 螺旋弹簧结构及主要参数

在铁路车辆上通常采用簧条截面为圆形的圆柱压缩螺旋弹簧，故又称圆簧。圆弹簧的特点是重量轻、运动灵活、无阻尼。制造时还要将簧条每端约有 3/4 圈的长度制成斜面，使弹簧卷成后，两端成平面，以保证弹簧平稳站立，并尽量减少偏载。两端的 3/4 圈作为支持平面，是弹簧的辅助部分，起传递载荷作用，称为弹簧支持圈。

圆弹簧的主要参数：簧条直径 d，弹簧平均直径 D，有效圈数 n，总圈数 N，弹簧全压缩高度 H_{min}，弹簧自由高度 H_0，弹簧指数 $m=D/d$，垂向静挠度 f_v 和垂向刚度 K_v 等，如图 4-33 所示。

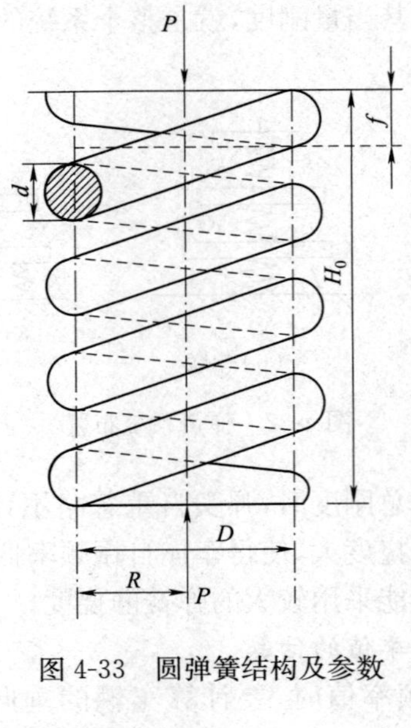

图 4-33　圆弹簧结构及参数

2. 单卷弹簧的轴向(垂向)特性计算

由材料力学可知，单卷弹簧轴向特性计算的有关公式为

刚度 $$K_v = \frac{Gd}{8nm^3} = \frac{Gd^4}{8nD^3}$$

挠度 $$f_v = \frac{8P_v m^3 n}{Gd} = \frac{P_v}{K_v}$$

应力 $$\tau_{max} = \frac{8P_{max}DC}{\pi d^3} \leqslant [\tau]$$

簧条直径 $$d_{计算} = \sqrt{\frac{8P_{max}mC}{\pi[\tau]}}$$

有效圈数 $$n = \frac{Gd}{8K_v m^3}$$

总圈数 $$N = n + 1.5$$

弹簧总压缩高度 $$H_{min} = (n+1)d$$

弹簧自由高度 $$H_0 = H_{min} + f_{max}$$

弹簧稳定性校核 $$H_0 \leqslant 3.5D$$

式中　G——剪切弹性模数，弹簧钢 G=80 GPa；

P_v——作用于弹簧上的垂直静载荷；

P_{max}——作用于弹簧上的最大垂直载荷，$P_{max}=P_v(1+K_{vd})$；

D——弹簧平均直径，为弹簧圈内、外径的平均值；

m——弹簧指数，又称旋挠比，$m=\frac{D}{d}$；

C——应力修正系数，是考虑簧条的弯曲和剪应力的非均匀分布等因素而对应力进行修正。其值为 $C=\frac{4m-1}{4m-4}+\frac{0.615}{m}$；

f_{max}——最大挠度，$f_{max}=f_v(1+K_{vd})$；

n——有效圈数(或称工作圈数)；

N——弹簧总圈数，为工作圈数与支持圈数之和，一般 $N=n+1.5$；

H_{min}——弹簧全压缩高度，即弹簧在全压死状态下的高度；

H_0——弹簧自由高度，为无载荷状态下的高度；

$[\tau]$——许用应力，对于 $55Si_2Mn$ 和 $60Si_2Mn$ 的弹簧钢，取为 750 MPa。

弹簧挠度裕量系数 K_{vd}，是弹簧在静载重作用下，各簧圈之间的间隙总和 a(即弹簧最大挠度)与静挠度 f_{st} 之比值。计算时规定取值，在弹簧装置中有减振器并 f_{st} 较大时，货车取 $K_{vd}\geqslant$0.6，客车取 $K_{vd}\geqslant$0.5；在弹簧装置中无减振器或减振阻力很小时，货车取 $K_{vd}\geqslant$0.9，客车取 $K_{vd}\geqslant$0.6。

弹簧指数，铁路车辆弹簧一般取 $m=4\sim7$，选取的 D 值应该能与弹簧空间位置相适应，选取的 d 值应符合我国弹簧钢材规格中标准簧料直径系列所规定的值。m 值越小，表明弹簧卷曲程度越大，引起的附加应力也越大，即应力修正系数 C 越大。

有效圈数，即弹簧起弹性变形部分的工作圈。增加 n 值可降低刚度值，但使弹簧全压缩高 H_{min} 增大，另外也有可能影响挠度裕量系数 K_{vd} 不满足规定要求。

在设计车辆悬挂装置中的弹簧时，为提高车辆运行的平稳性，在结构空间位置、车钩高差等条件允许的情况下，应尽量增大弹簧总静挠度。所以，设计中必须注重刚度和静挠度值的选取，为能降低刚度，增加挠度，时常在符合许用应力及有关的要求下，可以不按一般弹簧的设计要求选取某些数值，如弹簧有效圈数的尾数值，平均直径和自由高度的值，都可以不符合有关标准系列值的要求。

3. 双卷弹簧的轴向(垂向)特性计算

因单卷圆簧的尺寸受到安装处所的空间限制或者其簧条太粗，因此，在转向架的弹簧装置中，时常采用双卷弹簧，个别情况还采取三卷弹簧。为避免卷与卷发生卡住或簧组转动，要求双卷(或多卷)弹簧中紧挨着的两层弹簧的螺旋方向应相反，一个左旋，另一个则右旋。

采用双卷弹簧代替单卷弹簧时，为了不改变原单弹簧的弹性特性，应满足下列关系：

$$\left.\begin{array}{ll}\text{载荷} & P = P_1 + P_2 \\ \text{挠度} & f = f_1 = f_2 \\ \text{应力} & \tau = \tau_1 = \tau_2\end{array}\right\} \tag{4-10}$$

并采用 $m=m_1=m_2$ 相等的条件下，可以得到弹簧参数之间的关系式：

$$\left.\begin{array}{l}\dfrac{D}{d} = \dfrac{D_1}{d_1} = \dfrac{D_2}{d_2} = m \\ nD = n_1 D_1 = n_2 D_2 \\ d^2 = d_1^2 + d_2^2\end{array}\right\} \tag{4-11}$$

计算双卷螺旋弹簧的关系如图 4-34 所示。

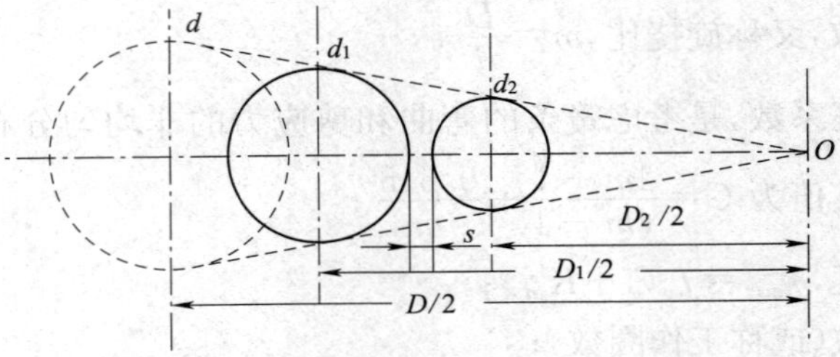

图 4-34 计算双卷螺旋弹簧几何关系示意图

由于弹簧的外径、簧条直径和弹簧垂直度的公差，以及受力变形时弹簧平均直径变化的存在，为不使内、外弹簧互相接触，卷与卷之间应保持一定的间隙，建议其间隙 s 取 3～5 mm。因此，根据图 4-34 所示几何关系示意图可得到 d_1 和 d_2 之间的补充关系式：

$$\left.\begin{array}{l}d_1 = \dfrac{d}{\sqrt{1+a^2}} + \dfrac{2\alpha\beta}{1+a^2} \\ d_2 = \dfrac{ad}{\sqrt{1+a^2}} - \dfrac{2\beta}{1+a^2}\end{array}\right\} \tag{4-12}$$

其中，$\alpha = \dfrac{m-1}{m+1}$；$\beta = \dfrac{s}{m+1}$。

从式(4-13)～式(4-15)各式中，下标为"1"的表示外卷弹簧的各参数；下标为"2"的表示内卷弹簧的各参数。其余各符号的意义与前述单卷弹簧的相同。

根据已知单卷弹簧的参数，按式(4-15)先求得 d_1 和 d_2 之值，再按式(4-14)求得双卷弹簧的参数。

实际上，由于受簧条直径规格等条件的限制，只能近似地满足式(4-13)的三个条件，因而需要对有关参数进行修正。修正时要保持内、外弹簧的当量刚度和挠度值与原单卷弹簧的参数值一致，设法使内外卷弹簧的压缩高度相等(特定条件时除外)以及应力均在许用应力范围之内。

4. 扭杆弹簧特性的计算

扭杆弹簧不同于螺旋弹簧，它只承受扭转变形，在载荷相同的情况下，扭转弹簧比螺旋弹簧重量更轻。图 4-35 所示的扭转弹簧为一根直杆 2，它的一端固定在轴套 1 内，轴套固定在转向架构架上，它的另一端与杠杆 4 刚性连接。杠杆又与簧上部分(如摇枕或车体)相连接。杆 2 的另一可转动支点为轴承 3，该轴承也固定在构架上。

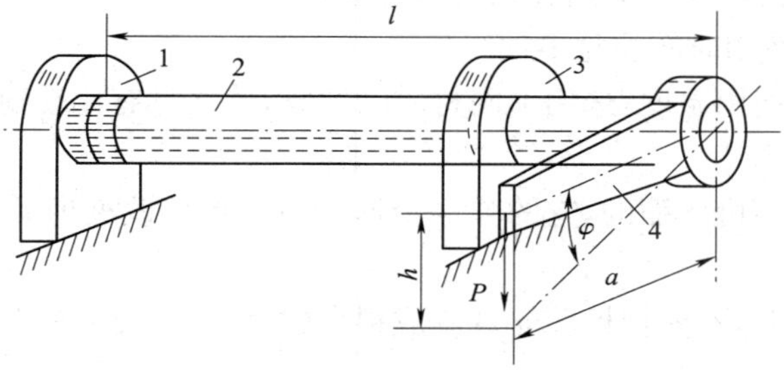

图 4-35　扭杆弹簧简图

1—轴套；2—杆；3—轴承；4—杠杆

直径为 d 的扭杆在承受扭矩 M_k 时，其强度条件为

$$\tau = \frac{16M_k}{\pi d^3} \leqslant [\tau] \tag{4-13}$$

式中　M_k——扭矩，$M_k = P \cdot a$。

扭转角：

$$\varphi = \frac{Pal}{I_p G} \tag{4-14}$$

式中　l——扭杆弹簧工作部分的长度；

I_p——扭杆横截面的极性惯性矩。

力作用点处的垂直位移值(即挠度)

$$f = \varphi a = \frac{Pa^2 l}{I_p G} \tag{4-15}$$

扭杆弹簧的刚度：

$$K = \frac{P}{f} = \frac{I_p G}{l a^2} \tag{4-16}$$

五、橡胶弹簧

1. 橡胶元件的优点

(1)橡胶元件的力学性能不同于一般的金属元件，橡胶的弹性模量比金属小得多，可以获得较大的弹性变形，容易实现预想的非线性特性。

(2)可以自由确定其形状，可以根据设计要求达到在各个方向上不同刚度的要求。橡胶的三维特性可同时承受多向载荷，利于简化结构。

(3)橡胶具有较高的内阻，对衰减高频振动和隔声有良好的效果。

(4)可避免各金属件之间的磨耗,安装、拆卸方便,利于维修。

(5)橡胶比重小,可减轻自重。

由于这些特性,橡胶元件在轨道车辆上获得越来越广泛的应用,常常用于转向架弹簧装置和轴箱定位装置,以及车体与摇枕间、摇枕与构架间、弹簧支承面上采用橡胶缓冲垫、衬套、止挡等。

橡胶元件的缺点主要是其性能(弹性、强度)受温度影响较大,一般随温度升高,刚度和强度有明显的降低;橡胶具有蠕变的特性,即当载荷加到一定值后,虽不再增载,但变形仍在继续,而当卸去载荷后,也不能立即完全恢复原状。因此,橡胶的动刚度比静刚度大。另外,橡胶具有体积基本不变的特性,使用时间较长后容易老化等。

2. 橡胶元件设计使用时的注意事项

(1)应根据不同的使用温度,选用不同材质的橡胶,使之具有比较稳定的弹性特性,以满足运用要求。

(2)因橡胶几乎是不可压缩的,它的弹性变形是由于形状改变所致。因此,必须保证橡胶元件形状改变的可能。

(3)橡胶的散热性差,不能把橡胶元件制成很大的整块,需要时应制成多层片状,中间夹以金属板,以增强散热性。

(4)橡胶元件的疲劳损坏,主要由于应力集中处产生的裂纹、橡胶与金属黏合处发生的剥离和在压缩时侧面产生折皱现象等逐步发展造成。因此,要求与橡胶接触的配件表面不应有锐角、凸起部位的沟孔。

(5)一般情况下,橡胶弹簧只作压簧和扭转簧,不作拉簧。因为拉伸时,橡胶对局部缺陷和表面拉伤非常敏感。

3. 橡胶元件的应力计算

在简单的拉伸和压缩变形时,其应力 σ 与应变 ε 的关系式:

$$\sigma = \frac{E}{3}[(1+\varepsilon)-(1+\varepsilon)^{-2}] \tag{4-17}$$

式中 E——橡胶的静弹性模数。$\varepsilon = \delta_v/h$(δ_v 为橡胶弹簧的变形量,h 为橡胶弹簧的厚度),该公式在拉伸应变小于 20%和压缩应变小于 50%这个重要的工程应用范围内有足够的精确度。

承受压缩疲劳载荷的情况,一般应变应控制在 $\varepsilon < 15\%$,此时可以近似地取:

$$\sigma \approx E\varepsilon \tag{4-18}$$

在剪切变形时,橡胶弹簧的剪切应力 τ 和剪切应变 γ 的关系式为

$$\tau = jG\gamma \tag{4-19}$$

式中 G——橡胶的静弹剪模数;

j——弯曲变形影响系数,

$$\gamma = \delta_\tau/h = \tan\theta$$

其中 δ_τ——剪切变形量;

h——弹簧高度。

试验表明,当 $\gamma < 1$ 时,τ 和 γ 呈线性关系。

4. 橡胶元件的静刚度计算

(1)承受压缩的橡胶弹簧。图 4-36(a) 所示为带有硫化金属板的橡胶弹簧,当变形较小

时，$f/H<0.2$，利用平截面假设有：　　$P=\beta EF\dfrac{f}{H}$　　(4-20)

式中　F——橡胶元件的横截面积；

β——由于橡胶元件两端固接引起的刚度增加系数。

对于半径为 r 的圆柱形橡胶弹簧，可按下式计算：

$$\beta=0.667+0.5\alpha_\gamma^2 \tag{4-21}$$

式中　$\alpha_\gamma=\dfrac{\gamma}{H}$

$$\left.\begin{aligned}&K=\frac{EF}{H} && \text{当 }\alpha_\gamma<0.6\text{ 时}\\&K=\beta\frac{EF}{H} && \text{当 }0.6<\alpha_\gamma<0.7\text{ 时}\\&K=0.5\alpha_\gamma^2\frac{EF}{H} && \text{当 }\alpha_\gamma>0.7\text{ 时}\end{aligned}\right\} \tag{4-22}$$

对于尺寸为 $a\times b\times H$ 的棱柱形橡胶弹簧，刚度增加系数 β 应取为

$$\beta=1+\frac{1}{3}\alpha_2^2-\frac{(2+\alpha_2^2)^2}{3\times(4+\alpha_1^2+\alpha_2^2)} \tag{4-23}$$

式中　$\alpha_1=\dfrac{a}{H}$；$\alpha_2=\dfrac{b}{H}$。

棱柱形橡胶弹簧刚度计算公式为

$$\left.\begin{aligned}&K=\frac{EF}{H} && \text{当 }\alpha_1<1,\alpha_2<1\text{ 时}\\&K=\frac{EF}{H}\left[1+\frac{1}{3}\alpha_2^2-\frac{(2+\alpha_2^2)^2}{3(4+\alpha_1^2+\alpha_2^2)}\right] && \text{当 }\alpha_1>1,\alpha_2>1\text{ 时}\\&K=\frac{EF}{H}\left(\frac{2}{3}+\frac{1}{6}\alpha_1^2\right) && \text{当 }\alpha_1=\alpha_2\text{ 时}\\&K=\frac{EF}{H}\left(1+\frac{\alpha_1^2}{3}\right) && \text{当 }\alpha_2\gg\alpha_1\text{ 时}\end{aligned}\right\} \tag{4-24}$$

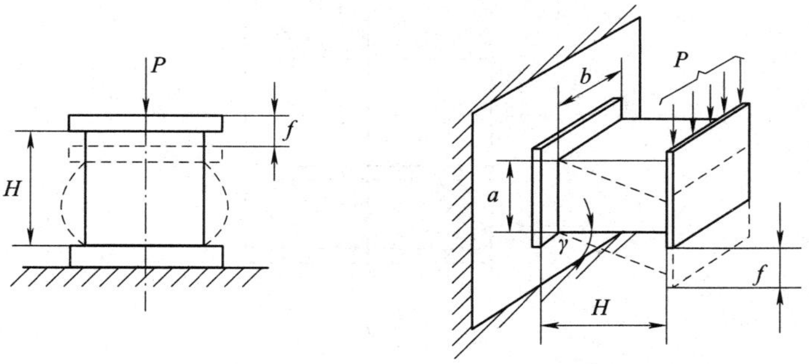

(a) 承压橡胶弹簧　　(b) 承剪橡胶弹簧

图 4-36　橡胶弹簧承载简图

(2)承受剪切的橡胶弹簧。图 4-36(b)所示为受剪切的橡胶弹簧，当 $\tan\gamma<0.35$ 时，力与变形成正比：

$$f=\frac{PH}{GF} \tag{4-25}$$

式中　$F=ab$

$$K=\frac{GF}{H} \tag{4-26}$$

(3)承受压缩和剪切的橡胶弹簧。图 4-37 所示为两个对称布置并共同承载的橡胶弹簧，其垂向变形 f 等于压缩变形与剪切变形的几何和，即

$$f=\frac{PH}{2F(G\sin^2\alpha+E\cos^2\alpha)} \tag{4-27}$$

式中　α——橡胶弹簧的倾斜角。

$$K=\frac{2F(G\sin^2\alpha+E\cos^2\alpha)}{H} \tag{4-28}$$

当 $0<\alpha<\frac{\pi}{2}$ 时，采用不同的 α 角值，就可得到所需的刚度 K 和变形 f 。

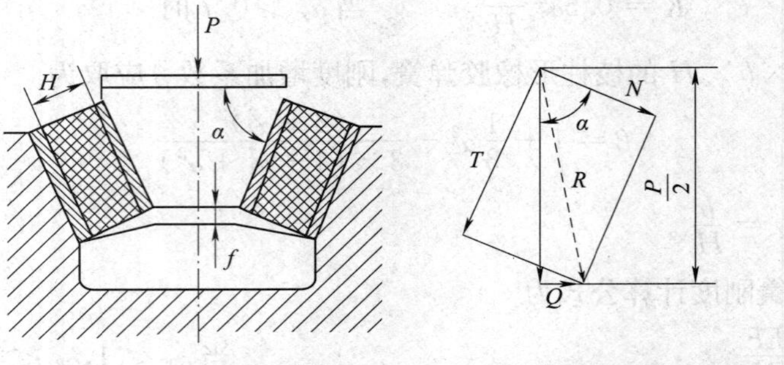

图 4-37　承受压缩和剪切的橡胶弹簧

(4)衬套式橡胶弹簧。

①轴向剪切或轴向扭转的橡胶衬套，如图 4-38 所示。

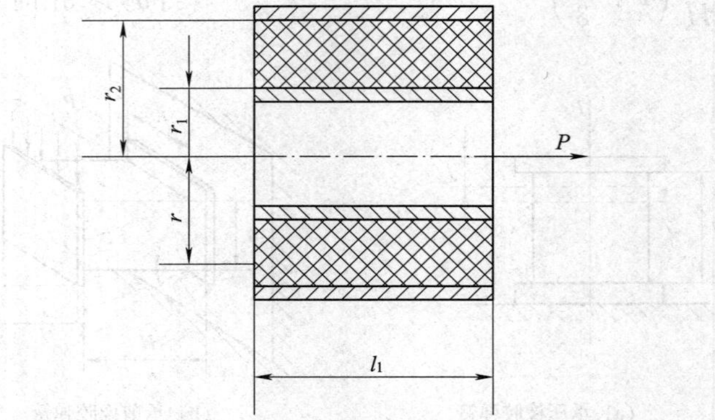

图 4-38　轴向剪切橡胶衬套

轴向剪切刚度：

$$K_S=\frac{2\pi lG}{\ln\left(\frac{r_2}{r_1}\right)} \tag{4-29}$$

轴向扭转刚度：
$$K_\tau = 4\pi lG\left(\frac{1}{r_1^2}-\frac{1}{r_2^2}\right)^{-1} \tag{4-30}$$

②同时承受压缩和弯曲的橡胶衬套，如图 4-39 所示。

径向刚度：
$$K_R = \frac{\pi l(E+G)}{\ln\left(\frac{r_2}{r_1}\right)} \tag{4-31}$$

弯曲刚度：
$$K_w = \frac{\pi l^3(E-G)}{12\ln\left(\frac{r_2}{r_1}\right)} \tag{4-32}$$

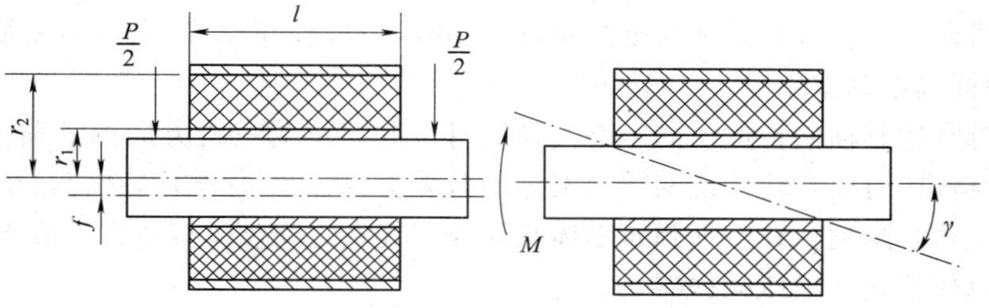

(a) 径向变形衬套　(b) 弯曲变形衬套

图 4-39　承受压缩和弯曲的橡胶衬套

5. 橡胶元件的动刚度计算

橡胶元件的动刚度目前主要依靠实验测定，在设计时可由以下公式估算：

$$K_d = m_d \cdot K_{st} \tag{4-33}$$

式中　K_{st} ——静载荷作用下的橡胶元件静刚度；

　　　m_d ——系数，表示动模数与静模数之比，可由图 4-40 查得。

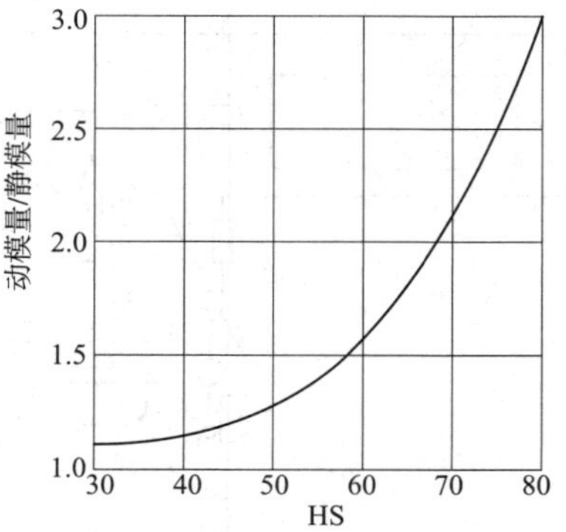

图 4-40　m_d 与橡胶硬度 HS 的关系

六、空气弹簧

空气弹簧就是将压缩空气密封在橡胶膜（或囊）中形成具有一定刚度的弹性体。空气弹簧比钢弹簧，在改善车辆的动力性能和运行品质上具有显著的优点，所以在近代的地铁、轻轨以及高速列车上获得广泛的应用。

1. 空气弹簧的主要优点

(1)刚度小，当量静挠度大。空气弹簧能大幅度地增加当量静挠度，可使弹簧悬挂装置设计得很柔软，这样可降低车辆的自振频率。

(2)具有非线性特性。可以根据车辆振动性能的需要，设计成具有比较理想的弹性特性(曲线)。在平衡位置振动幅度较小时(即正常运行时的振幅)，刚度降低，若位移过大，刚度显著增加，以限制车体的振幅。弹性曲线的形状可设计成图 4-31(c)所示的曲线 1 的挠力图。

(3)刚度随载荷改变。空气弹簧的刚度随载荷变化而改变，从而可基本保持空、重车时车体的自振频率几乎相等，使空、重车不同状态的运行平稳性几乎相同。

(4)高度可调节。空气弹簧和高度控制阀并用时，可以使车体在不同的静载荷下，保持车辆地板面距轨面高度基本不变。

(5)可充分利用其横向特性。同一空气弹簧可以同时承受三维方向的载荷。利用空气弹簧的横向弹性特性，可以替代传统的转向架摇动台装置，从而简化结构，减轻自重。

(6)能产生适宜阻尼。在空气弹簧本体与附加空气室之间装设有适宜的节流孔，可以产生适宜的阻尼，以代替垂向液压减振器。

(7)具有吸振和隔声性能。空气弹簧具有良好的吸收高频振动和隔声性能。

空气弹簧的缺点：由于它的附件(例如高度控制阀、差压阀等)较多，结构复杂，制造成本较高，维护与检修的工作量增大。

2. 空气弹簧装置系统组成

(1)系统组成。空气弹簧装置的整个系统如图 4-41 所示，主要由空气弹簧 8、附加空气室 10、高度控制阀 7、差压阀 9 以及储风缸 5 等组成。该系统与高度阀配合，通过对空气弹簧的充、排气控制，实现对车体高度的自动调节。

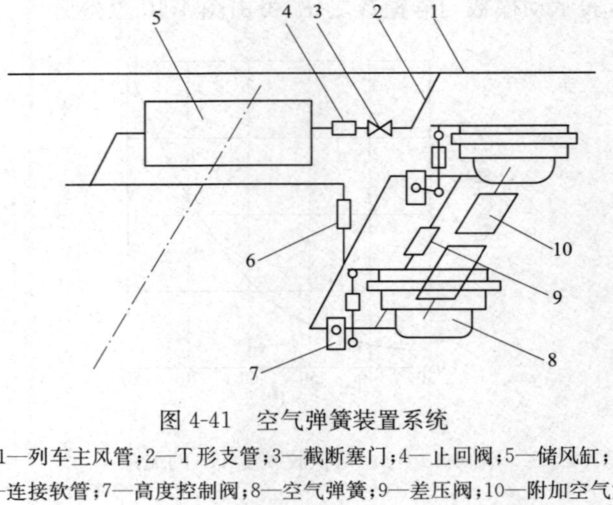

图 4-41 空气弹簧装置系统

1—列车主风管；2—T 形支管；3—截断塞门；4—止回阀；5—储风缸；6—连接软管；7—高度控制阀；8—空气弹簧；9—差压阀；10—附加空气室

(2)压力空气传递过程。压力空气由列车主风管 1→T 形支管 2→截断塞门 3→止回阀 4→储风缸 5→主管(在车底架上，图中未标出)→连接软管 6→高度控制阀 7→附加空气室 10 和空气弹簧 8。

3. 空气弹簧的结构

空气弹簧分为囊式和膜式两类。目前应用较为普遍的为膜式空气弹簧，它有约束膜式和自由膜式两种结构形式。

(1)约束膜式空气弹簧。其结构如图 4-42 所示，它由内筒、外筒和将两者连接在一起的橡胶囊等组成。特点是刚度小，振动频率低，其弹性特性曲线容易通过约束裙(内、外筒)的形状来控制，但橡胶囊(膜)工作状况复杂，耐久性较差。

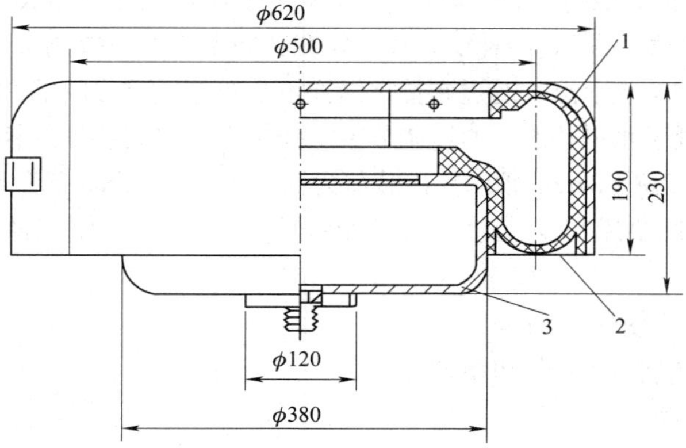

图 4-42 约束膜式空气弹簧

1—外筒；2—橡胶囊；3—内筒

(2)自由膜式空气弹簧。其结构如图 4-43 所示，特点是无约束橡胶囊变形的内、外筒，可以减轻橡胶囊的磨耗，提高了使用寿命。安装高度比较低，可以明显地降低车辆地板面距轨面的高度。其弹性特性可以通过改变上盖边缘的包角加以适当调整，使弹簧具有良好的负载特性。并且重量轻。所以，在现代城轨车辆中，自由膜式空气弹簧应用最为广泛。

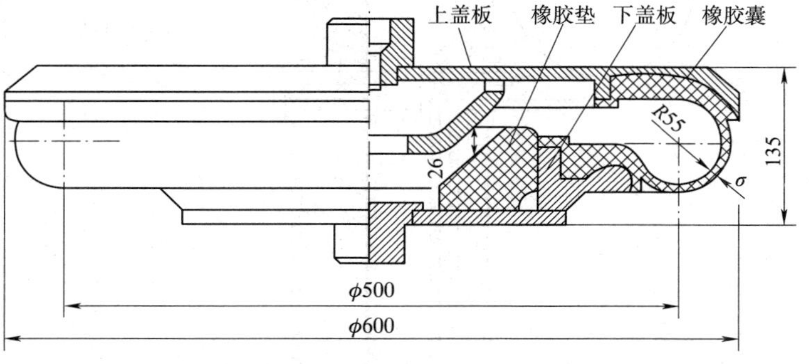

图 4-43 自由膜式空气弹簧

空气弹簧的密封要求高，以保证弹簧性能稳定和节省压缩空气。一般采用压力自封式和螺钉紧封式两种密封形式。压力自封式，是利用空气囊内部空气压力将橡胶囊的端面与盖板(或内、外筒)卡紧加以密封；螺钉紧封式，是利用金属卡板与螺钉夹紧加以密封。压力自封式的结构简单，组装检修方便，应用较多。

空气弹簧橡胶囊由内、外橡胶层、帘线层和成形钢丝圈组成。内层橡胶主要是用以密封。

需采用气密性和耐油性较好的橡胶材质，外层橡胶除了密封外，还起保护作用。因此，外层橡胶应采用能抗太阳辐射和臭氧侵蚀并耐老化的橡胶材质，还应满足环境温度的要求，一般为高柔性氯丁橡胶。帘线的层数为偶数，一般为两层或四层，层层帘线相交叉，并与空气囊的经线方向成一角度布置。由于空气弹簧上的载荷主要由帘线承受，而帘线的材质对空气弹簧的耐压性和耐久性起着决定性作用，故采用高强度的人造丝、维尼龙或卡普隆作为帘线。

广州地铁 1 号和 2 号线车辆转向架二系悬挂装置如图 4-44 和图 4-45 所示，空气弹簧的型号为 SEK 660-7 型，每一个转向架设有两个气囊，上方经调整垫片安装在车体底架枕梁两端的空气弹簧安装座中；下方与紧急弹簧串联后，经补偿垫片安装在转向架构架两根侧梁中部的空气弹簧安装座中，形成对整个车体的四个支承点。通过调整空气弹簧与车体底架之间的调整垫片，可调整车体的四个支承点高度，使之处于水平状态。通过调节紧急弹簧下方安装座处的补偿垫片，可补偿车体的高度。正常安装高度为 248±3 mm，垂向允许载荷为 51.1～125.8 kN。紧急弹簧上方安装在空气弹簧下盖板上，下方经导柱、垫片安装与转向架构架侧梁的安装座上，并空气弹簧形成串联。

串联的作用是：

(1)延长空气弹簧的使用寿命。

(2)减小二系悬挂装置的垂向和扭转刚度。

(3)减小车体的振动。

(4)在紧急情况下(在空气弹簧完全泄漏时)起安全保护作用，且能确保二系悬挂装置仍具有悬挂的作用。

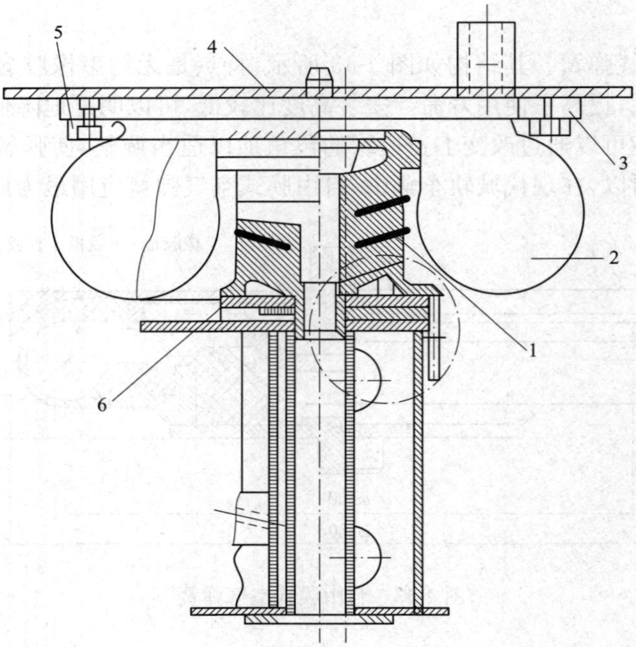

图 4-44　广州地铁 1 号线二系悬挂

1—叠层式金属橡胶堆紧急弹簧；2—空气弹簧气囊；3—导向板；4—底架；5—安装环；6—补偿垫片

紧急弹簧的自由高度为 190 mm，因其具有蠕变的现象，在使用过程中其高度会减小(使用十年后其值不应低于 179 mm)，而导致车体地板面高度随之降低；同时车轮踏面不断的磨耗也会使车体地板面高度降低。为补偿车体的降低,通常可在紧急弹簧的下部与其安装座之间,添加补偿垫片来进行调整,但所有补偿垫片的厚度相加之和不得超过 47 mm。在 AW0(车辆空载)状态下,当同一转向架的两紧急弹簧的高度差应小于 1 mm,否则也须用补偿垫片调整。

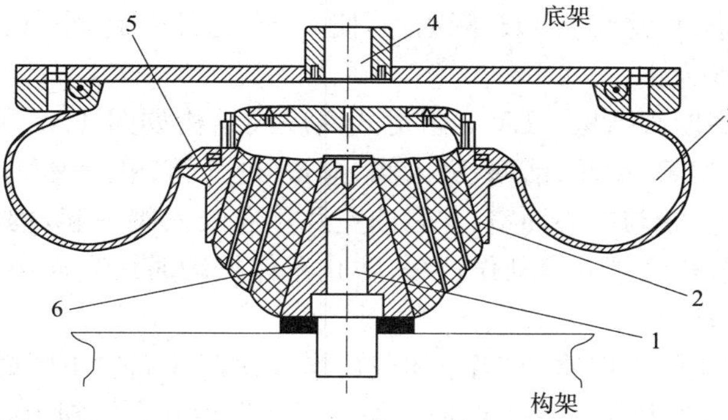

图 4-45 广州地铁 2 号线二系悬挂

1—导杆;2—锥形紧急弹簧;3—空气弹簧气囊;4—节流孔;5—下盖板;6—紧急弹簧安装座

4. 高度控制阀

(1)高度控制阀的工作原理。高度阀的作用是根据车体载荷的不同,通过对空气弹簧气囊中空气压力的控制,实现对车体高度的自动调节。高度阀安装于底架与构架之间,其工作原理如图 4-46 所示。

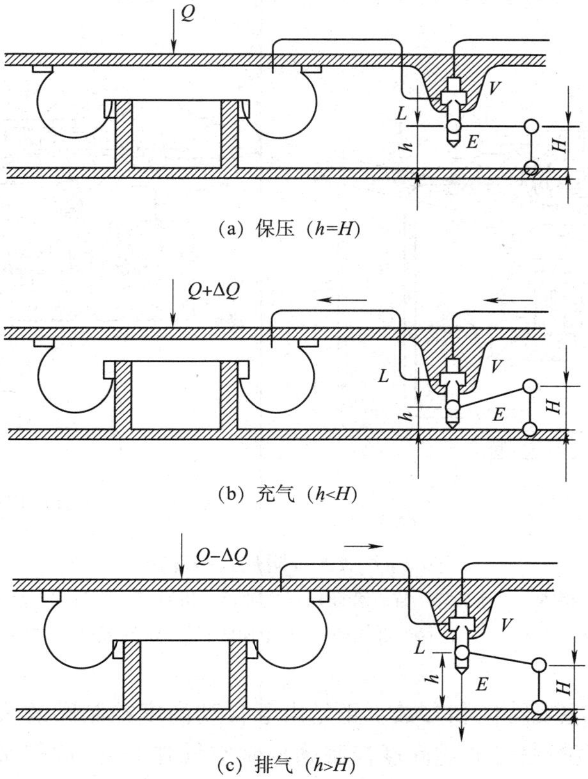

图 4-46 高度控制阀工作原理

h—地板实际高度;H—地板标定高度

①在正常载荷位置，即 $h=H$ 时，充气通路 $V\to L$ 和放气通路 $L\to E$ 均被关闭。

②当车体载荷增加时，此时 $h<H$，阀动作，使 $V\to L$ 通路开启，压缩空气向空气弹簧充气，直至地板面上升到标定高度（即 $h=H$）为止。

③当车体载荷减小时，此时 $h>H$，阀动作，使 $L\to E$ 通路开启，空气弹簧向大气排气，直至地板面下降到标定高度为止。

(2)LV-3 阻尼式高度阀结构。LV-3 阻尼式高度阀结构如图 4-47 所示。其主要由阀体、连杆、连杆套筒、主轴、扭簧、拨叉、活塞、吸入阀、弹簧、进气阀、单向阀和排气阀组成。其中，拨叉 6 下端与活塞 7 相连，它与中心油室、左右油室及左右吸入阀一起，构成高度阀拨叉运动的阻尼系统，作用是使进、排气阀开启动作迟缓，防止车体振动时产生误动作；关闭动作迅速，节约风源，使车辆运行平稳。

LV-3 阻尼式高度阀的工作原理：当车体载荷增加使车体高度下降时，车体的下降经连杆 2 驱动拨叉 6 逆时针转动，扭簧 5 张力增加。拨叉 6 上端顶开进气阀 10，使压缩空气经空气弹簧储风缸、进气阀 10、单向阀 11 进入空气弹簧的气囊向空气弹簧充气，直至车体升到规定的高度 H。在车体上升的过程中，在扭簧 5 张力的作用下，使拨叉 6 顺时针转动，当车体达到规定的高度时，拨叉 6 回到中心位置，进气阀 10 关闭，空气弹簧停止充气。

当车体载荷减小使车体高度上升时，拨叉 6 顺时针转动，排气阀 12 打开，空气弹簧的压缩空气经排气阀 12 排向大气，使车体降到规定的高度 H。

目前，在地铁车辆上采用的高度阀还有一种杠杆式高度阀。

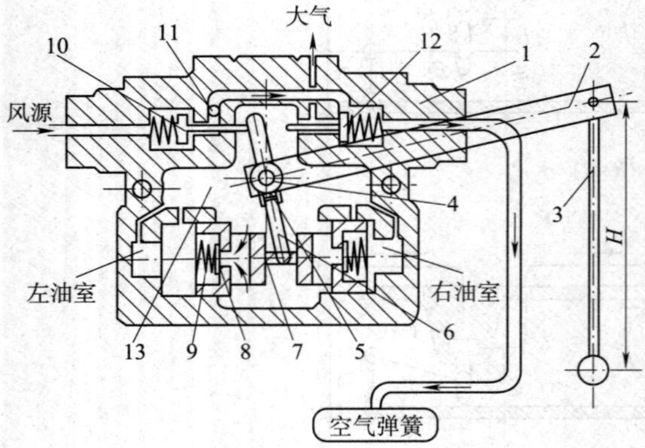

(a) 进气图

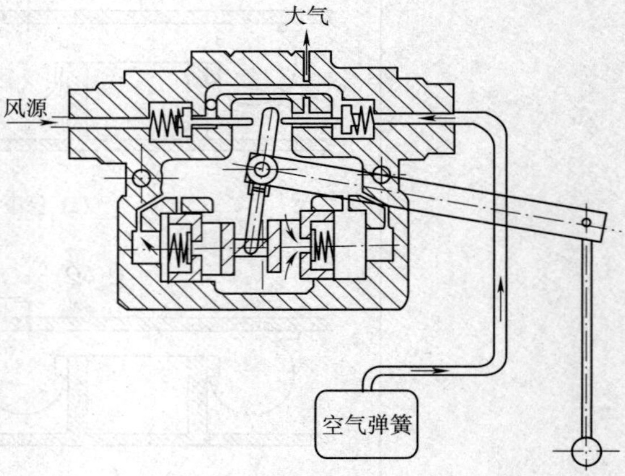

(b) 排气图

图 4-47　LV-3 阻尼式高度阀

1—阀体；2—连杆；3—连杆套筒；4—主轴；5—扭簧；6—拨叉；7—活塞；8—吸入阀；9—弹簧；10—进气阀；11—单向阀；12—排气阀；13—中心油室

(3)高度控制阀的主要特性和参数。正是由于自动高度控制阀的采用才使得空气弹簧具有许多优点。车体高度控制是通过高度控制阀控制空气弹簧充、放气来实现的。一般城市轨道交通车辆要求载荷变化时车辆地板高度调整的时间不超过车站停车时间，地板面高度的变化范围为±10 mm。高度阀只能用来补偿乘客重量的变化，而不能用于补偿车轮和转向架零件的磨损，高度阀应不受车辆振动和轨道冲击的影响。高度控制阀的主要技术性能指标有(杠杆长度 140 mm，温度 20℃，主风缸压力 5 kg/cm^2)：

(1)截止频率，一般为 1 Hz。

(2)无感带，9～11 mm。

(3)动作延迟时间，(3±1)s。

(4)空气流量：40 s 以下(40 L 风缸，压力由 5 kg/cm^2 下降到 2 kg/cm^2)。

高度调整阀内使用的工作油特性如下：

种类	硅油(信越化学 KF96)
黏度	1 000 C. S/25℃
温度系数	0. 6
流动点	－50℃以下

5. 差压阀

差压阀安装在同一转向架左右空气弹簧的连接管路中间，在任何一侧的空气弹簧出现异常时作为安全装置而起作用，连通左右空气弹簧，防止车体过大倾斜。压差阀的动作压力一般有 1 kg/cm^2、1. 2 kg/cm^2、1. 5 kg/cm^2 三种。

引起两空气弹簧压差的原因主要包括以下两点：

(1)车体左右两侧载荷分布不均使两空气弹簧受力不均。

(2)空气弹簧进、排气速度和时间存在差异。

压差阀动作压力的选择应综合考虑多方面的因素，在条件允许的情况下尽可能选择较小值，以减小车辆在过渡曲线上的对角压差，提高车辆的抗脱轨安全性。

DP3 型差压阀结构主要由阀体、阀座、单向阀、弹簧、接头、滤网、连接螺母、活节等组成，如图 4-48(a)所示。压差阀上下两部分完全相同。活节为进气端，它经连接螺母与接头后，固定在阀体上。单向阀在弹簧的作用下，密贴于阀座，在单向阀和弹簧之间设有垫片，改变垫片的厚度，可进行压力值的微调。

DP3 型差压阀的工作原理：通常状态，如图 4-48(b)所示，当两空气弹簧的压差在规定值以下时称为通常状态，此时左右单向阀①、②均处于关闭状态，从而保持压差在规定值以下。

压差超过规定值：左侧压力大于右侧，如图 4-48(c)所示。左侧空气压力已足以克服单向阀②弹簧的作用而使单向阀②打开，左右两空气弹簧的气路被沟通，左侧空气弹簧向右侧空气弹簧充气。当压差下降到规定值以下时，在弹簧的作用下单向阀②关闭又处于通常状态。

右侧压力大于左侧，如图 4-48(d)所示。右侧空气压力已足以克服单向阀①弹簧的作用而使单向阀①打开，左右两空气弹簧的气路被沟通，右侧空气弹簧向左侧空气弹簧充气。当压差下降到规定值以下时，在弹簧的作用下单向阀①关闭又处于通常状态。

每台转向架的两只气囊都通过差压阀相连，如果气囊突然破裂或毁坏，差压阀将动作使转向架的两只气囊压力保持平衡，可防止客车由于一只气囊充气、另一只气囊没有充气而向一边严重倾斜。

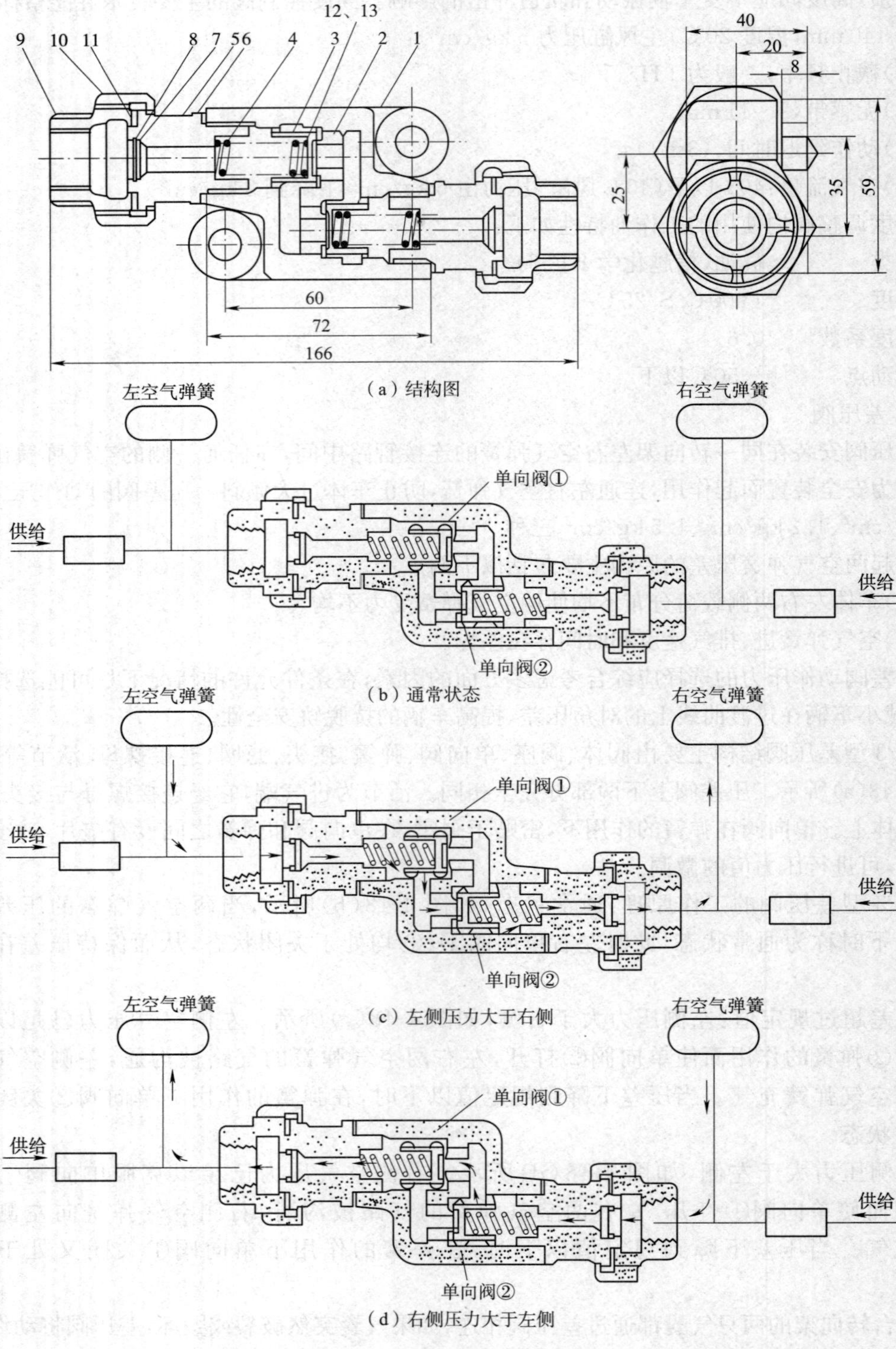

图 4-48　差压阀和动作原理图

1—阀体；2—阀座；3—单向阀；4—弹簧；5—接头；6、11—密封件；
7—过滤网；8—密封圈；9—活节；10—连接螺帽；12、13—垫片

6. 自由膜式空气弹簧刚度计算

(1)垂向刚度计算。

$$\left.\begin{aligned} K &= n(P_a + P_0)\frac{A_0{}^2}{V_0} + aP_0A_0 \\ a &= \frac{1}{R}\cdot\frac{\sin\theta\cos\theta + \theta(\sin^2\theta - \cos^2\varphi)}{\sin\theta(\sin\theta - \theta\cos\theta)} \end{aligned}\right\} \tag{4-34}$$

式中　P_0——空气弹簧的内压力，通常铁道车辆上采用的空气压力 $P_0<0.6$ MPa，一般在 0.3～0.5 MPa，它影响空气弹簧几何参数 R 的选取，静载荷

$$P = P_0A_0 = \pi R^2 P_0;$$

P_a——大气压力，计算时一般取 $P_a=0.1$MPa；

A_0——静平衡位置时空气弹簧的有效承压面积；

V_0——静载荷作用下空气弹簧的容积（$V_0 = V_1 + V_2$，V_1 为空气弹簧本身容积，V_2 为附加空气室容积）；

n——多变指数，计算时通常取 $n=1.3$～1.38；

a——空气弹簧的垂直特性形状系数，取决于空气弹簧的几何形状，与空气弹簧几何参数 θ、φ、R 有关，图 4-49 所示。

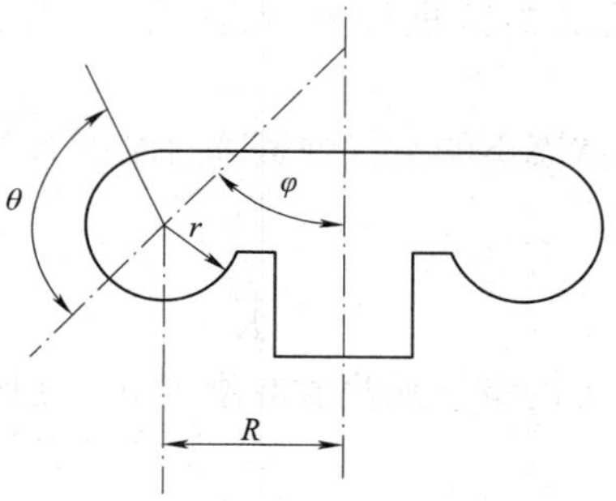

图 4-49　自由膜式弹簧尺寸

φ—橡胶囊圆弧部分的回转轴与空气弹簧中心线夹角；

θ—橡胶囊圆弧部分形成的包角之半；

R—A_0 有效承压面积的半径

图 4-50 所示为理论计算和试验结果，从图可见，两者比较接近。

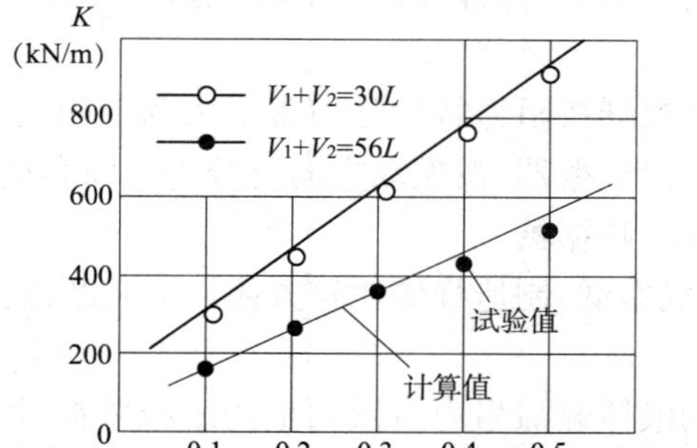

图 4-50　自由膜式空气弹簧垂直静刚度的试验结果

(2)横向刚度计算

$$\left.\begin{aligned}K_1 &= bP_1A_0 + K_1' \\ b &= \frac{1}{2R}\cdot\frac{\sin\theta\cos\theta+\theta(\sin^2\theta-\cos^2\theta)}{\sin\theta(\sin\theta-\theta\cos\theta)}\end{aligned}\right\} \tag{4-35}$$

式中 K_1'——橡胶囊本身的横向刚度,其值需要通过试验测定;

b——空气弹簧的横向特性形状系数,取决于空气弹簧的几何形状,与几何参数 θ、φ、R 有关。

需要注意的是,空气弹簧的横向刚度受到帘线角(即帘线相对于橡胶囊的经线方向的夹角)的影响较大,通常横向刚度随帘线角增大而增加,橡胶囊身的横向刚度 K_1' 主要取决于帘线角的大小。考虑到自由膜式空气弹簧的工作特性和外胀变形,取较小的帘线角较为合理。因此,设计计算时需要附加橡胶囊本身的横向刚度,建议 K_1' 值取 50~100 kN/m,压力高时取偏大值。

以上分析所得的空气弹簧刚度仅是参考值,空气弹簧实际刚度应以试验数值为准。

7. 当量静挠度和当量吊杆长度的换算

弹簧的特性是由其刚度和静挠度来评定的。在空气弹簧装置系统中,在高度控制阀的作用下,空气弹簧高度并不随载荷的变化而变化,所以对于空气弹簧装置为能与一般有摇动台装置及采用钢弹簧的转向架的有关参数进行分析、比较,提出当量静挠度和当量吊杆长度的概念。

通常把簧上载荷 P 与相应状态下的空气弹簧垂直刚度 K 之比定义为空气弹簧的"当量静挠度" f_{dst} ,即

$$f_{\mathrm{dst}} = \frac{P}{K} \tag{4-36}$$

把簧上载荷 P 与相应状态下的空气弹簧横向刚度 K_1 之比定为空气弹簧的"当量吊杆长度"L,即

$$L = \frac{P}{K_1} \tag{4-37}$$

七、减振元件

(一)减振元件的作用及分类

减振器的作用是减小振动,它的作用力总是与运动方向相反,起着阻止振动、消耗振动能量的作用。通常减振器有变机械能为热能的功能,减振阻力的方式和数值不同,直接影响振动性能。

铁路轨道车辆采用的减振器按阻力特性分为常阻力和变阻力两种减振器;按安装位置可分为轴箱减振器和中央(摇枕)减振器;按振动方向可分为垂向和横向减振器;按结构特点又可分为摩擦减振器和液压(油压)减振器。

摩擦减振器结构简单,成本低,制造维修比较方便。但其摩擦力随摩擦面的状态改变而变化,减振性能较差。

液压减振器主要是利用液体黏滞阻力所做的负功来吸收振动能量,它的优点在于它的阻力是振动速度的函数,其特点是振幅的衰减与幅值大小有关,振幅大时衰减量也大,反之亦然。因而,在地铁城轨车辆上广为采用。

(二)液压减振器的工作原理及结构

1. 工作原理

液压减振器是利用液体黏滞阻力做负功来吸收振动能量,其结构及工作原理如图 4-51 所示。活塞把油缸分成上下两部分,当活塞杆向下运动时(又称减振器为压缩状态),油缸下部液压油的压力增大,液压油将从下腔经节流孔"串入"上腔,由于液体具有黏性,于是在"串动"过程中节流孔对液体有阻碍作用,就产生了阻力。反之,当活塞杆向上运动时(又称减振器为拉伸状态),油缸上部油压增大,液压油将从上腔经节流孔"串入"下腔,也产生阻力。但与此同时,由于活塞杆本身要占有一定的容积,当液压油在上腔和下腔之间"串动"过程中,液压油的体积必须有额外的容积提供补偿,因此,油缸外圈设置了起容积补偿作用的隔层。

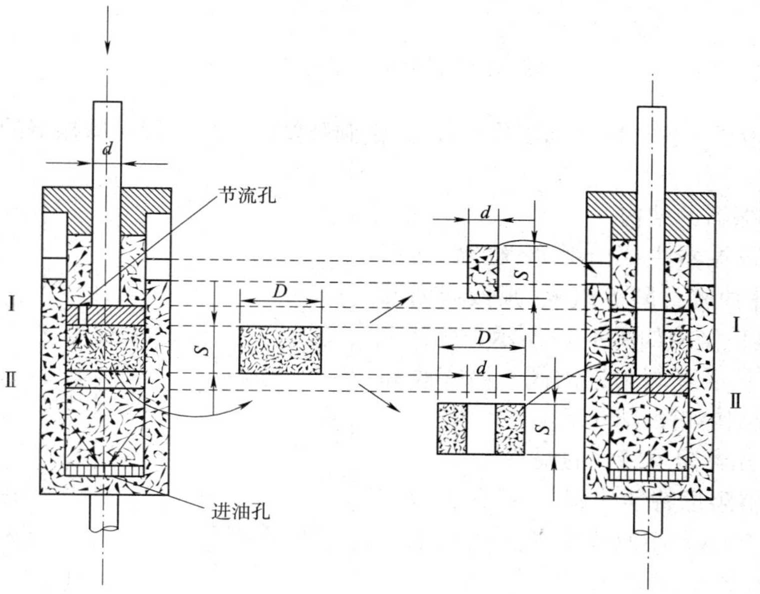

图 4-51　液压减振器工作原理图

2. 特性

阻力 $F\propto$相对运动速度 v,即 $F=qv$(见图 4-52)。

阻力 F 主要取决于以下两点因素:

(1)节流孔的大小→q(阻尼系数)。

(2)活塞运动速度之快慢→v(相对运动速度)。

3. 圆弹簧和液压减振器共同工作时的特性

圆弹簧和液压减振器通常并联在一起共同工作,在城市轨道交通车辆上通常将整车模型简化为车轮荷重系统来进行研究。最简单的车轮荷重系统如图 4-53 所示。

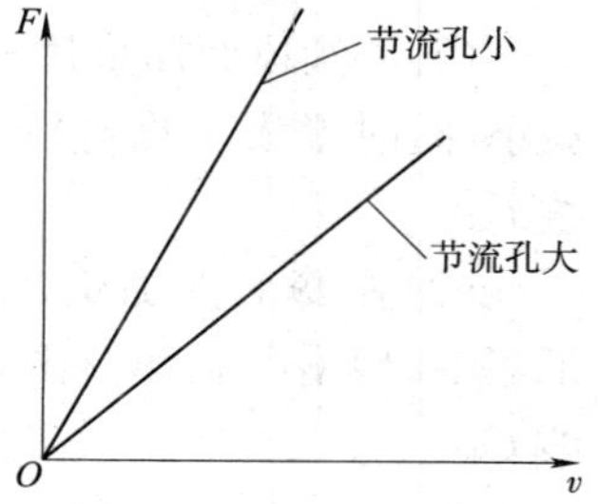

图 4-52　阻尼特性曲线

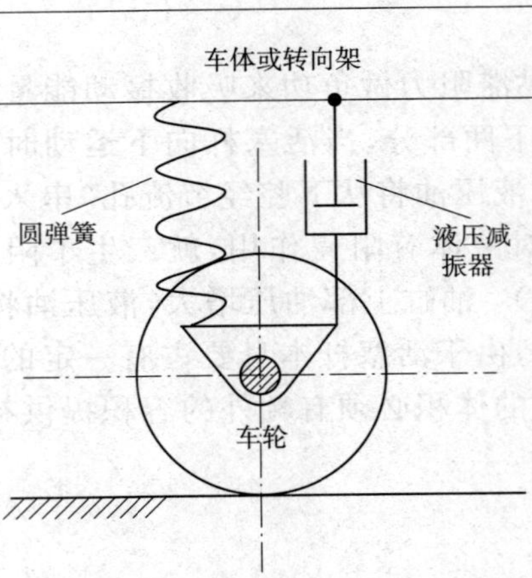

图 4-53　最简单的车轮荷重系统

圆弹簧和液压减振器的共同工作特性，是由圆弹簧的特性和液压减振器的特性合成而得，如图 4-54 所示。

4. 液压减振器的结构

普通液压减振器主要由活塞、缸筒、活塞阀、进油阀和各种密封圈等组成，减振器内部还充有油液，具体结构如图 4-55 所示。而其中最主要的部件是活塞阀和进油阀。活塞阀和进油阀的具体结构如图 4-56 所示。

5. 液压减振器阻尼特性的调节

液压减振器阻尼特性的调节，可通过改变心阀上的节流孔的大小及弹簧预压缩量来实现，如图 4-57 和图 4-58 所示。

(1)阀座端面加垫片——节流孔变小，阻尼增大，同时减小工作范围，如图 4-57 所示的曲线 A。

(2)心阀顶面加垫片——节流孔变大，阻尼减小，同时增大工作范围，如图 4-57 所示的曲线 B。

(3)弹簧上部加垫片——节流孔不变，阻尼不变，但增大工作范围，如图 4-57 所示的曲线 C。

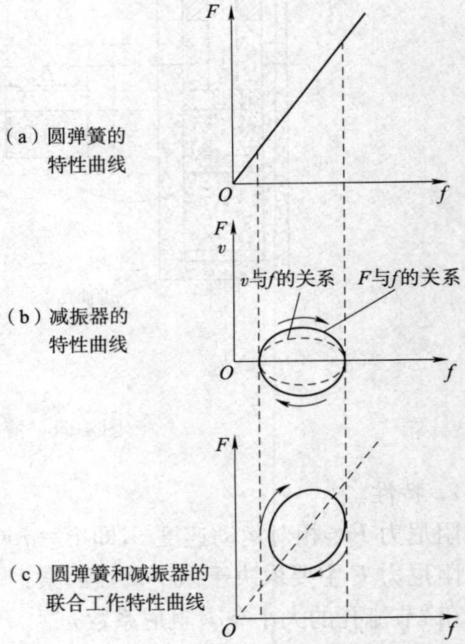

图 4-54　圆弹簧和液压减振器共同工作特性

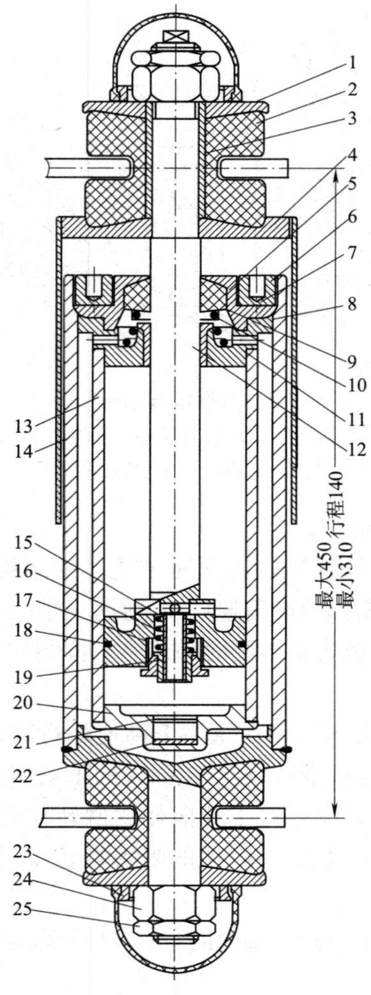

图 4-55　SFK1 型液压减振器

1—压盖；2—橡胶垫；3—套；4—防尘罩；5—油封圈；6—螺盖；7—密封盖；8—密封圈；9—托垫；10—弹簧；11—缸盖；12—活塞杆；13—缸筒；14—储油筒；15—心阀；16—弹簧；17—阀座；18—涨圈；19—套阀；20—进油阀；21—锁环；22—阀瓣；23—防锈帽；24、25—螺母

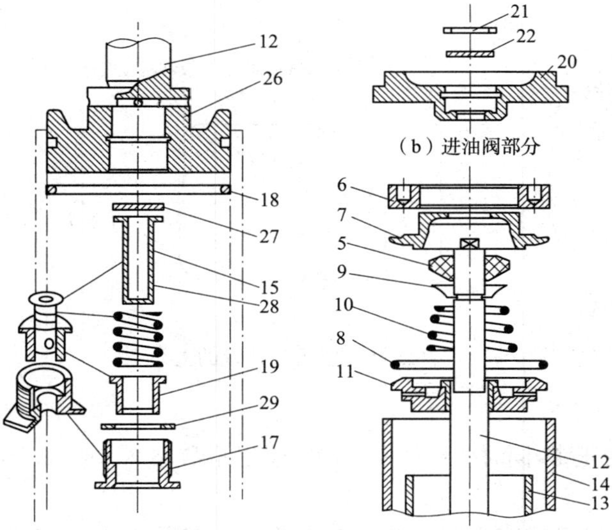

（a）活塞部分　（b）进油阀部分　（c）缸端密封部分

图 4-56　活塞阀和进油阀的具体结构

1—压盖；2—橡胶垫；3—套；4—防尘罩；5—油封圈；6—螺盖；7—密封盖；8—密封圈；9—托垫；10—弹簧；11—缸盖；12—活塞；13—缸筒；14—储油筒；15—心阀；16—弹簧；17—阀座；18—涨圈；19—套阀；20—进油阀；21—锁环；22—阀瓣；23—防锈帽；24、25—螺母；26—活塞部分；27—调整垫；28—节流阀；29—调整垫

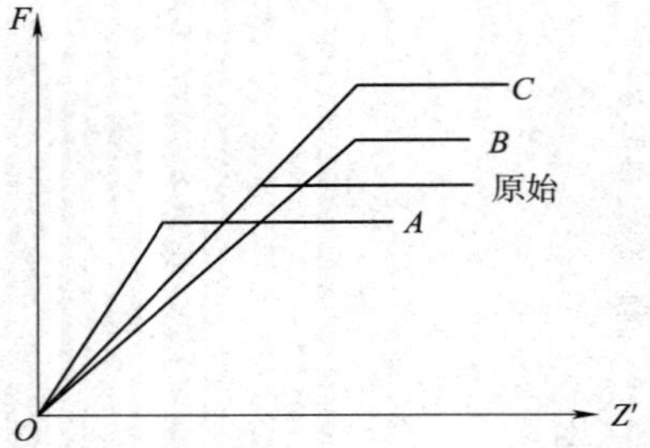

图 4-57　阻尼特性调整图

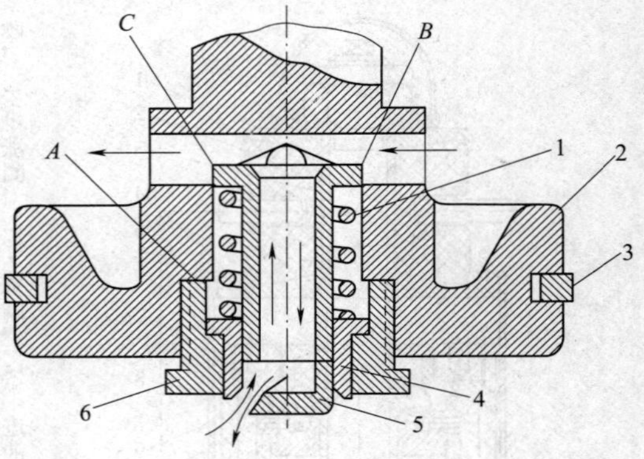

图 4-58　活塞阀结构

1—心阀弹簧；2—活塞；3—胀圈；4—套阀；5—心阀；6—阀座；A、B、C—加调整垫片处

6. 一般液压减振器与抗蛇行液压减振器的性能比较

需要注意的是，与一般液压减振器相比，抗蛇行液压减振器只是节流孔的结构有所不同，这就造成其节流孔特性发生变化，即抗蛇行液压减振器的卸荷速度 v_0'远远小于一般液压减振器的卸荷速度 v_0'，如图 4-59 和图 4-60 所示。这样，就有可能同时满足有效抑制蛇行失稳和利于通过曲线的要求，即：

当车体相对于转向架蛇行增大时(通常对应于机车车辆在直道上高速运行时)，其相对运行速度 v 很容易超过 v_0，使减振器阻尼力 $F=F_{max}$(饱和阻力)，产生强大的阻尼作用。

当车辆通过曲线时(此时车辆运行速度较低)，车体相对于转向架的回转速度 v 较小，且 $v<v_0$，此时减振器阻尼力 F 明显下降，在车体与转向架之间产生的阻力矩较小，使车辆容易通过曲线。

另外，抗蛇行液压减振器一定是纵向安装在车体与转向架之间，所以也常称为纵向减振器(有人也称其为恒量阻尼减振器)。

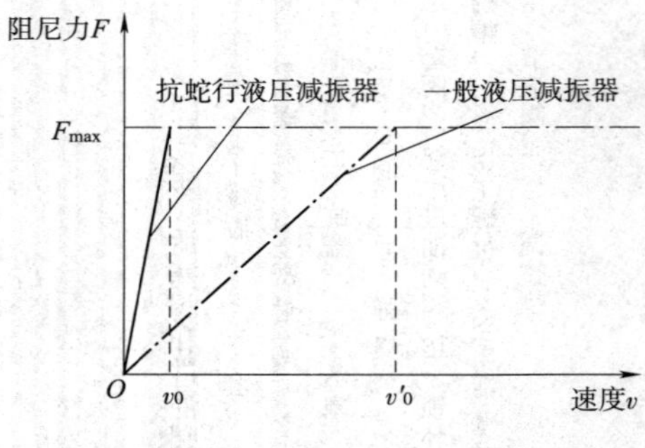

图 4-59　阻力与振动速度的关系

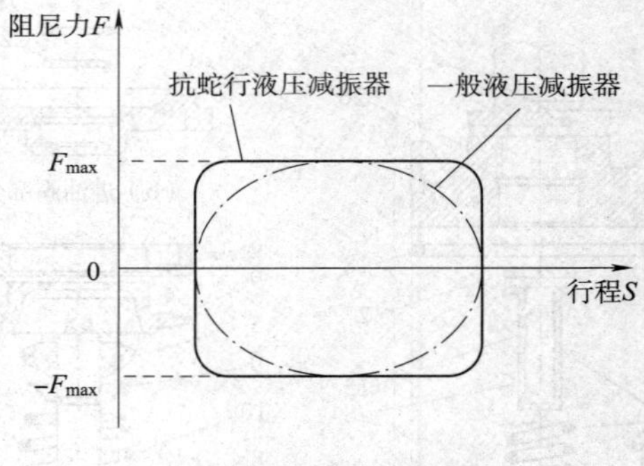

图 4-60　阻力与行程的关系

7. 液压减振器性能试验

(1)试验目的。检查减振器的工作是否正常，同时按设计要求调整阻尼系数 q(N·s/mm)的大小。

(2)试验原理如图 4-61 所示。当电动机经减速后驱动偏心轮 1 转动→使滑块 3(A 点)做上、下往复运动→减振器产生阻尼力→B 点运动→带动曲臂连杆 8 转动→记录笔 10 做左右运动→在记录板 9 上绘出椭圆形示功图(见图 4-62)。

A 点的位移与偏心轮的运动有关,而 B 点的位移与减振器的阻尼力有关。且 A 点和 B 点的位移之差,就是减振器上、下两端的相对位移。

该示功图的面积就是该液压减振器振动 1 周内所吸收的功。由该示功图可以计算出其阻尼系数 q。

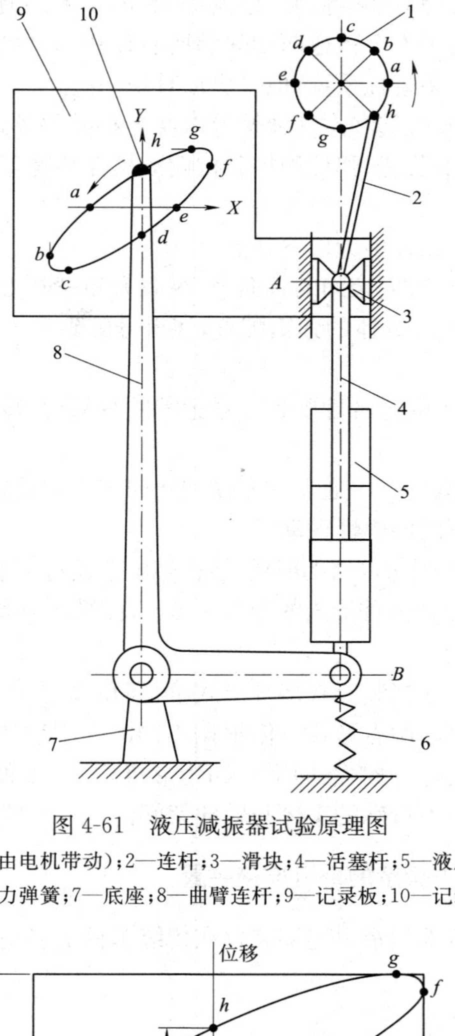

图 4-61　液压减振器试验原理图

1—偏心轮(由电机带动);2—连杆;3—滑块;4—活塞杆;5—液压减振器;6—测力弹簧;7—底座;8—曲臂连杆;9—记录板;10—记录笔

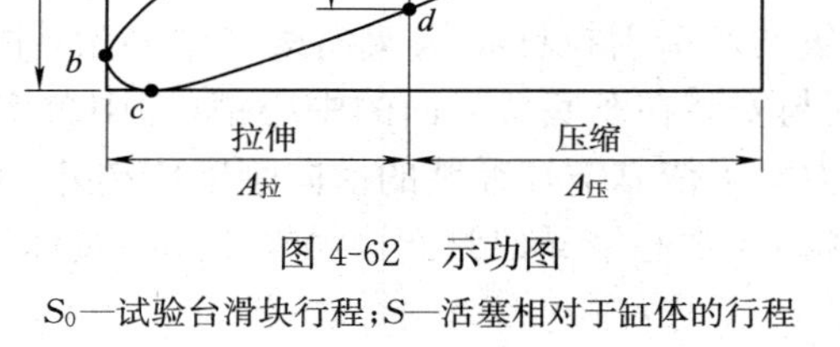

图 4-62　示功图

S_0—试验台滑块行程;S—活塞相对于缸体的行程

第五节　牵引连接装置

一、概　　述

车体和转向架之间纵向(驱动方向)作用力的传递是通过牵引装置来实现的,牵引装置由连杆组装、牵引座、中心销等组成。车体与转向架间的连接装置实际上就是二系悬挂系统,主要包括各种形式的旁承、弹性侧挡和各种减振器等(有的车辆还有抗侧滚扭杆装置)。由于它位于车体和转向架间且从各个方向传递两者间的所有作用力,因此,我们觉得使用"车体与转向架间的连接装置"代替"二系悬挂系统"似乎更加直观一些。

作为旁承的圆弹簧、橡胶弹簧和空气弹簧等以及各种减振器已经在本章第四节中详细介绍过,因此本节主要叙述牵引装置、弹性侧挡和抗侧滚扭杆装置等内容。

1. 作用

牵引连接装置的作用可以概括为以下几点:

(1)传力——传递车体与转向架间的垂向力、纵向力和横向力。

(2)轴重均匀分配——通过具体的弹簧配置,使得分配到每个车轴上的最终载荷基本均匀一致。

(3)保持转向架安定——通过合理配置二系旁承的数量,使转向架静态和动态时均能保持安定。

(4)运行横动(即横向弹性)——通过在车体和转向架之间设置合理的弹性装置,保证转向架能相对于车体在一定的范围内弹性横动。

(5)容许相互回转——在通过曲线的时候,运行转向架相对于车体在合理范围内灵活转动。

通常情况下,垂直力主要由各种形式的旁承来传递,而纵向力和横向力则由牵引装置传递。

2. 形式

车体与转向架间的牵引连接装置有多种形式,可简单概况为"有牵引销(或心盘)+旁承"和"无牵引销(或心盘)+旁承"两者形式。但根据不同的牵引装置结构,无牵引销(或心盘)形式又有单牵引拉杆式和四连杆机构式(即平行四边形机构)等多种不同形式。另外,铰接式转向架采用的铰接装置属于一种特殊的车体与转向架间的连接装置。

二、有牵引销(或心盘)+旁承的牵引连接装置

有牵引销(或心盘)+旁承的牵引连接装置在传统车辆上采用比较广泛。这里以上海地铁车辆转向架为例进行说明。

1. 结构原理

上海地铁车辆转向架采用空气弹簧传递车体与转向架间的垂向力,采用牵引销装置传递纵向力,采用弹性侧挡传递横向力。

该装置通过Z字形布置的双牵引拉杆将构架横梁与中心架(中间浮动梁)在纵向连接起来,同时中间架上的中心孔与安装在车底架下面的中心销(即中央牵引销)配合传递转向架与车体间的纵向力。而横向力除了依靠空气弹簧的横向刚度传递外,主要是通过弹性侧挡(即图4-63所示的横向橡胶缓冲挡)与中心销导架侧面接触来传递。具体结构如图4-63所示。

2. 特点

该牵引连接装置具有以下特点：

(1)相对于中心销呈中心对称布置(Z 字形布置)的两个牵引杆，其一端与中心架(浮动梁)相连，另一端与构架相连。该牵引杆传递纵向力(牵引力或制动力)，如图 4-64 所示。

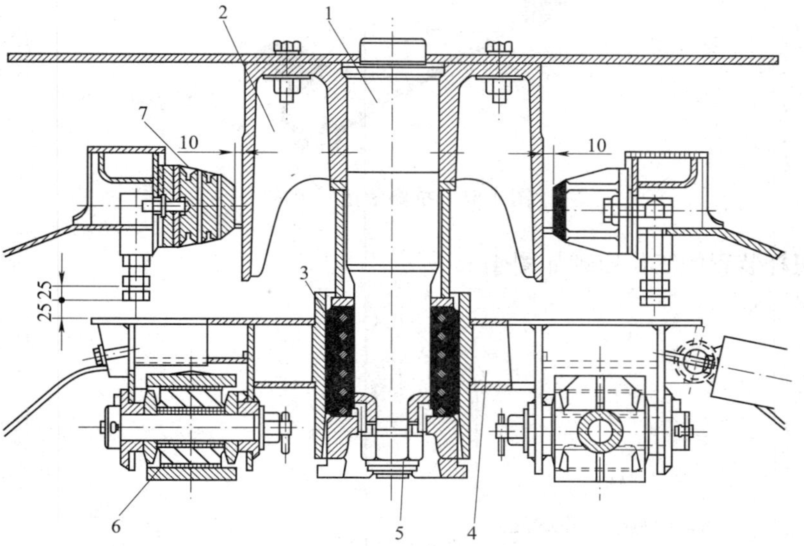

图 4-63　中央牵引销装置

1—中心销；2—中心销导架；3—复合弹簧；4—中心架；5—定位螺母；6—牵引杆；7—橡胶横向止挡

(2)为了限制车体与转向架之间的横向位移，在中心销导架与构架之间装有橡胶横向止挡，且每侧自由间隙为 10 mm。该横向弹性止挡可传递横向力。橡胶空气弹簧传递垂向载荷(左右各一个)。

(3)橡胶空气弹簧结构：采用自由膜式橡胶空气弹簧，下部有层叠式橡胶块(当空气弹簧失效时，起应急支承作用，以满足维持最低限度运行要求)。

(4)抗侧滚扭杆：在构架横梁中横穿有一根抗侧滚扭杆，该扭杆的抗扭弹性对车体的侧滚振动起抑制和衰减作用。

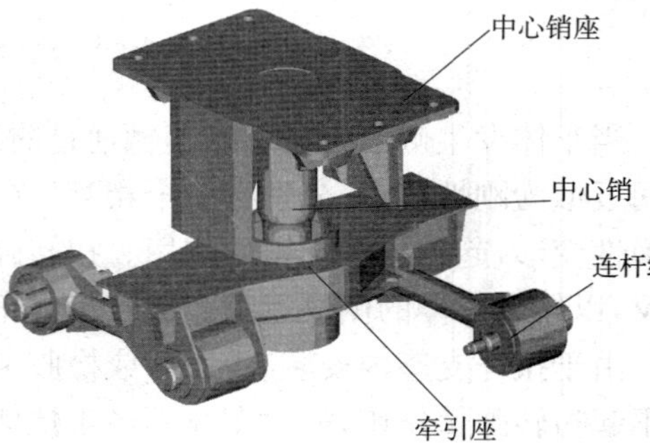

图 4-64　牵引杆呈 Z 字形布置的中心销装置

3. 抗侧滚扭杆装置

抗侧滚扭杆属于二系悬挂的一部分，与空气弹簧配合可以较好地抑制车体侧滚运动。该装置包括一个具有抗扭特性的扭杆(轴)、两个扭臂和两个链接杆等。扭杆安装在装有橡胶卡环的构架横梁下方，通过扭臂和链接杆与车底架相连。扭臂与链接杆的连接点、链接杆与车底架的连接点处均设有橡胶衬套。这些橡胶卡环和橡胶衬套可克服扭轴转动时的摩擦力，同时具有一定的缓冲作用。抗侧滚扭杆组成图 4-65 所示。

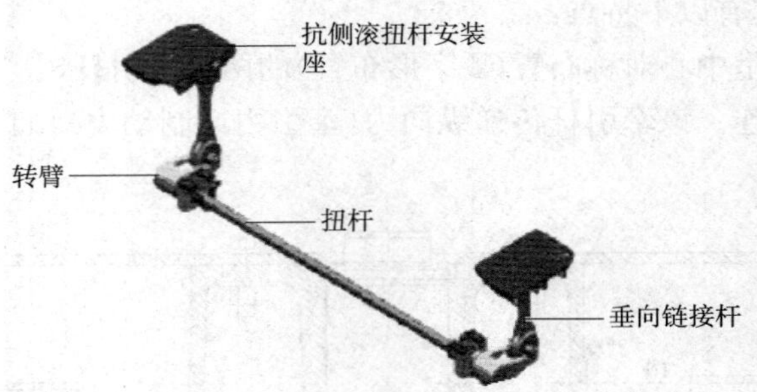

图 4-65　抗侧滚扭杆组成

抗侧滚扭杆装置的工作原理如图 4-66 所示。

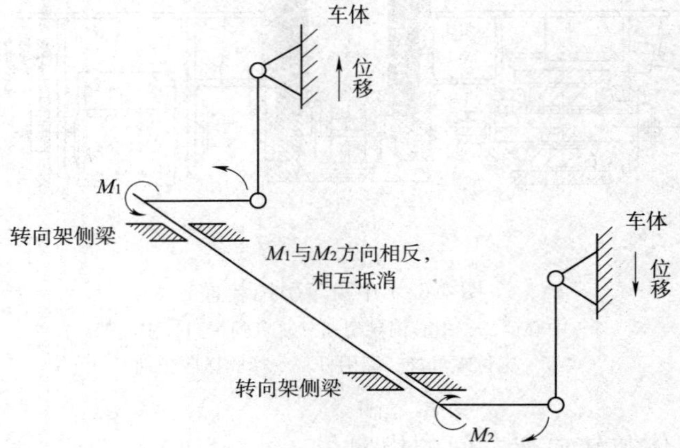

图 4-66　抗侧滚扭杆装置工作原理图

当车体发生侧滚时(例如，车辆通过曲线时)，水平放置的两个扭臂对于扭杆(扭臂与扭杆之间近似为刚性节点)分别有一个相互反向的力和力矩的作用，使弹性扭杆承受扭矩而产生扭转弹性变形，起到扭转弹簧的作用。扭转弹簧的反扭矩总是与车体产生侧滚的角位移的方向相反，以约束车体的侧滚运动。但当车体正常垂直振动时(即左右车体同向位移但不存在侧滚时)，由于扭杆支座内安装有轴承(或橡胶卡环)，所以左右两个扭臂只是使扭杆产生同向转动，而不起扭转弹簧作用，故对车体不产生抗侧滚作用。

从上述作用原理可知，抗侧滚扭杆装置巧妙地实现了既增强二系悬挂系统的抗侧滚性能，又不影响(或基本不影响)二系悬挂系统中原弹簧的柔软弹性。

三、另一种中央牵引销＋旁承的牵引连接装置

与上述上海地铁车辆转向架采用的结构非常相似的是另一种中央牵引销＋旁承的牵引连接装置，其主要区别是在中央牵引销内布置有四组牵引橡胶堆(前后各两组，且左右对称)传递纵向力，如图 4-67 所示。由牵引橡胶堆代替前面的 Z 字形拉杆将中心架(即牵引梁，或称浮动梁)与构架横梁连接起来。横向力仍由横向弹性侧挡来传递。但在该图中，横向弹性侧挡直接与中心架左右两侧相配合。

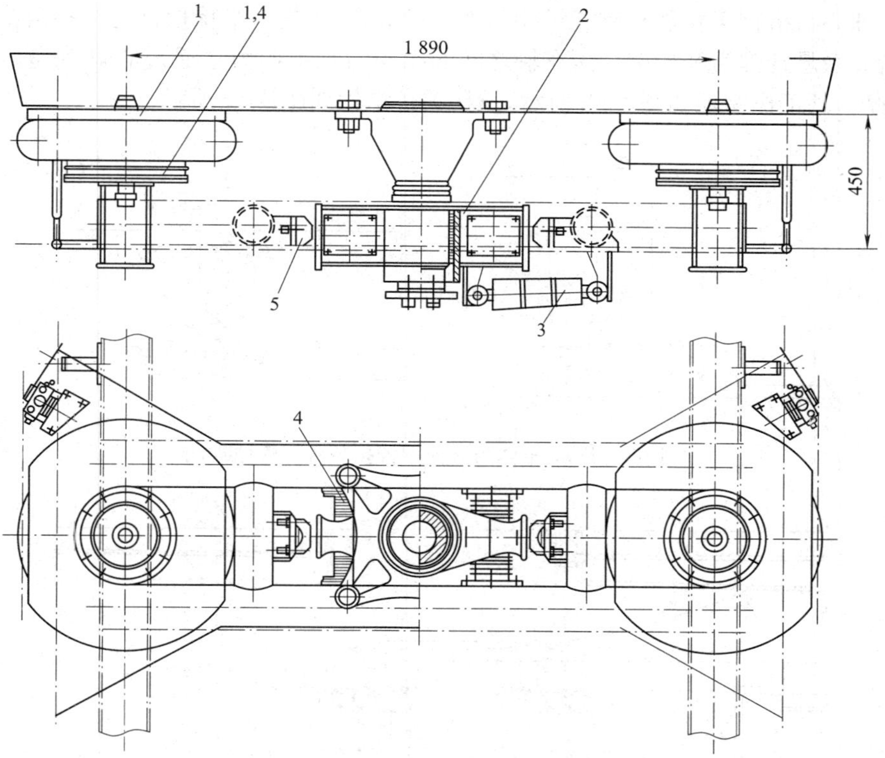

图 4-67　中央悬挂

1—空气弹簧；2—牵引梁；3—横向减振器；4—牵引橡胶弹簧；5—横向弹性侧挡

四、铰接式转向架的车体与转向架间的连接装置

铰接式转向架的车体与转向架间的连接装置在城市轨道车辆中运用较广，在高速动车组上使用的典型代表就是法国 TGV。这种连接装置一方面要保证相邻两车体端部彼此连接传递垂向、纵向和横向载荷，另一方面又要保证车体两端在通过曲线时能彼此相对转动（垂向和横向）。主要有以下三种形式（见图 4-10）

1. 转盘式——具有双排球形转盘的铰接形式

两相邻车体一端支于内盘，另一端支于外盘，转动盘通过摇枕弹簧与构架相连，构架坐落在轮对的两轴箱弹簧上。垂直载荷由转盘经摇枕 → 摇枕弹簧 → 构架 → 轴箱簧 → 轮对，如图 4-10(a)所示。纵向牵引与冲击力通过内外转盘传递。通过曲线时，相邻两车体可绕转动盘彼此回转。

2. 球心盘式——具有球心盘的铰接形式

两相邻车体端部通过球形心盘相互搭接，球心盘座固接于摇枕梁上，摇枕梁通过二系弹簧座落在构架上，而构架通过轴箱弹簧与轮对连接，如图 4-10(b)所示。

3. TGV 式——TGV 高速动车组采用的雅可比铰接形式

TGV 高速动车组采用的铰接装置是由法国工程师 Jaccobi 设计的，它主要位于动车组的中间拖车之间。每辆中间车的一端为支承端，另一端为铰接端。支承端车体端墙的两侧设二系悬挂空气弹簧承台，中央部位设有下球心盘座，车体的垂向载荷经弹簧承台传至二系悬挂空气弹簧，再作用到构架上。而相邻车体的端部一定是铰接端，其车体端墙的中央部位设有上球

心盘，该上球心盘搭接于相邻车体支承端的下心盘上，车体的一半重量首先经心盘传至支承端后，再传给 2 系悬挂弹簧和构架。两车辆之间的纵向力和横向力也通过心盘传递。中间车体呈三点支撑。其工作原理如图 4-68 所示；铰接关节结构如图 4-69 所示。

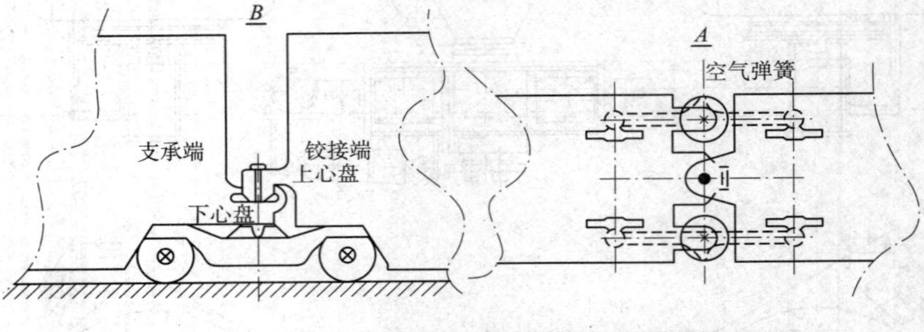

图 4-68　TGV 车体与转向架铰接装置工作原理图

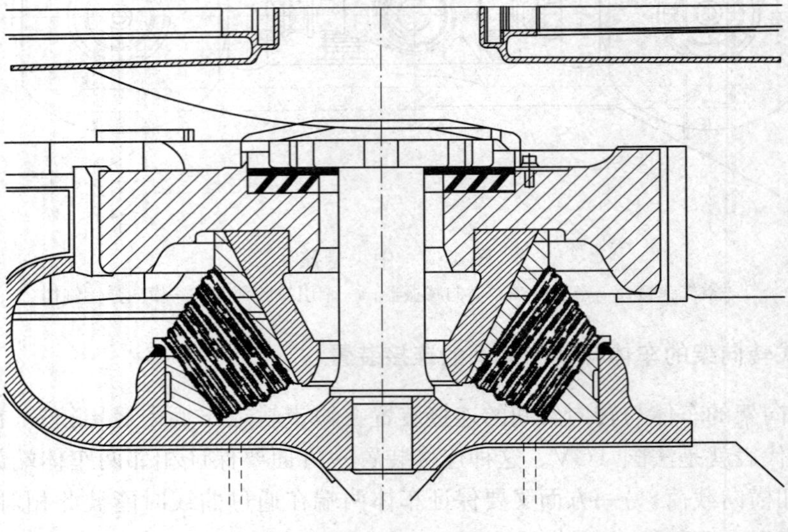

图 4-69　铰接关节结构详图

第六节　驱 动 装 置

所谓驱动装置实际上就是指将机车或动车传动系统传来的能量最后有效地传给轮对(或车轮)的执行装置。对于液力传动机车或动车来说，其驱动装置包括牵引万向轴和车轴齿轮箱；对于电力传动机车或动车来说，其驱动装置包括牵引电动机、车轴齿轮箱和驱动机构(例如空心轴和六连杆机构、挠性浮动齿式联轴节等)。由于城轨车辆通常采用电动车组的形式，所以本书只讲述有关电力传动机车或动车驱动装置的结构特点和工作原理。

驱动装置是机车或动车有别于一般车辆的最主要特征，也是动力转向架最关键的技术之一。不同形式的驱动装置适合不同运行速度等级的机车或动车。一般观点认为：轴悬式驱动装置适合最高运行速度低于 120 km/h 的机车或动车；架悬式驱动装置适合最高运行速度低于 200 km/h 的机车或动车；最高运行速度高于 250 km/h 机车或动车应该采用体悬式驱动装置。

但日本新干线动车组突破了这个观点，新干线动车组基本上采用结构相对简单的挠性浮动齿式联轴节式架悬式驱动装置，即使是最高运行速度可达350 km/h的500系列动车组也不例外。而挠性浮动齿式联轴节式架悬式驱动装置也是城轨车辆动车转向架最普遍采用的一种典型结构。

一、作　用

驱动装置的作用是将牵引电动机的扭矩有效地转化为转向架轮对转矩，利用轮轨的黏着机理，驱使机车或动车沿着钢轨运行。

这里请注意"有效"两字，它既表示扭矩传递过程中要保持高效率，同时也意味着必须尽可能降低轮轨间的动作用力。

驱动装置是一种减速装置，用来使高转速、小扭矩的牵引电动机驱动具有较大阻力矩的动轴。

城市轨道交通车辆中，只有动车才具有驱动装置，它对驱动装置有以下要求：

(1)驱动装置应保证能使牵引电动机功率得到有效发挥。

(2)电动机电枢轴应尽量与车轴布置在同一高度上，以减少线路的不平顺对齿轮的动作用力。

(3)电动机在安装上应有减振措施。

(4)驱动装置应不妨碍小直径动轮的使用。

(5)驱动装置本身应该简单可靠，具有最少量的磨耗件。

(6)当牵引电动机或驱动机构发生损坏时，应易于拆卸。

二、结构形式

根据牵引电动机和减速齿轮箱安装悬挂方式的不同，驱动装置的结构形式通常有轴悬式、架悬式、体悬式之分。而在城轨车辆上通常采用以下形式：

1. 牵引电动机横向布置

(1)轴悬式驱动。

(2)电机空心轴架悬式驱动。

(3)轮对空心轴架悬式驱动。

(4)挠性浮动齿式联轴节式架悬式驱动。

2. 牵引电动机纵向布置

(1)单电机弹性轴悬式驱动。

(2)单电机架悬式驱动(全弹性驱动)。

(3)对角配置的万向轴驱动(架悬式)。

3. 牵引电动机体悬式驱动

牵引电机有半体悬和全体悬之分。现代轻轨车辆和地铁车辆转向架大多采用挠性浮动齿式联轴节式架悬式驱动机构，而旧的轻轨车辆转向架常常采用单电机架悬式驱动机构。

三、牵引电机横向布置——轴悬式驱动机构

所谓轴悬式，实际上是指将牵引电机一端与车轴相连(即车轴提供两个支撑点)，另一端与构架相连(即构架横梁或端梁提供一个支撑点)，其全部质量的大约一半由车轴承担，另一半由转向架构架承担。而驱动扭矩传递，则由安装在电机输出轴上的小齿轮，直接驱动固定在车轴上的大齿轮来实现。在这里，"轴悬式"中的"轴"字其实就是车轴的"轴"之意。

(一)刚性轴悬式驱动机构

1. 结构原理图

刚性轴悬式驱动机构的结构原理如图 4-70 和图 4-71 所示。牵引电机的一端通过两个抱轴瓦(或轴承)支承在车轴上,另一端通过一根弹性吊杆悬吊于构架的横梁或端梁上,形成所谓的三点支撑。而齿轮箱除了同样通过两个抱轴承支承在车轴上外,其靠近电机一侧则用螺栓与电机壳体固定在一起,由电机壳体提供第三点支撑。这样,除了满足齿轮箱的三点稳定支撑要求外,还能保证大、小牵引齿轮啮合过程的良好随动性和平稳性。

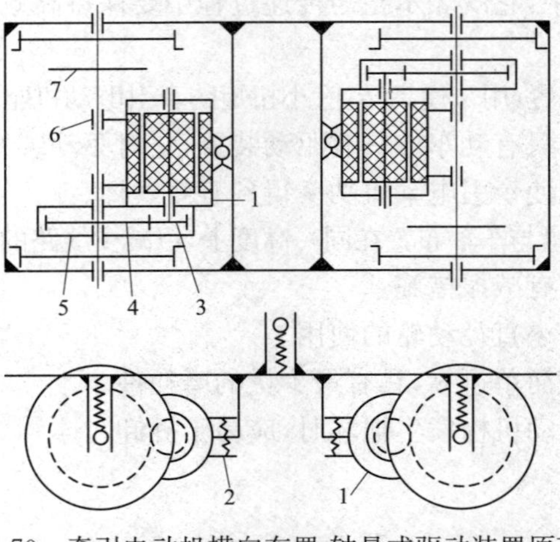

图 4-70　牵引电动机横向布置-轴悬式驱动装置原理图

1—牵引电机;2—电机弹性悬挂;3—驱动小齿轮;4—车轴上大齿轮;5—减速齿轮箱;6—爪形轴承;7—制动盘

2. 特点

刚性轴悬式驱动机构具有以下特点:

(1)结构简单,检修方便。

(2)簧下死重量大——电机重量之半属簧下死重量。

(3)牵引电机、轴承和牵引齿轮等工作条件恶劣。

(4)由于其驱动扭转弹性很差,往往造成集电器过载甚至损坏。

3. 适用范围

刚性轴悬式驱动机构适用于运行速度较低的轻轨车辆(有轨电车)。

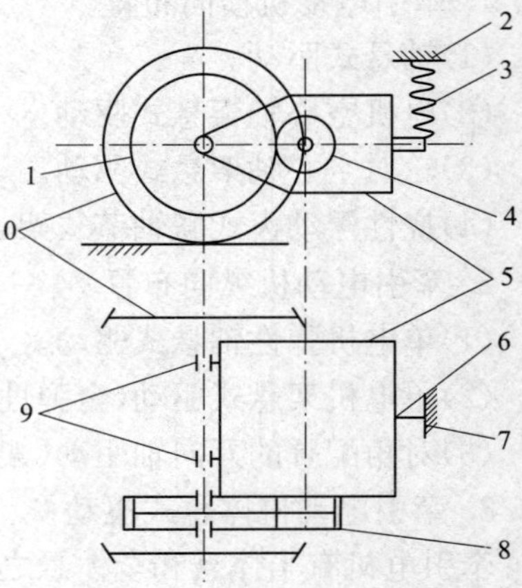

图 4-71　刚性轴悬式驱动机构原理图

1—大齿轮;2—构架;3—弹性吊挂;4—小齿轮;5—牵引电动机;6—弹性吊挂;7—构架;8—车轴齿轮箱;9—抱轴承;10—轮对

(二)弹性轴悬式驱动机构

1. 结构

与刚性轴悬式驱动机构相比,只是在车轴和电动机抱轴承间加了一根空心轴,而该空心轴两端通过弹性元件(六连杆机构及橡胶关节)与左右车轮相连,而大齿轮与空心轴固结在一起,如图 4-72 所示。

2. 特点

与刚性轴悬式驱动机构基本相同,只是轮轨动作用力经弹性元件缓冲后再传给齿轮和电动机，但结构比较复杂。

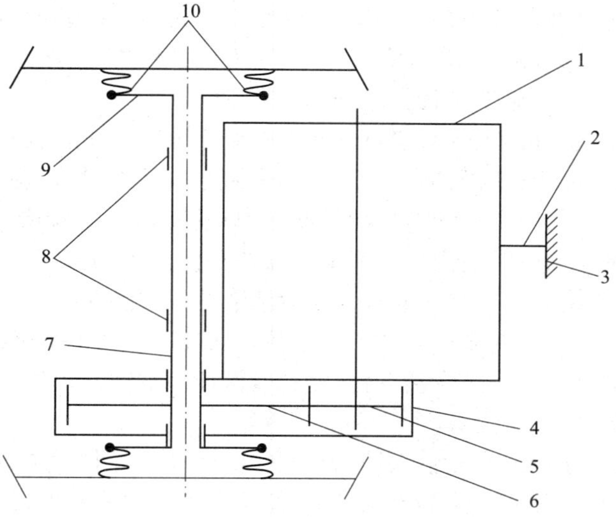

图 4-72　弹性轴悬式驱动机构原理图

1—牵引电动机；2—弹性吊挂；3—构架；4—车轴齿轮箱；5—小齿轮；
6—大齿轮；7—空心车轴；8—抱轴承；9—连杆机构；10—弹性橡胶元件

四、牵引电机横向布置——架悬式驱动机构

所谓架悬式，实际上是指将牵引电机整个悬挂在构架上，其全部质量由转向架构架承担，不再与车轴发生直接的联系，而驱动扭矩则通过一套灵活的机构（即驱动机构）传递给车轴（或车轮）。在这里“架悬式”中的“架”字其实就代表构架的“架”之意。

（一）挠性浮动齿式联轴节式架悬式驱动机构

1. 结构原理

牵引电动机通过螺栓连接完全固定于构架横梁上，牵引电动机的输出扭矩经挠性浮动齿式联轴节传递给主动小齿轮，并通过齿轮的啮合将扭矩传递到从动大齿轮，进而驱动轮对旋转，如图 4-73 所示。

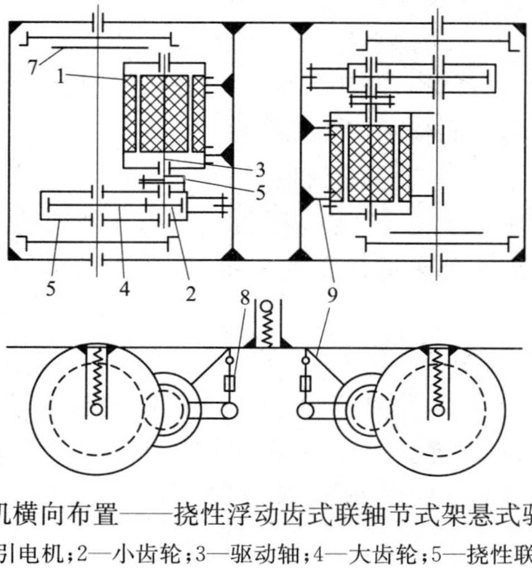

图 4-73　牵引电动机横向布置——挠性浮动齿式联轴节式架悬式驱动装置结构原理图

1—牵引电机；2—小齿轮；3—驱动轴；4—大齿轮；5—挠性联轴器；
6—减速齿轮箱；7—制动盘；8—齿轮箱吊挂装置；9—电机吊挂

需要特别注意的是，从动大齿轮是直接压装在车轴上的，同时齿轮箱一端通过抱轴承悬挂在车轴上，另一端通过弹性吊杆吊挂在构架横梁上，也就是说，该齿轮箱的悬挂方式与我们前面讲过的牵引电动机刚性轴悬式基本相同。

2. WN 挠性浮动齿式联轴节结构及运动

(1)结构。由齿轴套(外齿轴套)、半联轴节(内齿套筒)、中间隔板和弹簧等组成，如图 4-74 所示。该联轴节属于鼓形齿式结构，其结构形式为左右基本对称，两个外齿轴套分别通过键或锥面压装在轴头上，外齿轴套的齿顶沿长度方向呈圆弧状，从齿顶方向看，各齿齿面均呈鼓形，而与之相啮合的半联轴节的内齿则无论齿顶还是齿面均为直线。正是由于外齿轴套的齿顶和齿面都是圆弧形的，因此，整个联轴节是双活节的，是挠性的。

(2)运动。齿轴套的外齿与半联轴节的内齿啮合在理论上属于点接触，在良好润滑的情况下，该啮合点会随各向运动而发生灵活变化，这就能保证半联轴节相对于齿轴套的轴向运动和挠曲运动非常灵活，如图 4-75 所示。

当电机输出轴相对于(小)齿轮输入轴间出现径向运动时，例如电机输出轴向上跳动，与该轴联结的齿轴套的外齿将顶起左边的半联轴节，使整个半联轴节发生倾斜，这时右边的半联轴节与联结在(小)齿轮输入轴上的齿轴套外齿的啮合点产生相应变化，相互间也产生倾斜，这就使两轴的相对运动从空间上得到补偿。但在这个运动过程中，齿轴套外齿和半联轴节内齿始终相互啮合在一起，因此，两轴间扭矩的传递并未中断。

由此可见，WN 挠性浮动齿式联轴节可实现电机输出轴相对于(小)齿轮输入轴间的相互跳动和转动，且运动很灵活，运动阻力很小，同时能平稳传递牵引电机驱动扭矩。

WN 挠性浮动齿式联轴节不仅具有补偿各种位移的能力，而且具有结构紧凑，传递运动准确、可靠等特点。

但必须指出的是，在左右两个半联轴节中间一定要放置一块隔板，而在该隔板的两边分别安装一个弹簧(可以是橡胶块)，主要作用是保持整个联轴节在工作过程中具有自动对中功能。

3. 特点

挠性浮动齿式联轴节式驱动装置具有以下特点：

(1)簧下死重量小(电机重量全部悬挂于构架横梁上成为簧上重量，但牵引齿轮和齿轮箱之重量的一半仍然属于簧下死重量)，减小了轮轨间的动作用力。

(2)同时大大改善了牵引电动机的工作条件。

(3)但牵引齿轮的工作条件并未得到改善。

(4)与刚性轴悬式驱动装置相比，结构稍复杂。但与其他架悬式和体悬式装置相比，结构要简单得多(从日本新干线高速列车运行实践来看，完全能满足最高运行速度 300 km/h 左右的要求)。

(5)拆装简单，检修维护方便。

正是由于这种挠性浮动齿式联轴节(WN)式架悬式驱动装置结构相对简单，再加上城轨车辆采用了重量很轻的交流异步牵引电机，因此，这种驱动装置在城轨车辆上得到了广泛使用。例如，我国大部分地铁车辆都采用这种挠性浮动齿式联轴节(WN)式架悬式驱动装置。

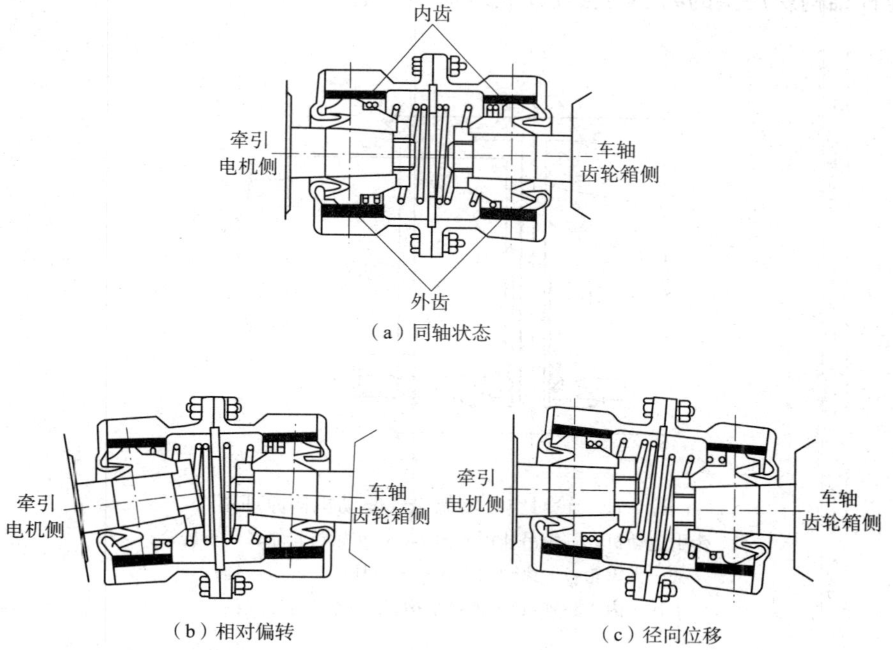

图 4-74　WN 挠性浮动齿式联轴节运动原理

（二）轮对空心轴架悬式驱动机构

1. 结构

牵引电动机的两端均通过长、短吊挂与转向架构架横梁或端梁相连，并在车轴上加上了一根空心轴，其一端通过弹性元件（六连杆机构和橡胶关节）与车轮连接，另一端同样通过弹性元件与驱动大齿轮连接。工作原理如图 4-75 所示；而详细结构如图 4-76 所示。

该结构中的六连杆机构和橡胶关节是其中最关键的部件，它同时承担着顺利传递驱动扭矩和补偿轮对与牵引电机相对运动的两个功能。六连杆机构具体结构如图 4-77 所示；而橡胶关节具体结构如图 4-78 所示。

2. 驱动力矩的传递过程

由牵引电动机产生的驱动力矩经输出轴→小齿轮→大齿轮→传动销→左侧弹性元件和六连杆机构→内空心轴→右侧弹性元件和六连杆机构→传动销→右侧车轮→车轴→左侧车轮。

3. 优点

（1）簧下死重量小（电动机悬挂在构架上，牵引电机、牵引齿轮和齿轮箱等全部重量均为簧上重量，可最大限度地减轻簧下死重量），减小了轮轨动作用力。

（2）改善了牵引电动机及牵引齿轮的工作条件。

（3）具有足够的径向扭转刚度，可避免驱动装置牵引时的粘-滑振动。

（4）该系统的轴向、纵向和垂向刚度很小，能很好地满足轮对相对于系统的各向运动。

（5）机车启动时，电动机能先于轮对转过一个微小角度，改善了牵引电机启动换向条件。

4. 缺点

（1）结构较复杂，维修困难。

(2)连杆结构所产生的离心力会使车轮载荷不稳定。

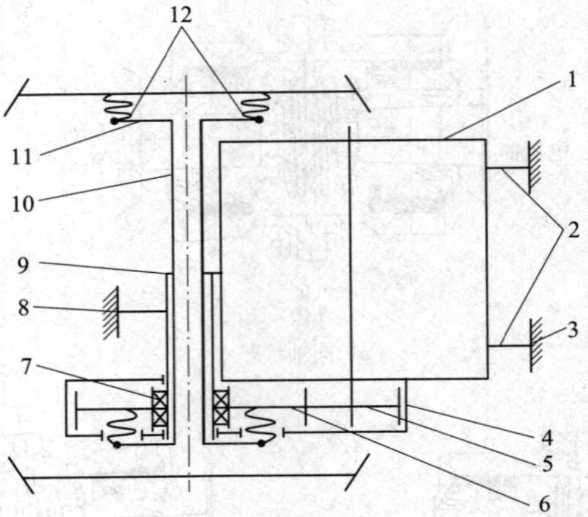

图 4-75　轮对空心轴架悬式驱动机构原理图

1—牵引电动机;2—短吊挂;3—构架;4—车轴齿轮箱;5—小齿轮;
6—大齿轮;7—滚动轴承;8—长吊挂;9—外空心轴;
10—内空心轴;11—连杆机构;12—弹性橡胶元件

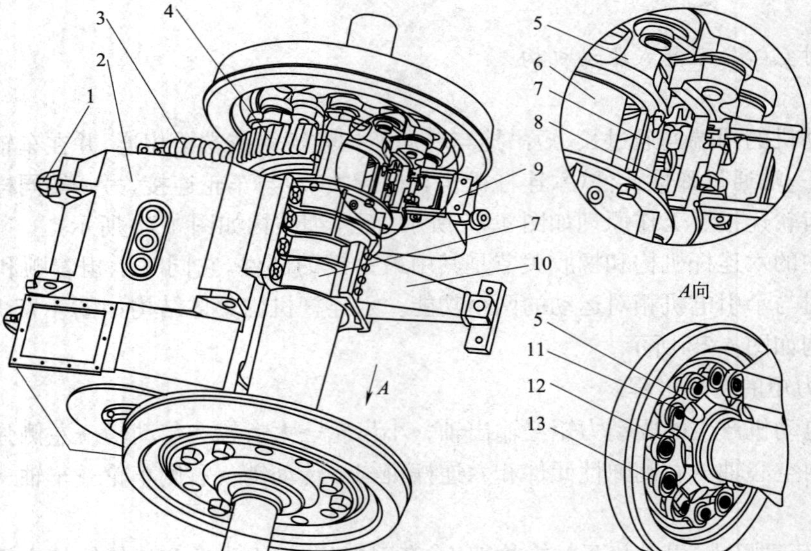

图 4-76　轮对空心轴架悬式驱动装置结构图

1—后吊;2—牵引电机;3—主动齿轮;4—从动齿轮;
5—空心轴装配;6—车轴;7—空心轴套;8—驱动轴承;9—齿轮罩装配;
10—长吊臂装配;11—橡胶球形关节;12—连杆;13—传动销

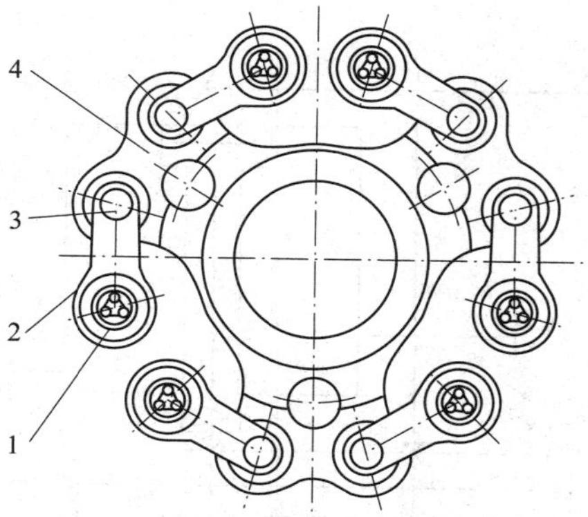

图 4-77 连杆弹性驱动结构

1—橡胶球关节；2—连杆；3—传动销；4—传动盘

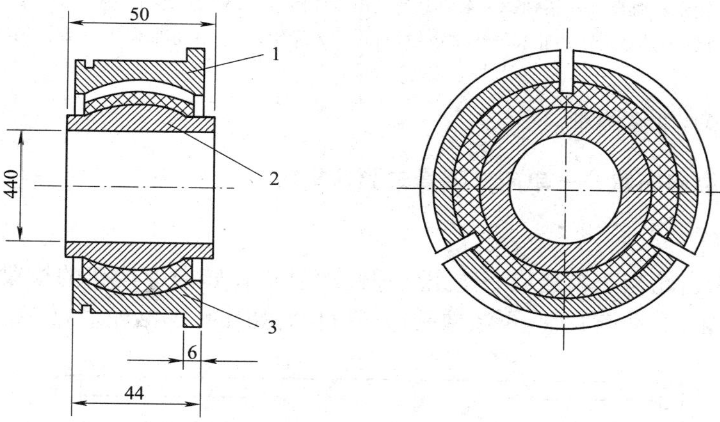

图 4-78 橡胶球关节

1—外圈；2—内圈；3—橡胶层

（三）电机空心轴架悬式驱动机构

1. 结构

牵引电动机的两端均通过弹性吊挂与转向架构架横梁相连，但在电机内部将转子铁芯挖空（这就是"电机空心轴"的来历），并通过齿形联轴器将扭矩传给弹性扭轴，再通过弹性联轴节与驱动小齿轮输入轴联结。但车轴齿轮箱一端仍然通过抱轴承与车轴相连，另一端通过弹性吊挂与构架相连（与轴悬式类似），如图 4-79 所示。

2. 特点

(1)簧下死重量较小（电动机悬挂在构架上，全部重量均为簧上重量。但齿轮箱重量的一半仍然悬挂在轴上，属簧下死重量），减小了轮轨动作用力。

(2)改善了牵引电动机的工作条件，但牵引齿轮的工作条件与轴悬式相同并未有所改善。

(3)扭轴的柔性很大，使得整个驱动机构的弹性太软，容易使轮对在驱动过程中产生粘-滑振动（这是致命弱点，SS_5 型电力机车就因为采用该驱动机构而产生严重的粘-滑振动）。

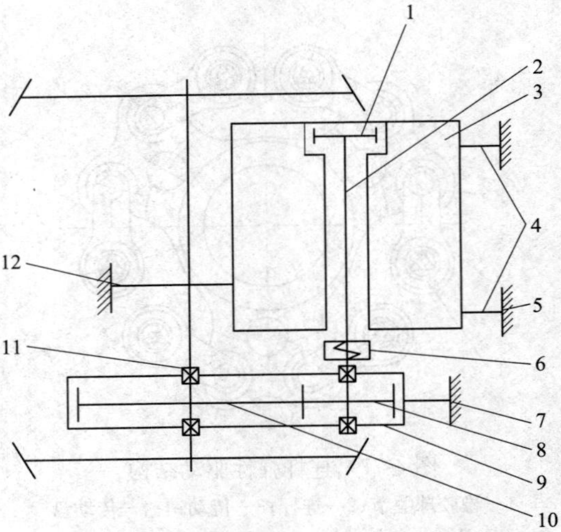

图 4-79　电机空心轴架悬式驱动机构原理图

1—齿形联轴器；2—扭轴；3—牵引电动机；4—弹性吊挂；5—构架；6—弹性联轴节；7—弹性吊挂；8—小齿轮；9—车轴齿轮箱；10—大齿轮；11—滚动轴承；12—弹性吊挂

(4)结构较复杂，维修困难。

五、牵引电机纵向布置——单电机架悬式驱动机构

1. 结构原理图

牵引电动机与齿轮减速箱连成一体完全弹性地悬挂在转向架构架的横梁上，电机驱动轴经减速齿轮(锥齿轮)驱动空心轴，再经橡胶连杆机构将扭矩传递给轮对，如图 4-80 所示。

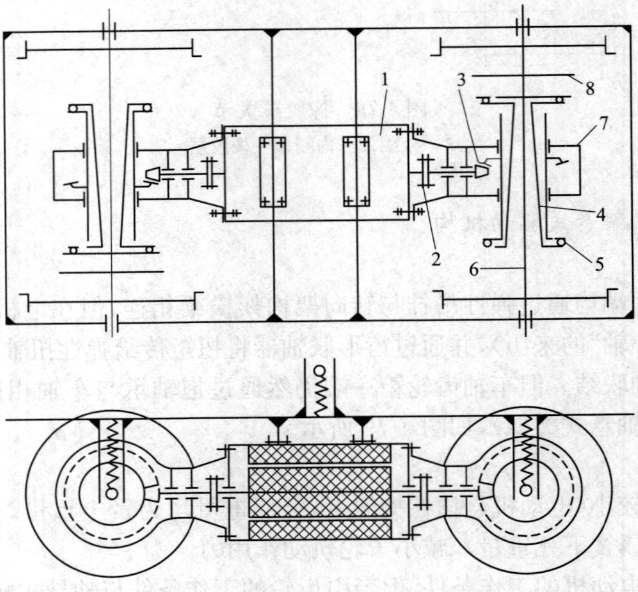

图 4-80　牵引电机纵向布置——单电机架悬式驱动装置原理图

1—牵引电机；2—联轴节；3—驱动伞齿轮；4—万向接头空心轴；5—联轴器；6—轮轴；7—减速箱；8—制动盘

2. 特点

(1)可较大地缩短轴距。

(2)两轮对由同一电机驱动——成组驱动,可有效避免轮对空转打滑。

(3)可最大限度地减轻簧下死重量(电机和齿轮箱等全部为簧上重量),能明显改善电机及齿轮的工作条件。

(4)两轮对的直径差对运行阻力和轮轨磨耗影响较大(因为转向架内的 2 个轮对被机械联结在一起,转动角速度相同)。

为了比较方便,特别将牵引电机纵向布置——单电机轴悬式驱动机构的原理如图 4-81 所示。其中最明显的特征就是,牵引电动机和齿轮箱通过橡胶联轴器与空心轴相连,而空心轴刚性地固结在车轴上。这样牵引电动机和齿轮箱的全部重量完全压在车轴上,使簧下死重量大大增加。

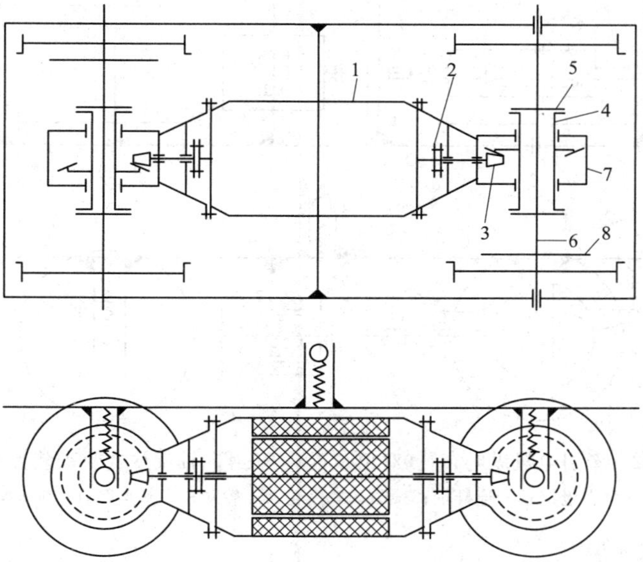

图 4-81　牵引电机纵向布置——单电机轴悬式驱动装置原理图

1—牵引电机;2—联轴器;3—驱动伞齿轮;4—空心轴;
5—橡胶联轴器;6—轮轴;7—减速箱;8—制动盘

3. 采用单电机纵向布置的原因

(1)转向架轴距短(一般轻轨车辆转向架轴距为 1 900～2 100 mm),主要为了适应轻轨车辆通过很小的曲线半径要求。

(2)直流牵引电动机体积大。

若采用两台横向布置的直流牵引电动机分别驱动两根动轴,则受轴距限制的转向架中可利用的空间有限,还要在车轴上布置制动盘,因此,牵引电动机的功率只能限于 50～60 kW,显然不能满足一般轻轨车辆单轴电动机功率为 100 kW 左右的要求。

六、对角配置的万向轴驱动架悬式驱动装置

1. 结构原理

两牵引电动机呈对角状完全悬挂于转向架构架的横梁上,通过万向轴传递牵引电动机与

齿轮传动装置间的扭矩,并且采用一对圆锥齿轮(即伞齿轮)作为牵引齿轮以实现万向轴和车轴之间的直角传动。而齿轮箱一端通过吊杆弹性悬挂于构架的端梁,另一端则借助于滚动轴承抱在轮对车轴上,如图 4-82 所示。

万向轴在传递驱动扭矩的同时能较好地补偿牵引电机与车轴齿轮箱之间各个方向的相对运动。

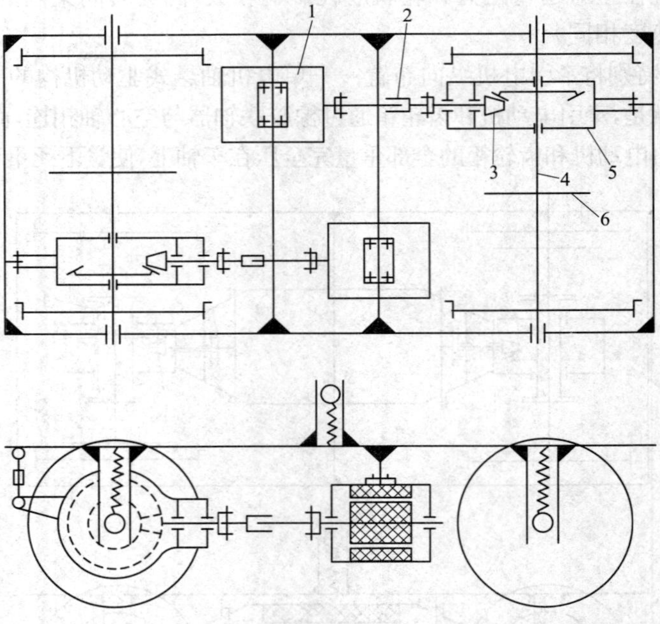

图 4-82　牵引电机纵向布置(对角布置)——万向轴架悬式驱动装置原理图

1—牵引电机;2—连杆轴;3—驱动伞齿轮;4—轮对;5—减速箱;6—制动盘

2. 特点

该万向轴驱动架悬式驱动装置具有以下特点:

(1)簧下死重量较小(电动机悬挂在构架上,全部重量均为簧上重量。但齿轮箱的重量之一半仍然悬挂在轴上,属簧下死重量),减小了轮轨动作用力。

(2)改善了牵引电动机的工作条件,但牵引齿轮的工作条件与轴悬式相同,并未有所改变。

(3)车轴周围空间得到释放,有利于安装其他设备(例如基础制动装置)。

(4)但万向轴和圆锥齿轮传动系统的传动效率有所降低。

(5)结构较复杂。

七、牵引电动机体悬式驱动装置

所谓体悬式,实际上是指将牵引电机完全安装在车体底架下面,其全部质量都由车底架承担。而驱动扭矩则由万向驱动机构(通常是万向轴)来传递。在这里,“体悬式”中的“体”字其实就是车体的“体”之意。

1. 结构原理

牵引电动机体悬式驱动装置有多种结构形式,这里仅介绍其中的一种。具体结构如

图 4-83 所示。牵引电动机充全放置于(悬挂于)车体底架下面,通过万向轴将牵引电动机扭矩传递给安装在车轴上的齿轮传动装置,并且采用一对圆锥齿轮(伞齿轮)作为牵引齿轮,以实现万向轴和车轴之间的直角传动。而齿轮箱一端通过吊杆弹性悬挂于构架的侧梁(或横梁),另一端则借助于滚动轴承抱在轮对车轴上。

万向轴在传递驱动扭矩的同时,能较好地补偿牵引电动机与车轴齿轮箱之间各个方向的相对运动。

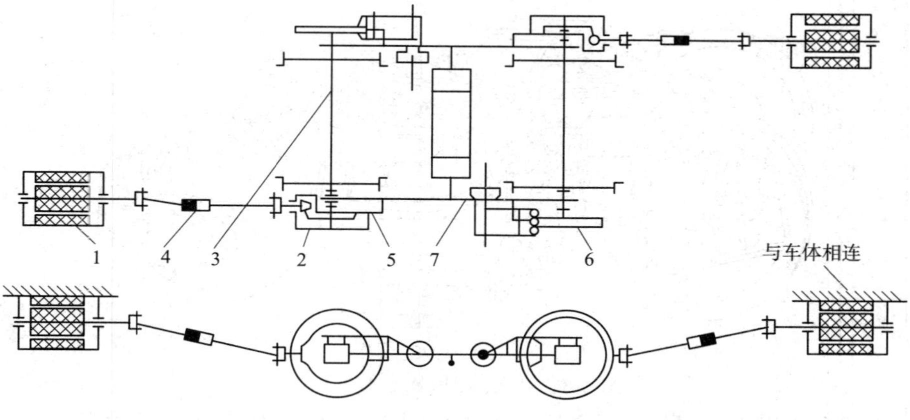

图 4-83　一种万向轴驱动的牵引电动机体悬式驱动装置原理图
1—牵引电机;2—齿轮传动装置;3—轮轴;4—连杆轴;
5—传动支撑;6—制动盘;7—制动装置

2. 特点

该万向轴驱动的体悬式驱动装置具有以下特点:

(1)牵引电动机完全放置于(悬挂于)车体之上,可进一步减轻转向架质量(特别是转向架的回转转动惯量),提高转向架高速运行时的平稳性和稳定性;同时,充分改善了牵引电动机的工作条件。

(2)车轴周围空间得到释放,有利于安装其他设备(如基础制动装置)。

(3)但牵引齿轮的工作条件与轴悬式相同,并未有所改善。

(4)万向轴和圆锥齿轮传动系统的传动效率有所降低。

(5)万向轴的制造工艺要求很高。

(6)整个驱动装置结构复杂。

第七节　几种典型城市轨道交通车辆转向架构造

城市轨道车辆包括地下铁道车辆、高架轻轨车辆和有轨电车等,一般均为电动车辆。城市轨道车辆的转向架可分为动力转向架和非动力转向架,亦称“动车转向架”和“拖车转向架”。随着城市轨道交通的快速发展,目前城轨车辆转向架的品种较多,结构各异,本节择其几种加以介绍。

一、DK_3 型地铁车辆转向架

DK 型转向架是我国设计制造的用于北京地铁车辆的转向架，属于该系列的有 DK_1，DK_2，DK_3，DK_6 及 DK_7 等多种型号。

1. 组成

DK_3 型地铁车辆转向架主要由轮对轴箱、轴箱定位装置（一系悬挂）、构架、摇枕弹簧装置（二系悬挂）、驱动装置、基础制动装置等组成，如图 4-84 所示。

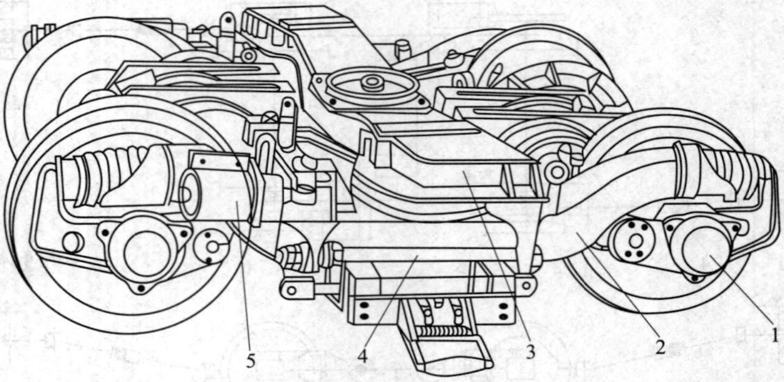

图 4-84　DK_3 型地铁车辆转向架

1—轮对轴箱弹簧装置；2—构架；3—摇枕弹簧装置；4—纵向拉杆；5—基础制动装置

2. 结构特点

(1)轴箱定位装置。轴箱弹簧水平放置＋金属橡胶弹性铰销定位属于转臂式轴箱定位，如图 4-85 所示。

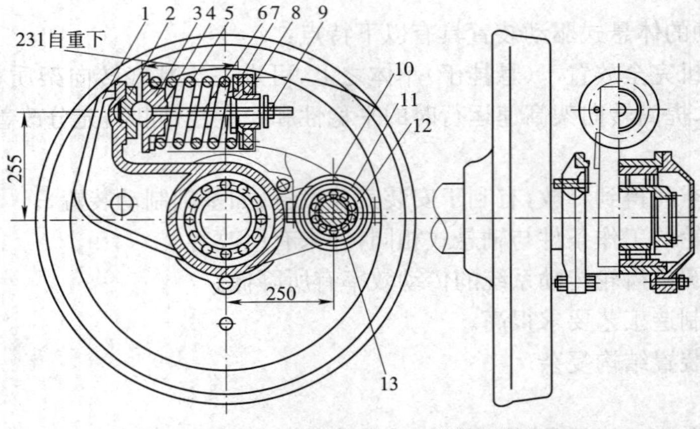

图 4-85　DK_3 型客车转向架轴箱弹簧装置

1—轴箱体；2—滚道座；3—钢球；4—弹簧前盖；5—轴箱弹簧；6—螺栓；

7—弹簧定位座；8—橡胶缓冲垫；9—螺母；10—外套；11—硫化橡胶；12—内套；13—心轴

(2)摇枕弹簧装置。上部通过心盘与车体相连——心盘承载，即心盘传递全部载荷（包括垂向力、横向力、纵向力）。下部通过空气弹簧和纵向拉杆与构架相连——空气弹簧传递垂向力和横向力，而纵向拉杆传递纵向力（牵引力或制动力）。具体结构如图 4-86 所示。

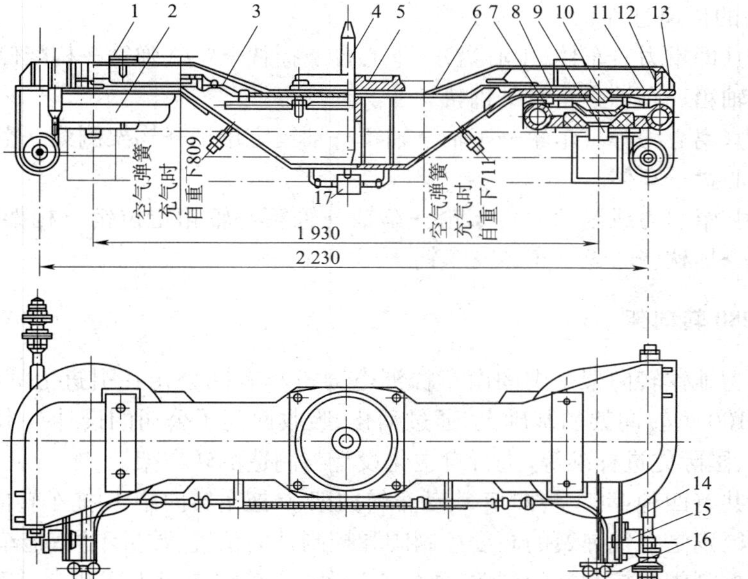

图 4-86　DK_3 型转向架摇枕弹簧装置

1—下旁承及垫板；2—空气弹簧；3—空气管路；4—中心销；5—下心盘及垫板；6—摇枕；7—空气弹簧下座；8—碗形橡胶垫；9—定位堵；10—节流孔；11—橡胶囊；12—橡胶垫；13—弹簧上盖；14—纵向拉杆；15—高度控制阀；16—电磁阀及止回阀；17—差压阀

(3)驱动装置。每台转向架配置两台牵引电机。牵引电机一端通过爪形轴承支于轮轴上，另一端悬吊于构架横梁上。牵引电机通过齿轮传动装置将扭矩传递给轮对，齿轮传动装置由齿轮减速箱、齿式联轴节和减速箱悬吊装置三部分组成，如图 4-87 所示。

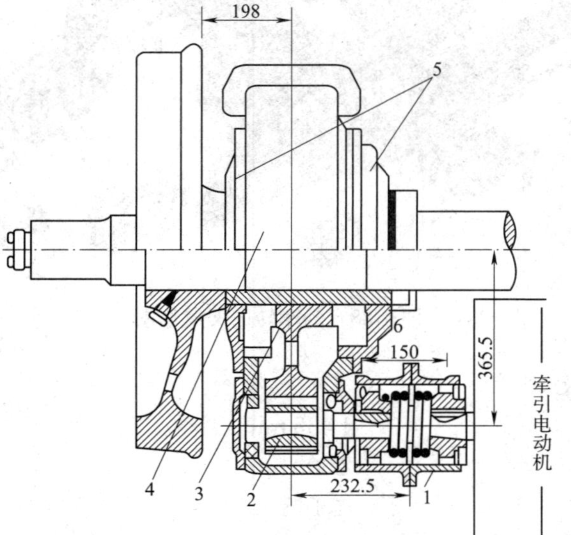

图 4-87　传动齿轮和联轴节

1—齿式联轴节；2—主动齿轮；3—从动齿轮；4—减速箱；5—半联轴节；6—定位隔板

3. 三个力的传递过程

(1)垂向力(即重力):车体(上心盘)→下心盘→摇枕→空气弹簧→构架侧梁→轴箱定位销和水平弹簧→轴箱→车轴→车轮→钢轨。

(2)横向力(离心力等):车轮→车轴→轴箱→轴箱定位销→构架侧梁→空气弹簧和牵引拉杆座→摇枕→心盘→车体。

(3)纵向力(牵引力或制动力):车轮→车轴→轴箱→轴箱定位销→构架侧梁→牵引拉杆(即纵向拉杆)→摇枕→心盘→车体→车钩。

二、ZMA080 转向架

ZMA080 型地铁转向架是中国南车株洲电力机车有限公司在引进上海明珠线二期工程地铁车辆 SF2100 型转向架的基础上,通过消化、吸收西门子公司的设计技术、工艺制造技术、质量检验技术、国际先进标准等,进行自主化设计与制造的转向架。

该转向架共有四种:动车转向架 1、动车转向架 2、拖车转向架 1、拖车转向架 2。动车转向架 1、2 之间的区别是空气弹簧的高度控制阀和控制杆的位置、数量不同;拖车转向架 1、2 之间的区别除高度控制阀和控制杆的位置、数量不同外,拖车转向架 1 还装有 ATC 天线及轮缘润滑装置,且轴端布置在 2 个拖车转向架之间也不同。动车转向架的三维图及爆炸图如图 4-88 所示。

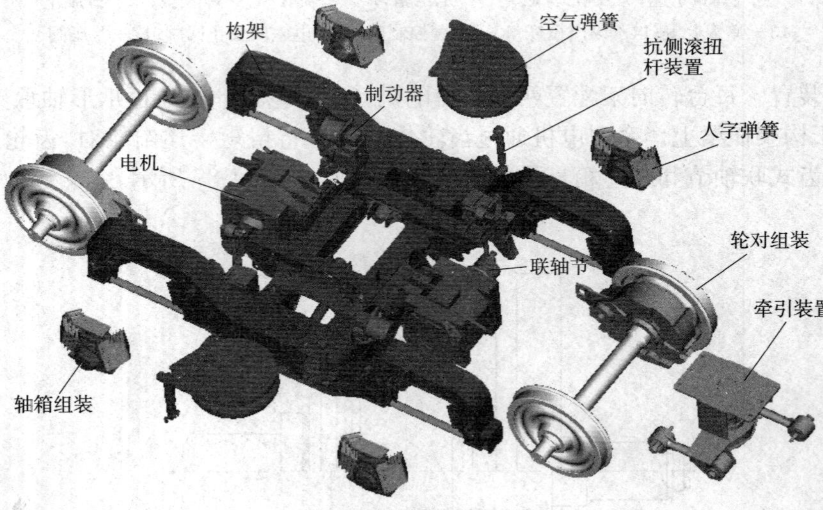

图 4-88 动车转向架爆炸图

(一)主要技术参数

轨距	1 435 mm
轴距	2 500 mm
轴重	≤16 t
构造速度	90 km/h
车轮滚动圆直径(新轮)	840 mm
(全磨耗)	770 mm

轮对内侧距　　$1\,353^{+2}_{0}$ mm

齿轮中心距　　355 mm

齿轮传动比　　6.32

（二）结构组成及特点

转向架主要由构架、驱动单元（动车转向架）、轮对轴箱、中心牵引装置、一系悬挂装置、二系悬挂装置、垂向减振器安装、横向减震器安装、转向架空气管路、基础制动装置、抗侧滚扭杆装置、转向架电器装置、ATC 天线及轮缘润滑装置（拖车转向架 1）等部件构成。其主要有以下结构特点：

（1）构架采用 H 形、无摇枕全焊接结构。

（2）采用两系悬挂系统。一系悬挂采用人字形金属橡胶弹簧，二系悬挂采用空气弹簧结构。

（3）动车转向架牵引电机架悬在构架横梁上，每个构架反对称地布置两台牵引电机。

（4）驱动装置由电机、联轴节、齿轮箱等组成。

（5）牵引装置采用无磨耗的中心销、Z 字形拉杆牵引方式。

（6）基础制动装置采用踏面制动单元。

（7）动车转向架、拖车转向架各自间可互换，所有转向架构架可完全互换。

1. 轮对轴箱装置

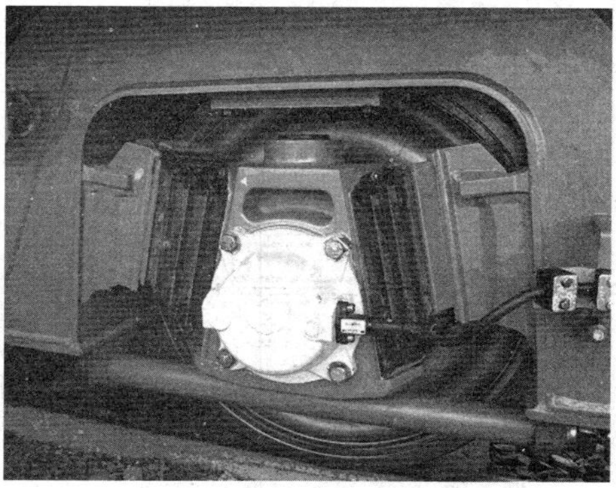

图 4-89　轮对轴箱装置

车轴按 EN13104 等欧洲标准进行设计，材料为 EA4T（25CrMo4V），符合 EN 13261 的要求。动车和拖车车轴结构基本相似，不同之处是动车的车轴有驱动齿轮的安装座。车轮为整体辗钢轮，材料为 R9T，符合 EN 13262 标准。车轮辐板为 S 形，踏面为 LM 型磨耗型踏面，如图 4-89 所示。

轴箱体采用铸造铝合金结构，轴承为分体式圆柱滚子轴承。

2. 一系悬挂装置

一系弹簧采用金属橡胶叠层弹簧，由于橡胶弹簧的特征，在一系悬挂系统中无需再安装减振器，如图 4-90 所示。在新的人字弹簧和 AW0（车辆空载）情况下，轴箱体和调整垫板之间的正确距离为 48 mm 。如果距离不合格，可卸下或增加调整板来调整。

3. 二系悬挂装置

每个二系悬挂装置配有两个空气弹簧，左右两侧各一个。车体被支撑在这两个空气弹簧

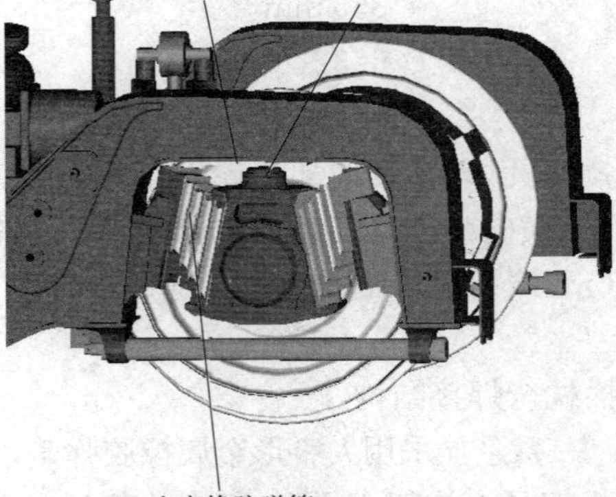

图 4-90　一系弹簧

上。空气弹簧位于转向架构架的侧梁上，其上安装座位于车体主横梁下方。每一空气弹簧串联一个附加的辅助弹簧，当空气弹簧泄气时，辅助弹簧可作为保护装置保证车辆能够继续前行，但是会降低乘坐舒适度。具体结构如图 4-91 所示。

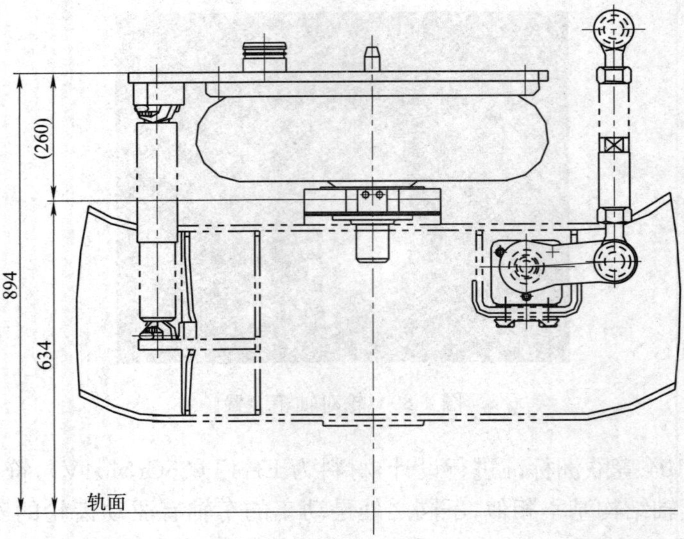

图 4-91　二系悬挂装置

4. 中心牵引装置

车体和转向架之间纵向（驱动方向）作用力的传递是通过牵引装置来实现的。牵引装置由连杆组装、牵引座、中心销等组成。对角安装的连杆（Z 型双拉杆型式）不易磨损且免维修。

5. 驱动单元

每个动车车轴上装有一套驱动单元，包括电动机、联轴节、齿轮箱和齿轮箱吊杆。牵引电动机横向布置并以全悬挂的方式直接安装在转向架构架上，如图 4-92 所示。

齿轮箱的一端是由滚动轴承支撑在车轴上，另一端由齿轮箱吊杆连到转向架构架上。牵引电动机和齿轮箱之间的力的传递由柔性齿形联轴节实现。

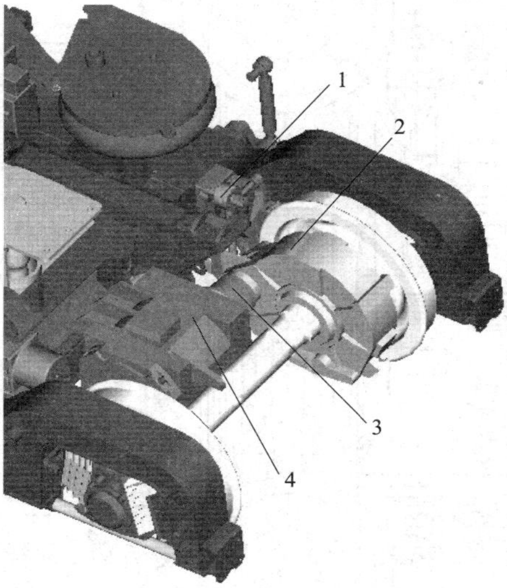

图 4-92　驱动单元

1—齿轮箱吊杆；2—齿轮箱；3—联轴节；4—电机

6. 轮缘润滑装置

为减少对轮缘的旋修、降低轨道的磨耗及噪声，在部分车辆的 A 车司机室端第一位轮对上安装了轮缘润滑装置。该装置具有弯道探测功能，并在过弯道时喷射润滑油脂。轮缘润滑装置主要包括电控箱、弯道传感器、油箱组、喷嘴等元件。其中，电控箱、弯道传感器安装于车体上，油箱组、喷嘴安装于转向架上。

(三)力的传递(如牵引力)

在牵引时，动车转向架上的牵引电机产生转矩通过联轴节传到齿轮箱，再传到轮对，使轮对沿钢轨滚动，轮对与钢轨之间的黏着作用使车轮滚动力矩转化为向前的轮周牵引力，牵引力由轴箱经构架传给牵引拉杆、中心销座、中心销、车体底架牵引梁，从而使车辆沿轨道平动。

三、北京地铁 10 号线转向架

该类转向架是由已成熟的 3 系列转向架及 ET42X 转向架系列发展而来的，由中国北车长春客车股份有限公司生产制造。深圳地铁 1 号线、沈阳地铁 1 号线、北京地铁 5 号线和 10 号线以及武汉地铁等车辆均采用了类似的转向架。该转向架大量采用标准零部件和成熟的设备，大体分为动车转向架和拖车转向架两种，拖车转向架与动车转向架的主要区别是拖车转向架没有安装牵引电机、齿轮箱和联轴节。

下面以北京地铁 10 号线车辆转向架为例介绍其结构特点。该转向架是适合于新型电动轨道车辆的无摇枕焊接结构转向架，设有一系悬挂的橡胶弹簧和二系悬挂的无摇枕空气弹簧。该转向架的设计，具有最好的运行性能，最低的振动噪声和最少的维修工作量。图 4-93 和图 4-94所示为动车转向架和拖车转向架组成。

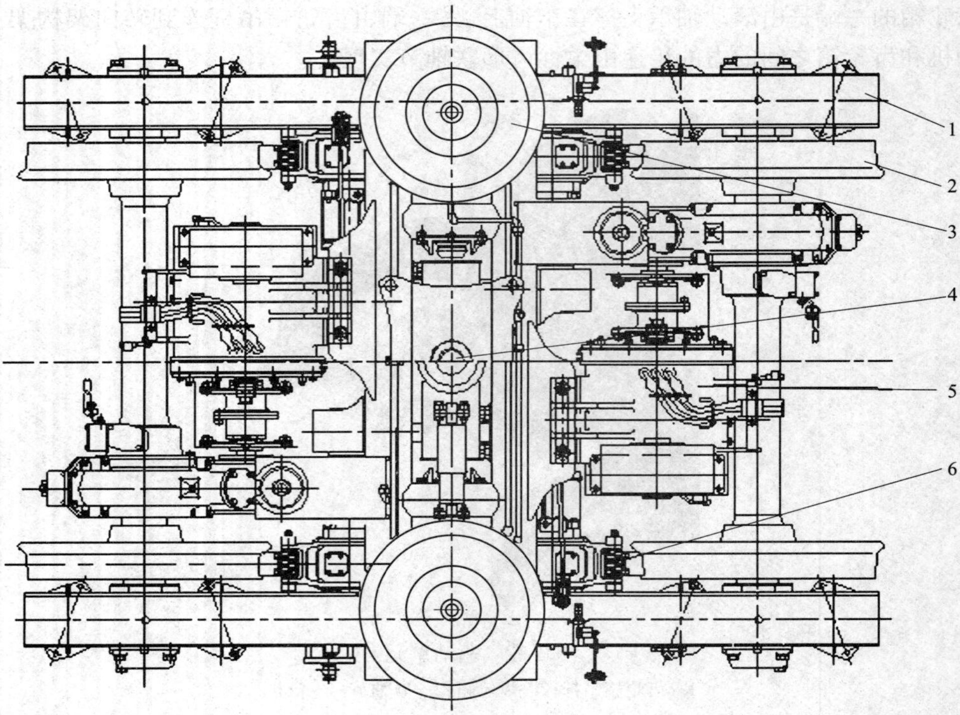

图 4-93　动车转向架(PCE3)组成

1—构架组成;2—轮对轴箱装置;3—二系悬挂装置;4—牵引装置;5—驱动装置;6—基础制动装置

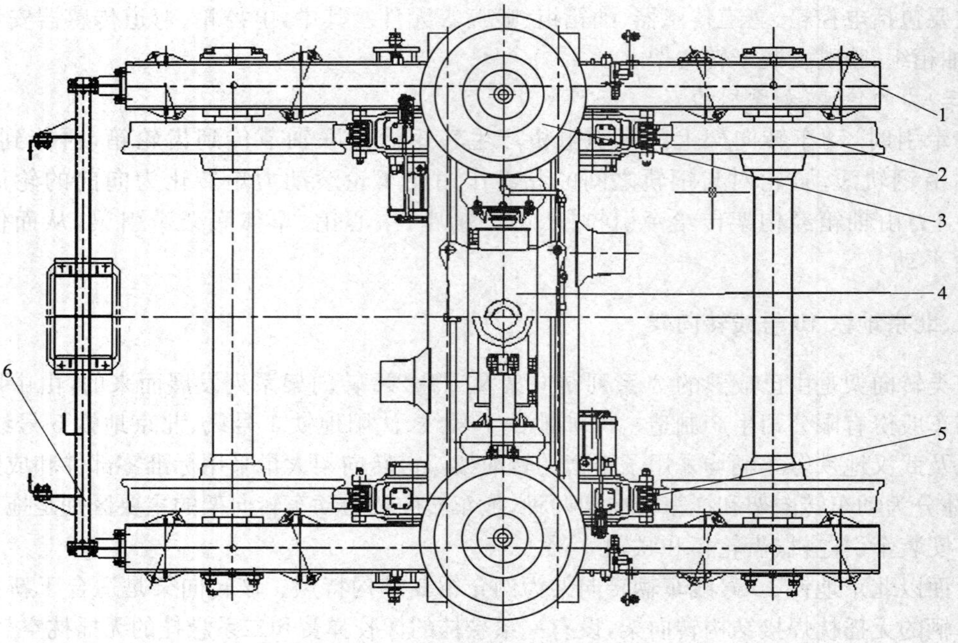

图 4-94　拖车转向架(TCN3)组成

1—构架组成;2—轮对轴箱装置;3—二系悬挂装置;4—牵引装置;5—基础制动装置;6—端部组成

(一)主要技术参数

北京地铁 10 号线车辆转向架的主要技术参数如表 4-1 所示。

表 4-1　北京地铁 10 号线车辆转向架主要技术参数

<table>
<tr><th rowspan="2">项　目</th><th colspan="4">转向架型式</th></tr>
<tr><th colspan="2">Tc 车</th><th>T 车</th><th>M 车</th></tr>
<tr><td>轴距(mm)</td><td colspan="3">2 200</td><td>2 200</td></tr>
<tr><td>轴箱间距(mm)</td><td colspan="3">1 930</td><td>1 930</td></tr>
<tr><td>车轮直径(mm)</td><td colspan="3">840</td><td>840</td></tr>
<tr><td>最大长度(mm)</td><td colspan="2">3 465(有排障器)</td><td>3 070</td><td>3 070</td></tr>
<tr><td>最大宽度(mm)</td><td colspan="4">2896(含受流器)</td></tr>
<tr><td>牵引力距轨面高度(mm)</td><td colspan="4">383</td></tr>
<tr><td>空气弹簧距轨面高度(mm)</td><td colspan="4">895</td></tr>
<tr><td>空气弹簧横向间距(mm)</td><td colspan="4">1 850</td></tr>
<tr><td>空气弹簧有效直径(mm)</td><td colspan="4">540</td></tr>
<tr><td rowspan="2">基础制动装置</td><td colspan="4">单侧踏面单元制动</td></tr>
<tr><td colspan="4">无石棉合成制动闸瓦</td></tr>
<tr><td>轴重(t)</td><td colspan="4">14</td></tr>
<tr><td>每台转向架重量(kg)</td><td>4 596</td><td>4 526</td><td>4 515</td><td>6 789</td></tr>
</table>

(二)主要特性

1. 轻量化设计

(1)由于没有摇枕,重量降低。

(2)转向架横梁使用无缝钢管,兼作空气弹簧附加空气室,因而重量降低。

(3)由于一系悬挂使用圆锥形橡胶弹簧,重量降低。

2. 低横向刚度的空气弹簧

采用横向刚度小的空气弹簧来改善车辆乘坐舒适性。

3. 低横向刚度的轴箱橡胶弹簧

由于采用了低横向刚度的轴箱橡胶弹簧,减轻了车辆通过曲线时的横向力，从而提高了车辆在曲线上的运行性能。

4. 无摇枕车体支承方式和橡胶弹簧式轴箱定位

这些措施取消了摇枕及摩擦部位,简化了转向架结构和减少零部件数量。这有利于简化维修和降低维修费用。

5. 制动装置

基础制动装置采用单侧踏面单元制动缸制动方式。

(三)结构特点

1. 构架

构架分为动车用构架和拖车用构架,其结构的主干部分完全相同。主要区别是根据各自所安装的设备的不同,例如,动车构架带有电机吊座、齿轮箱吊台等,都属于 H 形构架,钢板焊接结构的箱形侧梁，与侧梁相贯通的无缝钢管作横梁，同时，无缝钢管用作附加空气室，如图 4-95所示。

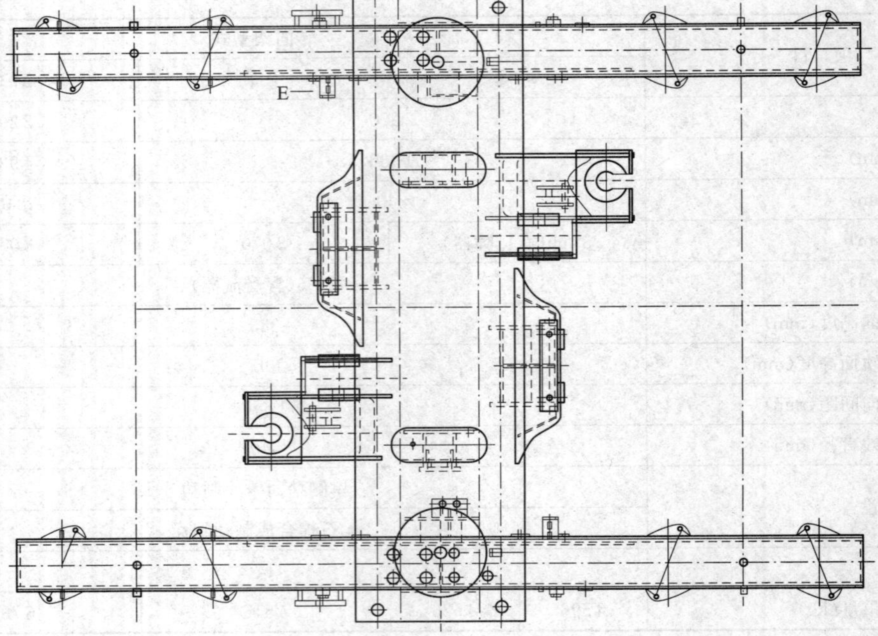

图 4-95　动车构架

2. 一系悬挂装置

一系弹簧装置采用圆锥叠层橡胶弹簧，其结构如图 4-96 所示。

3. 二系悬挂装置

二系悬挂装置主要包含的零部件包括空气弹簧、高度调整阀、水平杠杆、调整杆、压差阀、安全钢索等，如图 4-97 所示。

(1)空气弹簧

选择低横向刚度的新结构空气弹簧，是为了改善乘坐舒适性和通过曲线的性能。能缓和车体的垂向和横向振动。空气弹簧的胶囊气室与附加空气室间的节流孔，对车体的垂向振动起到一定的衰减作用，因此不需要加装垂直油压减振器。

胶囊下部的叠层橡胶堆是为了通过曲线时减小胶囊的载荷。另外，当空气弹簧内无空气压力时，叠层橡胶堆能起到一定的垂直减振作用，也能保证车辆安全行驶(需要限速)。

(2)高度调整阀及水平杠杆、调整杆

在每辆车的转向架和车体之间安装四个高度阀，调节空气弹簧的充气、排气。高度阀只能用来检测车体与转向架之间、由于乘客负载引起的高度变化，使得车辆处于恒定的平衡高度。而不能用于补偿车轮和转向架等零件的磨损。高度阀不感带为±5 mm。

水平杠杆和调整杆的功能是将由于乘客负载引起的高度变化信息，准确地传递给高度调整阀；调整杆安装在构架与车体底架上的高度阀的水平杠杆之间，两端使用球形关节轴承，能满足车体与转向架间足够的容许位移。

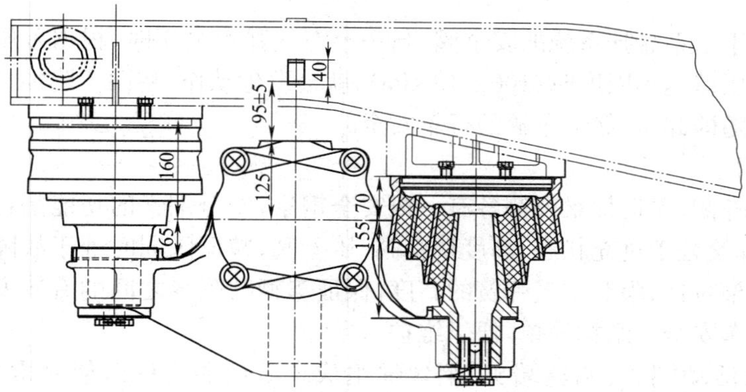

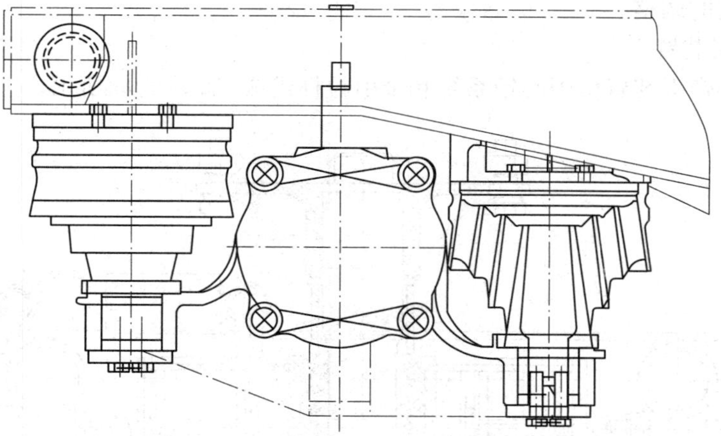

图 4-96　一系悬挂装置

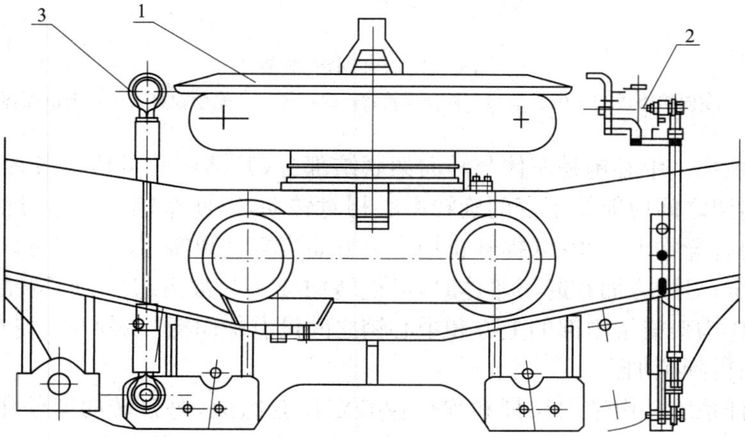

图 4-97　二系悬挂装置

1—空气弹簧；2—高度阀；3—安全钢索

(3)压差阀

压差阀相当于二系悬挂系统的安全阀，当一个空气弹簧失压时，根据差压阀的特性，当两空气弹簧内部的压差达到限度时(100±13 kPa)，就会发生动作，将两个附加空气室导通，使对面的空气弹簧也随即卸压，保证车辆的行车安全。

(4)安全钢索

在构架的两外侧，靠近枕梁外侧各有一根安全钢索，安全钢索的功能是：当车辆出现异常状态时，即空气弹簧处于过充状态、高度调整阀、压差阀、减压阀同时处于故障状态时，由安全钢索将车体和构架拉住，限制空气弹簧的高度，保证车辆与限界之间的有效安全距离，从而达到保证车辆的行车安全。结构简单，便于维护。

安全钢索由活动端头、调整端头、钢丝绳组成。活动端头可以使钢索的长度变化 0～35 mm；调整端头可以使钢索的长度可以在 0～35 mm 范围内进行调整，以满足车轮镟修后，对车辆地板面高度的调整。

4. 中心牵引装置

转向架中心牵引装置由中心销系统和牵引拉杆组成，如图 4-98 所示。

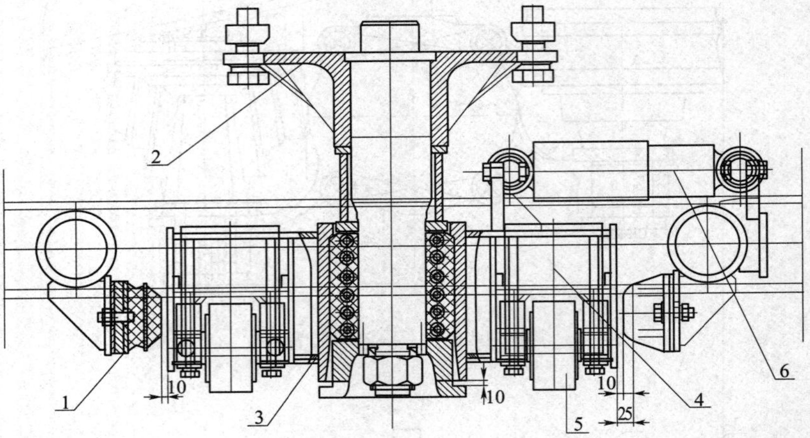

图 4-98　中心牵引装置

1—横向挡组成；2—中心销；3—复合弹簧；4—牵引梁；5—牵引拉杆；6—横向减振器

(1)中心销系统。中心销是车体与转向架联结部分，其结构满足传递各种载荷和作用力，同时车体与转向架之间应能绕不变的旋转中心相对转动，以使车辆顺利通过曲线。在中心牵引系统下部安装有异常上升止挡(提升止挡)，一方面当空气弹簧因故过充时，可以限制车体不断上升，保证安全；另一方面在起吊车体时，可使转向架一起被吊起。为了限制车体和构架之间的横向位移，在构架横梁中部的上方和中心销之间设有横向橡胶缓冲挡，使车辆横向刚度通过弹性横向止挡得到了加强。

(2)牵引拉杆系统。由牵引拉杆和弹性橡胶定位套组成，每台转向架使用两个呈 Z 形布置的牵引拉杆。它的两端为弹性橡胶节点。牵引拉杆的一端与构架相连，另一端与牵引梁相连。牵引拉杆传递车体与转向架间的牵引力及制动力，它允许转向架完全运动(横向、垂向、偏转及倾斜)，但限制转向架与车体间的纵向位移，在车体碰撞的情况下，牵引杆弹性橡胶定位套允许中心销有纵向位移。

5. 驱动装置

驱动装置包括牵引电机、齿轮箱和联轴节，只配备在动车转向架上。每台动车转向架装有两套驱动装置。齿轮箱采用一级减速结构，飞溅式润滑方式。联轴节采用圆弧齿结构，满足齿轮箱与电机之间的变位要求，并传递扭矩。齿轮箱与电机均采用橡胶节点的形式与构架连接。另外，齿轮箱还通过吊杆与转向架相连。

6. 基础制动装置

基础制动装置采用单侧踏面单元制动缸制动方式。每台转向架设有四个踏面制动单元缸，分为两个具有停放功能的踏面单元制动缸和两个不具有停放功能的踏面单元制动缸。踏面制动单元缸对于车轮及闸瓦的磨耗间隙能自动进行补偿，还设有手动复原装置，通过手动复原装置也可以调整车轮及闸瓦间的间隙，使制动闸瓦和车轮踏面之间的距离保持在 5～10 mm。具有停放功能的踏面单元制动缸还配有手动缓解拉链，在侧梁上部便于操作，如图4-99所示。

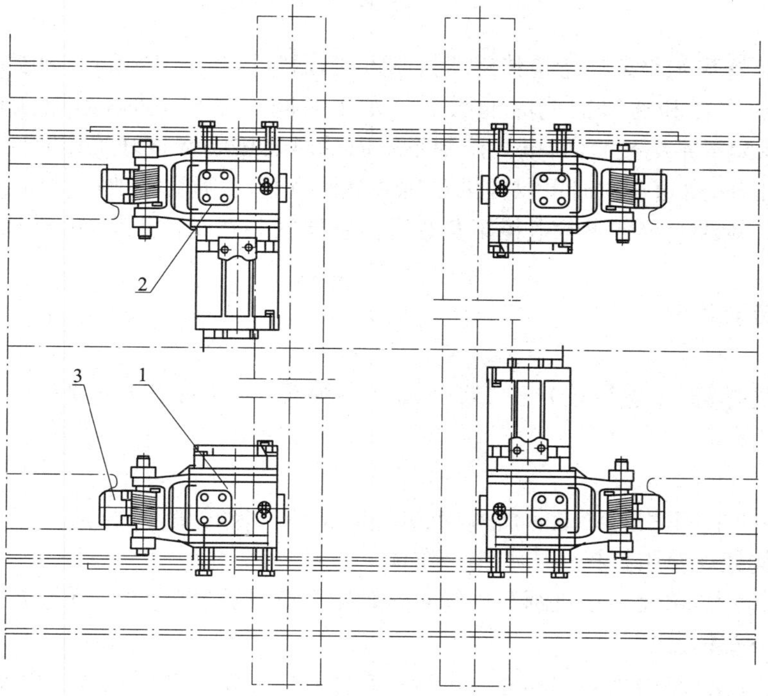

图 4-99　基础制动装置

1—单元制动缸（不带停放功能）；2—单元制动缸（带停放功能）；3—闸瓦

7. 轮缘润滑系统

在部分司机室端的转向架上装备有轮缘润滑，它将控制油脂/空气混合物定时的喷射到车轮踏面上，有效降低轮缘和轨道的磨损，延长车轮和轨道的使用寿命（尤其是弯道处的钢轨），降低轮轨噪音，降低牵引阻力，从而节约运行成本。当车轮磨耗时，可以通过调整喷嘴安装位置以补偿由于车轮磨耗引起的喷嘴与车轮踏面间的距离变化。轮缘润滑装置结构如图 4-100所示。

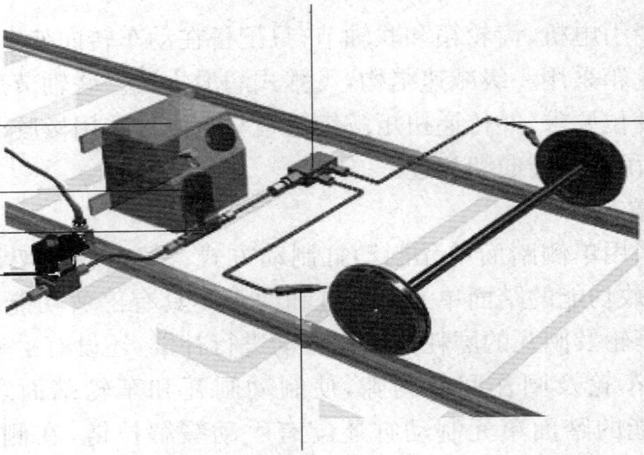

图 4-100　轮缘润滑装置组成

轮缘润滑装置采用距离加弯道传感器控制方式，通过压缩空气将润滑剂喷射到轮缘上，降低钢轨和轮缘的磨耗和通过曲线时的噪声。采用时间控制模式时，当地铁车辆速度大于 5 km/h 时，轮缘润滑系统被激活，电气控制系统内计时器按已调整好工作时间间隔控制轮缘润滑装置进行工作；弯道喷射时可以提供左喷嘴单独喷射、右喷嘴单独喷射和左右喷嘴同时喷射的三种模式。轮缘润滑装置除电控箱及弯道传感器安装在车体上以外，其他零部件均安装在转向架上。

(四)作用力的传递

1. 垂向力

车体→空气弹簧(二系悬挂)→构架→圆锥形弹簧(一系悬挂)→轴箱→车轴→车轮→钢轨。

2. 纵向力

(1)动车转向架(牵引力或电制动力)电机→联轴节→齿轮箱(减速箱)→轮对→轴箱→圆锥叠层弹簧→构架→牵引拉杆→中心销→车体。

(2)机械制动力：单元制动机闸瓦→轮对→轴箱→圆锥叠层弹簧(一系悬挂)→构架→牵引拉杆→中心销→车体。

(3)拖车转向架(牵引力和制动力)：车钩→车体→中心销→牵引拉杆→构架→圆锥叠层弹簧(一系悬挂)→轴箱→轮对。

3. 横向力

钢轨→轮对→轴箱→圆锥叠层弹簧→构架→牵引拉杆→中心销→车体(包括乘客载荷)。

四、ART 车辆转向架

“ART(Advanced Rapid Transit)”车辆是一种先进快速运输车辆，现运营于北京首都国际机场快线，由庞巴迪公司生产制造。ART 转向架分 A 车转向架和 B 车转向架，具体结构如图 4-101 和图 4-102 所示。

1. 结构特点

ART转向架为四轮内轴承型,包括有预制钢构架以及提供有可转向的车轴、叉臂(yoke)、第二级空气弹簧悬挂和摇枕。最大设计速度120 km/h,最大运行速度110 km/h,承载17 000 kg。

通过空气弹簧悬挂,垂直负载从车身摇枕传输到转向架摇枕。这些负载通过低摩擦旁承传输到转向构架上。

转向架具有可转向机构,它允许车轴在曲线段时转向。机构的几何形状是对称的,以改善转向架的动态行为。转向架也配备有推进元件、制动设备、集电装置和转速计。

通过外叉臂、转向机构、转向构架和转向架摇枕,纵向力从LIM传输到车辆。中心销提供转向构架和摇枕之间的相关旋转。牵引和制动力通过弹性安装牵引杆从转向架摇枕传输到车身。

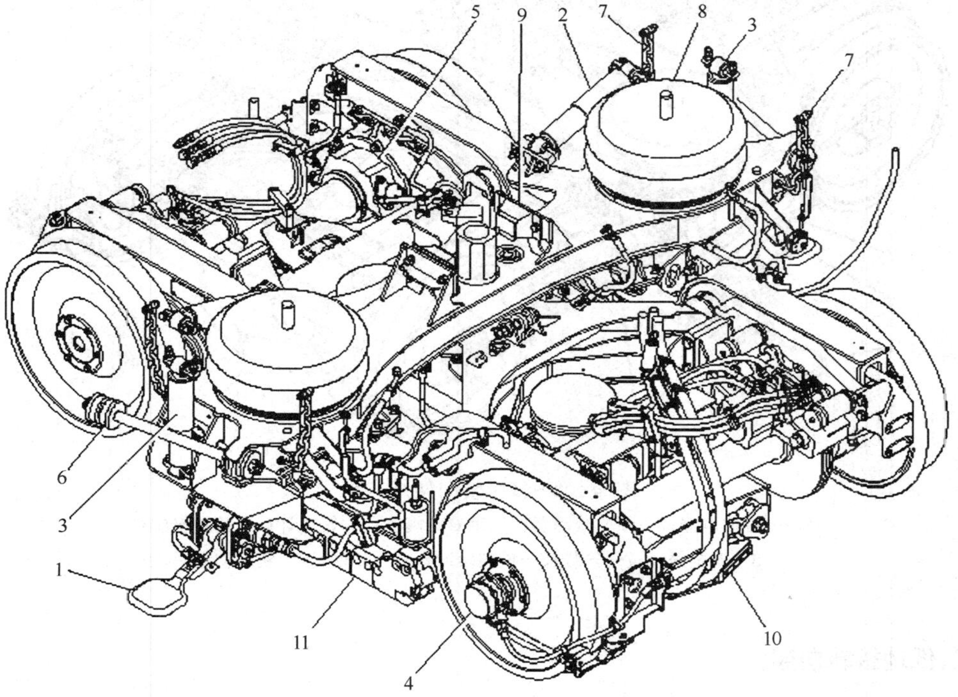

图4-101　A车转向架结构组成

1—电流集电器;2—横向减震器;3—垂直减震器;4—转速计;5—接地电刷;6—牵引杆;7—安全吊索;8—气袋;9—横向缓冲器;10—LIM;11—轨制动器

2. 转向架主要尺寸

转向架总高/mm	2 780.15
转向架总宽(减去电流集电器)/mm	2 594.01
转向架整体尺寸(包括电流集电器)/mm	2 949.74
车轮直径(新)/mm	660
车轮直径(已磨)/mm	632.01

轮背对轮背距离/mm	1 356
转向架轴距/mm	1 900
第一系悬挂顶部/mm	500
第二系悬挂顶部/mm	892
距运行轨面的车辆地板高度/mm	1 080

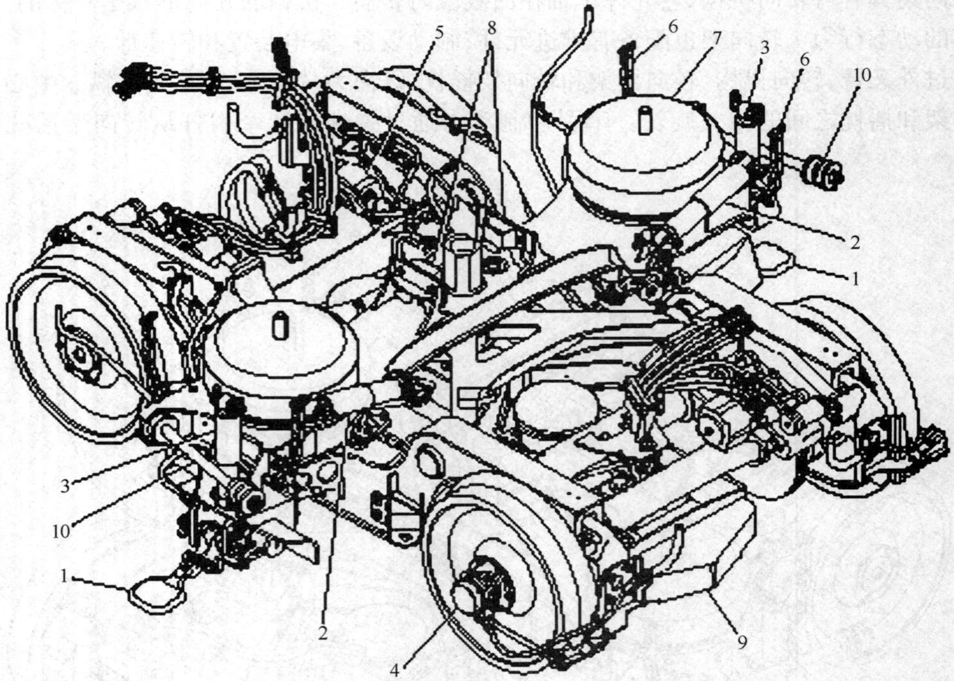

图 4-102　B 车转向架结构组成

1—电流集电器；2—横向减震器；3—垂直减震器；4—转速计；5—接地电刷；6—安全吊索；7—气袋；8—横向缓冲器；9—LIM；10—轨制动器

五、低地板转向架

在城市有轨电车中，为便于残疾人和童车直接从车站站台推入车内，要求整车地板面高设计成仅 300～350 mm，使车地板与站台平齐，故需将转向架设计成特殊的结构，即所谓低地板转向架。在欧洲和北美的城市有轨电车上十分流行采用这种形式的转向架。

1. 组成

由轮组及轮组架、1 系橡胶弹簧、构架、2 系碗形橡胶堆弹簧、万向轴驱动装置和磁轨制动装置等组成，如图 4-103 所示。

2. 结构特点

(1)采用轮组结构而非传统意义上的轮对，即左右车轮之间无固定车轴相连，而通过轮组架连接在一起(只有无车轴才能实现整车低地板)。

(2)轴箱定位采用转臂式，即由转臂梁(轮组架)＋橡胶簧实现定位。

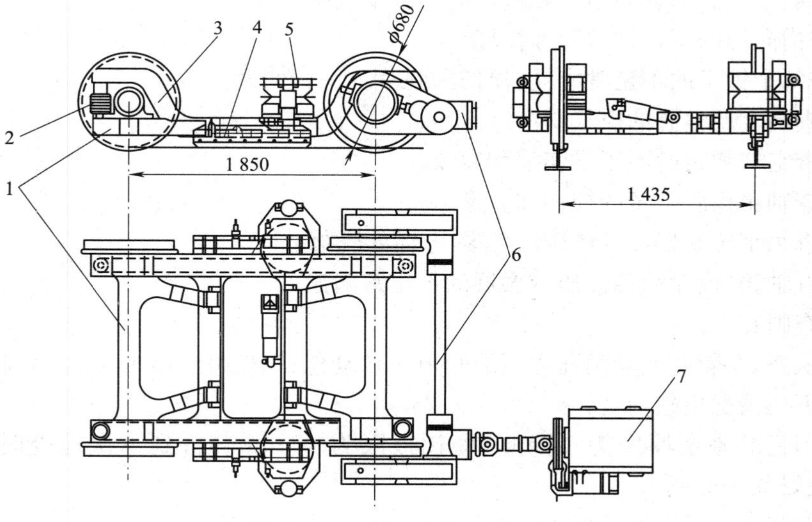

图 4-103　一种典型的低地板转向架

1—轮组及轮组架；2—1 系橡胶弹簧；3—构架；4—磁轨制动装置；5—2 系碗形橡胶堆弹簧；6—万向轴驱动装置；7—牵引电机

(3)驱动装置采用万向轴机构，即牵引电动机(放置在车体上——称体悬式)通过万向轴驱动左右相互关联的牵引齿轮箱和车轮。

(4)基础制动采用磁轨制动装置。

3. 三个力的传递过程

(1)垂向力(即重力)：车体→2 系碗形橡胶堆弹簧→构架侧架→轮组架和 1 系橡胶簧→轴箱→车轴→车轮→钢轨。

(2)横向力(离心力等)：车轮→车轴→轴箱→轮组架→构架横梁→构架侧梁→2 系碗形橡胶堆弹簧及侧挡(图中未画出)→车体。

(3)纵向力(牵引力或制动力)：车轮→车轴→轴箱→轮组架→构架(横梁)→牵引拉杆(图中未画出)→车体→车钩。

第八节　转向架日常检查与维护

一、转向架日常检查和维护(以北京地铁 10 号线转向架为例)

(一)转向架日检要求

1. 常规检查内容

(1)确认齿轮箱的润滑油在规定油面以上。

(2)检查轴箱有无不正常的发热。

(3)检查螺栓、螺母的损伤、松动和脱落。

(4)检查辗钢轮踏面的形状、擦伤和裂纹。

(5)全面地检查转向架的裂纹、损伤和不正常磨耗。

(6)检查牵引电机和齿轮箱的异常发热。

(7)检查因空气制动管的损伤和松动而导致空气漏泄。

(8)检查横向挡的不正常磨耗和损坏。

(9)检查每个销子的不正常磨耗、损伤和脱落。

(10)检查高度调整阀的空气漏泄。

(11)检查空气弹簧的不正常伤痕和裂纹。

(12)检查轴箱橡胶弹簧的损伤和变形。

(13)检查每个传感器(ATP和防滑器)电缆的脱落。

(14)检查轴箱、齿轮箱和油压减振器的不正常漏泄。

(15)检查闸瓦。

在空车状态,车轮和制动闸瓦之间的间隙应自动保持在10～12 mm。左右制动闸瓦最好同时更换。下列情况更换闸瓦:

①制动闸瓦的剩余厚度为15 mm(磨耗极限为15 mm)时;到下次检查时预计会小于15 mm时,最好预先更换。

②当左右制动闸瓦厚度差大于10 mm时。

③当制动闸瓦偏磨量大于20 mm时。

2. 给油维护

对转向架的零、部件进行润滑或给油时,最好选用表4-2所示的产品。

表4-2 润滑剂选用参考表

内　容	润滑剂	数　量	时　间
①轴箱、轴箱轴承和防尘圈周围	铁道Ⅲ型锂基脂	500 g/每轴箱	
②横向减振器	萨克斯减振器油	520 ml/每车	在定修以上的修程
③轴箱弹簧的连接处	铁道Ⅲ型锂基脂	300 g/每车	
④空气弹簧连接处	MoS2	100 g/每车	

(二)检查和维护标准

1. 修理周期的界定

转向架检修按运行公里数或运行时间划分为架修(A)、定修(B)、月修(C)、日检(D)四级修程,如表4-3所示。

表4-3 城市轨道交通车辆转向架检修周期表

修程 周期	架　修	定　修	月　修	日　检
	A	B	C	D
运行距离	450 000 km	150 000 km	15 000 km	—
大约运行时间	3年	1年		

2. 主要尺寸的检查

转向架主要尺寸的检查内容如图4-104所示;相关标准如表4-4所示。

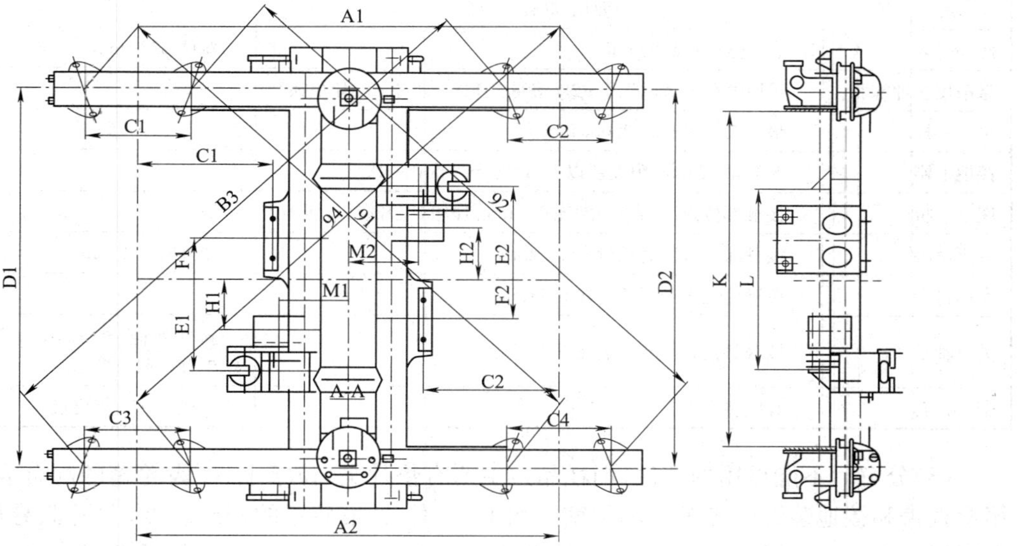

图 4-104　主要尺寸的检查内容

表 4-4　转向架主要尺寸的检查标准　（单位:mm）

<table>
<tr><td>位置</td><td>A1</td><td>A2</td><td>|A1−A2|</td><td>|B1−B3|</td><td>|B2−B4|</td><td>C1</td><td>C2</td><td>C3</td><td>C4</td><td>|C1−C2|</td></tr>
<tr><td>公差</td><td colspan="2">2 200±1</td><td>≤0.2</td><td colspan="2">≤1.5</td><td colspan="4">550±0.2</td><td>≤0.2</td></tr>
</table>

<table>
<tr><td>位置</td><td>J</td><td>K</td><td>M1</td><td>M2</td></tr>
<tr><td>公差</td><td>926±2</td><td>1 724</td><td colspan="2">363±0.2</td></tr>
</table>

<table>
<tr><td>位置</td><td>D1</td><td>D2</td><td>|D1−D2|</td><td>E1</td><td>E2</td><td>F1</td><td>F2</td><td>G1</td><td>G2</td><td>H1</td><td>H2</td></tr>
<tr><td>公差</td><td colspan="2">1 930±0.5</td><td>≤1.0</td><td colspan="2">474±0.5</td><td colspan="2">223±0.5</td><td colspan="2">701</td><td colspan="2">267±0.5</td></tr>
</table>

（三）齿轮传动装置的维护和检查

1. 维护标准

（1）需定期更换的零部件如表 4-5 所示。

表 4-5　需定期更换的零部件

品名	使用处所	更换时间	备　注
润滑油 SpiraxEP80（Shell）（壳牌或相当等级产品）	齿轮箱内	每 3 年	乳化或显著污染情况下，冲洗后更换
润滑脂 Mobilplex46（Mobil）或同类的产品	悬吊装置	每 6 年	分解时
小齿轮轴承		每 12 年	有异常情况时更换
齿轮箱支撑用轴承		更换车轮时（15～20 年）	有异常情况时更换

（2）超过指定使用限度需要更换的零部件如表 4-6 所示。

表 4-6　超过指定使用限度需要更换的零部件

品　　名	使用(磨耗)限度	备　　注
滑动环	磨耗量(直径)6 mm	新件 ϕ228 mm
悬吊用缓冲橡胶	①厚度在 34 mm 以下;②有龟裂现象(一般 6～10 年更换)	
吊　　杆	垫片接触直径磨耗 0.5 mm	
接地电刷	磨耗量 20 mm(限度线以上)每 6 个月检查一次	
座　　板	接触部位内径(直径)磨耗 0.5 mm[座板(上)随吊杆更换]	
专用销轴	接触部位直径磨耗量在 0.1 mm	新件时 ϕ30 mm
专用衬套	接触部位直径磨耗量在 0.1 mm	
关节轴承	接触部位直径磨耗量在 0.1 mm	新件外径 ϕ62 mm,内径 ϕ30 mm,随吊杆一起更换
密封套	有龟裂产生	一般 6～10 年更换

(3)分解后不能再用的零件(消耗品):主要有垫片类(位于上、下齿轮箱的配合表面、齿轮箱检查盖和接地装置的盖等)、轴承密封盖 O 形圈、悬吊装置的密封套专用垫圈、悬吊装置的专用螺母开口销、悬挂装置的弹性卡箍夹子、排油螺塞铁丝、密封剂(轴承盖,轴承箱,上、下齿轮箱的配合表面)、带或不带磁铁的螺塞密封带。

如果发现其他不在上表中的部件有不正常现象也应更换。

2. 检查

(1)润滑油:对车辆进行月检时,必须观察油面计,确认润滑油量和是否有乳化。

(2)带磁铁的注油螺塞:定期拆下带磁铁的螺塞,根据表 4-7 所示内容判断是否有不正常的物质吸附在它上面,要求确保磁铁清洁并用密封带缠绕螺纹部分,然后旋紧螺塞。

表 4-7　注油螺塞检查示意图

项目	正　　常	异　　常	
现象	磁铁周围有微量的黑灰色磨耗粉末和油一起附着	左边标记以外回火的黑色鳞状铁薄片全部附着在磁铁上	附着比较大的铁皮
示意图	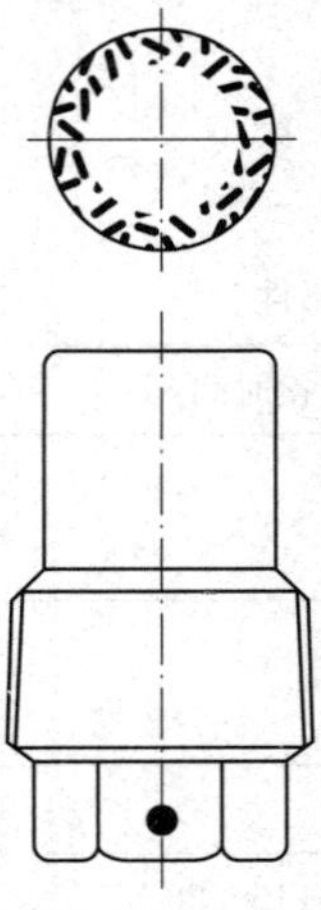	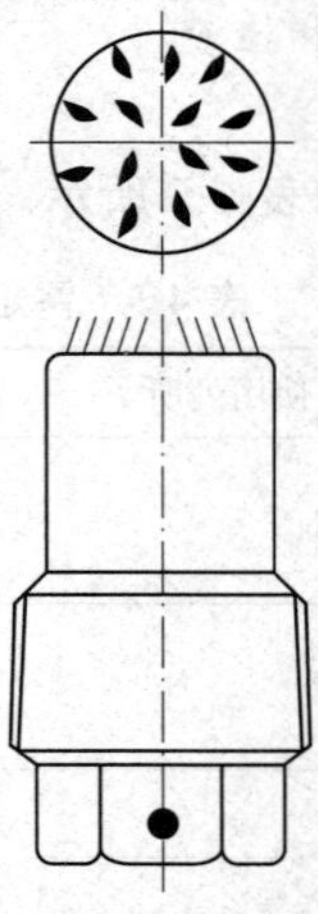	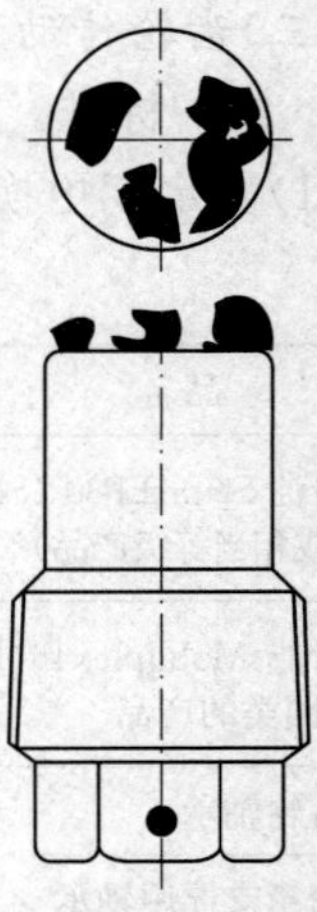
原因及处理		轴承环烧损的可能性大。应分解检查,用纤维式观察器确认	轴承保持架有破损的可能。应分解检查,用纤维式观察器确认

(3)接地电刷:电刷的异常磨耗和在安装架内的卡滞现象发生时,会使电动机与驱动装置的轴承及齿轮齿面等发生电腐蚀,从而产生故障。需每6个月进行如下的检查,发现异常请更换。

①确认有无破裂或变色。

②确认电线及端子有无变色或断线。

③确认电刷安装架内电刷动作应灵活(有无卡滞现象)。

④确认滑动环的电刷滑动面有无生锈及异常磨耗。

⑤确认电刷长度(接近磨耗线,判断不能保持到下次定期检查时请更换)。

(4)悬吊装置:悬吊装置是支撑驱动装置的重要部件。全面检查时按下面的检查项目实施,有异常情况请更换。

①吊杆的螺纹部位目视检查及磁粉探伤。

②检查专用销轴、球面轴承及专用衬套有无生锈、磨耗、松动。

③密封套有无龟裂、损伤及劣化。

④座板的座面及内圈有无磨损。还有,吊杆的座板配合部有无磨损。

⑤确认悬吊用缓冲橡胶等处有无龟裂。

(5)齿轮:对齿轮进行齿面目视外观检查是在重要部位检查及全面检查时实施。

①检查剥离、龟裂用磁粉探伤进行,情况严重请更换。

②在齿面发现有犁地状的沟槽时应考虑电腐蚀的原因。若排除电腐蚀的原因或其他严重的情况时都应更换。

(6)其他日常检查项目:①驱动装置各部件及与转向架的配合状态等有无异常声音。②各紧固件的防松、防止转动的地方有无损伤。③油有无变色。④齿轮箱各部位有无漏油。

(7)定期检查的项目如表4-8所示。

表4-8　定期检查的项目

项目＼时间	1年期				2年期		3年期	6年期
	运用	1个月	6个月	12个月	6个月	12个月		
润滑油更换							○	○
磁性螺塞(油堵)检查	○	○	○	○	○	○	○	○
小齿轮轴承间隙测定、调整								○
大齿轮轴承间隙测定								○
接地电刷检查			○	○	○	○	○	○
悬吊装置检查								○
齿轮检查							○	○

(四)TD挠性板联轴节的维护和检查

1. 维护和检查

维护检查的项目内容如表4-9所示。

表 4-9 TD 挠性板联轴节检查

维护检查项目	维护作业内容	重要部件检查	一般检查
		每 3 年	每 6 年
挠性板目视检查(装配状态)	检查有无损伤、变形、裂纹等	○	
联轴节垂向中心偏离的测量与调整		○	○
联轴节组成零部件目视检查(解体检查)	检查有无损伤、变形、裂纹等		○

2. 消耗零件一览表(表 4-10)

表 4-10 检查消耗零件

零件名称	材　料	更换时间
挠性板	特殊钢板	在第 12 年全面检查或走行 160 万千米之后就应当尽早更换
弹簧板 1	特殊钢板	连同挠性板一起更换
弹簧板 2	特殊钢板	连同挠性板一起更换
垫圈	特殊钢板	连同挠性板一起更换
专用垫圈	钢板	每次组装时更换
硬质锁紧螺母	特殊钢板	每次组装时更换
减震橡胶	Nytril 橡胶	如果在第 12 年全面检查中发现其出现裂纹、变形,就应更换

二、转向架架修检查内容与要求

(一)架修前整车尺寸测量

1. 所有尺寸测量应使车辆处于水平轨道上、AW0 车辆空载状态、切除整车 B09、停放制动缓解。

2. 测量车轮踏面轮径值

(1)在可测量范围内平均取三点进行测量,计算其平均值。

(2)同一辆车轮径差不大于 7 mm,同一转向架轮径差不大于 4 mm,同一轴轮径差不大于 2 mm。

(3)当一辆车平均轮径值小于 816 mm 时,在二系弹簧下添加 12 mm 垫片。当一辆车平均轮径值小于 792 mm 时,在二系弹簧下添加第二个 12 mm 垫片。

3. 检测轮缘厚度、轮缘高度

(1)在可测量范围内平均取三点进行测量,计算其平均值。

(2)轮缘厚度:23～34 mm,轮缘垂直磨耗高度＜15 mm,无异常。

4. 检测轮对内侧距

(1)在可测量范围内平均取三点进行测量,计算其平均值。

(2)轮对内侧距:(1 353±2)mm。

5. 检测转向架构架四角高度

测量构架下表面至轨面之间的距离。

6. 检测空气弹簧位移高度

(1)在排风、充风状态下测量车体支座至轨面之间的距离，测 AW0(车辆空载)状态下先充风至 750 kPa 以上 10 min，再排放空弹簧内风压，10 min 后测量排风状态下车体支座至轨面间的距离。然后在充风至 750 kPa 以上 10 min，测量该状态下车体支座至轨面之间的距离。

(2)根据无风及充风状态下测量的车体支座高度值与相关计算公式算出空气弹簧位移高度，该高度应满足 20^{+2}_{-3} mm。

(3)在测量充风状态下车体尺寸的同时，测量地板面高度尺寸。

(二)架修作业项目(内容)与技术要求

1. 对转向架系统所有紧固部件进行力矩校核。

2. 轮对检查

(1)车轴外观检查：车轴轴身应无裂纹、碰伤。

(2)观察轮与轴间防松油漆标识有无错位判定是否松动。

(3)检查踏面外观状态。踏面损伤低于下述标准：踏面擦伤长度<60 mm，深度<0.5 mm，剥离长度一处<30 mm，连续剥离长度<40 mm，深度<0.5 mm，辗边≤5 mm。多处擦伤、剥离、沟状磨耗等特殊情况报专业技术人员确定。

(4)车轮探伤：无缺陷，满足探伤相关要求。

(5)检查车轮注油孔螺堵：无丢失、无松动。

(6)检查轴箱及速度传感器状态：轴箱无裂纹、紧固件无松动，防松标记清晰，无错位，无渗漏。速度传感器紧固件无松动，防松标记清晰，无错位，状态良好。

(7)检查轴箱表面温度纸显示温度值：对温度超过 60℃重点检查，补贴 71～110℃温度纸，如漏油严重则打开轴箱端盖检查轴承漏油情况。

(8)将轴箱速度传感器端轴箱压盖拆卸下来，进行车轴超声波探伤。

(9)恢复速度传感器端轴箱压盖，紧固件无松动，防松标记清晰，无错位。

(10)更换轴端接地碳刷，安装紧固无松动。

3. 构架

(1)检查构架内、外侧，电机悬挂座，牵引拉杆座有无裂纹。工艺孔旋塞是否丢失。

(2)检查制动管路、管路夹及紧固件有无损坏、丢失。紧固件无松动，防松标记清晰，无错位。

(3)轮缘润滑管路及连接是否正常，管路夹及紧固件有无损坏、松动及丢失。

(4) 检查传感器电缆的表面、连接件及紧固件有无损坏、松动及丢失。

4. 一系悬挂

(1)检查一系弹簧单元与转向架构架、轴箱紧固件是否松动。

(2)检查弹簧外部橡胶是否有裂痕，是否与金属端剥离。

(3)检查提升止挡是否有损坏及变形。

(4)检查撞击止挡是否磨耗及损坏。

(5)检查紧固件是否紧固。

5. 二系悬挂空气弹簧

(1) 检查二系悬挂空气弹簧气囊外层是否损坏。无漏气、无明显结构性损伤、附件齐全,无帘布外露,裂纹深度不超过 1 mm,长度不得超过 15 mm。

(2) 检查应急弹簧是否损坏及磨损。

6. 中央牵引装置

(1) 检查中心销与车体接口处紧固件是否松动。

(2) 牵引拉杆与构架、中心销紧固件是否松动。

(3) 检查牵引拉杆两端橡胶套是否损坏。裂纹最大允许深度为 8 mm。

(4) 横向止挡橡胶表面是否完好,与构架紧固件是否松动。橡胶最大允许深度为 16 mm,与构架表面无撞击。

7. 齿轮箱

(1)齿轮箱是否损坏,是否漏油。

(2)齿轮箱 C 型支架与构架紧固件是否松动,C 型支架橡胶垫是否损坏。

(3)检查速度传感器状态。

(4)更换齿轮箱润滑油。每个齿轮箱 4 L,润滑油型号:Mobiloil Mobilube SHC-75W-90 LS。

8. 联轴节

(1) 联轴节是否漏油。

(2) 更换联轴节润滑油。偶数年更换联轴节润滑油,每半个联轴节 0.6 L,润滑油型号:Shell Omala HD 460。

9. 抗侧滚扭杆

(1) 检查抗侧滚扭杆紧固件是否松动;扭杆组成是否生锈、裂痕及损坏;垂直链杆橡胶套是否有裂纹。

(2) 抗侧滚扭杆裂纹深度不超过 10 mm,长度不超过 1/3 圆周。

10. 高度阀

(1)清除高度阀表面油污及连杆机构表面润滑脂。

(2)检查高度阀紧固件是否松动;高度阀套筒螺母与调整杆是否有足够螺纹连接。

(3)重新润滑高度阀调整杆,包括高度阀杆套筒螺母及调整杆上下锁紧螺母,要求螺纹表面涂抹润滑脂均匀,套筒螺母小孔用润滑脂填满。充气时高度阀调节杆应垂直,不准倾斜。

(4) 检查高度阀阀体管路接头的气密性及阀体出气口是否阻塞。

11. 轮缘润滑检查

(1)添加润滑脂,重新注入润滑脂 3 L。

(2)使用样板调整喷嘴与轮缘距离。

(3)清洗挡渣器(过滤器)过滤网。对轮缘润滑功能进行试验。

12. ATC 支架检查

(1)将 ATC 天线支架进行磁粉探伤。

(2)检查 ATC 支架紧固件状态。

13. 液压减振器

检查横向、垂向液压减振器外表面,更换存在漏油的减振器。

14. 空气弹簧检查

(1)检查空气弹簧与车体及转向架连接处气密性,应无泄漏。

(2)检测空气弹簧位移高度。在排风、充风状态下测量车体支座至轨面之间的距离,测量按照AW0(车辆空载)状态下先充风10 min,再排风10 min后测量排风状态下车体支座至轨面之间的距离,然后,充风10 min后测量该状态下车体支座至轨面之间的距离。在充气状态下车体支座高度值应根据其轮径值分别满足相应高度要求。再根据无风及充风状态下测量的车体支座至轨面之间的高度差计算出空气弹簧位移高度,该高度应满足20^{+2}_{-3} mm。

(3) 在充风状态下,测量地板面至轨面间的高度,高度满足1 130±10 mm。

本章小结

城市轨道车辆走行部主要以转向架的形式出现,一般为二轴构架式转向架。转向架的分类有多种方式,但其基本组成和主要功能是相同的,主要组成部分包括构架、轮对轴箱装置、弹簧悬挂装置、制动装置、牵引装置和驱动装置等。

构架是转向架的基础,城轨车辆主要采用焊接构架,由侧梁、横梁、端梁等组成,还有电机安装座、齿轮箱吊座和制动吊座等。

轮对是由一根车轴和两个相同的车轮过盈配合压装而成,车轮与钢轨的接触面称为踏面,踏面形状为磨耗形。

城轨车辆采用滚动轴承轴箱装置。轴箱定位装置是指约束轮对与轴箱之间相对运动的机构,它对改善转向架的横向动力性能、抑制蛇行运动具有决定性作用。轴箱定位装置结构形式有多种,城轨转向架主要采用层叠式橡胶弹簧定位、转臂式轴箱定位。

弹簧减振装置也称弹簧悬挂装置,包括弹性元件和减振器。弹性元件包括钢制弹簧、橡胶弹簧和空气弹簧;减振器主要采用为油压减振器。城轨车辆都采用二系悬挂装置。二系悬挂装置普遍为空气弹簧悬挂系统,主要由空气弹簧、高度控制阀、差压阀等主要部件组成。

牵引装置用来实现车体与转向架之间的纵向力传递。主要有"牵引销(或心盘)+旁承"和"无牵引销(或心盘)+旁承"两者形式。

城轨车辆的动力转向架还有驱动装置,其作用是将牵引电动机的扭矩有效地转化为转向架轮对转矩,利用轮轨的黏着机理,驱使机车或动车沿着钢轨运行。包括牵引电机、齿轮减速箱、联轴节等部分。

城轨车辆主要有地铁和轻轨两种主要形式,其转向架种类较多,结构也各有特点。文中主要择其几种典型城轨车辆转向架结构特点进行了重点介绍,并简要介绍了转向架的日常检查与维护和架修的相关知识。

复习思考题

1. 试述城轨车辆转向架的作用。
2. 城轨车辆转向架主要由哪几部分组成?各部分有哪些作用?
3. 转向架的主要技术要求是什么?
4. 轴箱由哪几部分构成?其作用是什么?

5. LM 型踏面有哪些优点？

6. 弹性车轮具有哪些特点？

7. 城轨车辆转向架轴箱定位方式主要有哪些？

8. 什么是一、二系弹簧悬挂？在城市轨道交通车辆中，一、二系弹簧悬挂装置分别包括哪些主要部件？

9. 试述弹簧装置的作用。

10. 橡胶元件具有哪些优缺点？

11. 空气弹簧有哪些特点？

12. 试说明 LV-3 高度阀的组成和工作原理。

13. 试说明 DP3 差压阀的组成和工作原理。

14. 试述油压减振器的工作原理。

15. 如何调节油压减振器的阻尼特性？

16. 牵引连接装置的主要作用是什么？有哪几种形式？主要由哪几部分组成？

17. 试述抗侧滚扭杆装置的组成和工作原理。

18. 城轨车辆对驱动装置有哪些要求？

19. 城轨车辆驱动装置结构形式有哪些？

20. 试述 ZMA080 转向架的主要结构特点并说明其牵引力的传递过程。

21. 试述北京地铁 10 号线转向架的主要结构特点。

22. 试述低地板转向架结构特点和力的传递过程。

23. 简述城轨车辆转向架日常检查的主要内容。

24. 简述城轨车辆转向架架修作业时，一系悬挂和空气弹簧的检查内容及要求。

第五章　城市轨道交通车辆车门

第一节　概　　述

车门是城市轨道交通车辆的一个重要组成部件，与运营安全有着密切的关系。同时，由于城市轨道交通车辆具有运载客流大，乘客上、下车频繁等特点，因此每列车的车门数量多、开度大、开关门动作比较频繁。目前世界各国城市轨道交通车辆的车门种类较多，现分类如下：

一、按驱动方式分类

1. 电控气动门

电控气动门是由压缩空气驱动传动气缸，再通过机械传动系统和电气控制系统完成车门的开关动作。机械传动系统的作用是将传动气缸活塞杆的运动传递至车门，使车门动作。电气控制系统包括气动门控制、再开门控制、车门动作监视和列车控制电路联锁等内容。其作用是为了保证车门动作可靠和行车安全。车门的电气控制系统一般采用电子控制技术，可根据乘客和司机的不同要求编制程序，修改操作过程，自动监控装置具有全方位监控车门系统、自动故障报警和记录等功能。为了防止车门夹伤乘客，现代自动车门还具有防夹功能。根据欧洲标准规定，在关门时最大挤夹力小于 200 N，在开门时最大挤夹力应小于 250 N。

2. 电控电动门

电气驱动车门由电动机、传动装置（轴、磁性离合器、皮带轮和齿形皮带）、控制器、闭锁装置和紧急开门装置组成。齿形皮带与两个门翼相固定，闭锁和解锁所需的扭矩由电动机提供。另一种电气驱动装置为电动机通过一根左右同步的螺杆和球面支承螺母驱动滚珠摆动导向件和与其固定的门翼。

二、按开启方式分类

1. 内藏嵌入式对开侧移门

开关车门时，门翼在车辆侧墙的外墙与内护板之间的夹层内移动，传动机构设于车厢内侧车门的顶部，装有导轮的门翼可在导轨上移动并与传动装置的钢丝绳或皮带相连接，借助气缸或电动机驱动传动机构，使钢丝绳或皮带带动门翼动作。车门机械装置如图 5-1 所示。它的主要特点是气缸的尾部是铰接连接，而活塞杆的头部是球铰连接，因此整个气缸处于浮动状态，不会因车体变形而产生活塞在气缸内卡死的现象。

例如，北京地铁车辆的车门就采用了该种形式，其有效开度为 1 900 mm×1 200 mm。司机可操纵按钮通过电气控制系统实现对列车所有车门的同步动作，也可对没关好的车门单独进行再关门控制。它由两大部分即机械传动系统和电气控制系统组成，机械传动系统包括传动气缸、传动系统和电磁阀等；电气控制系统包括控制电路、信号监视电路等。气动门的风源由主风缸通过主风管供给，主风管的压缩空气压力经减压阀减至 0.5 MPa，通过支管截断塞门、

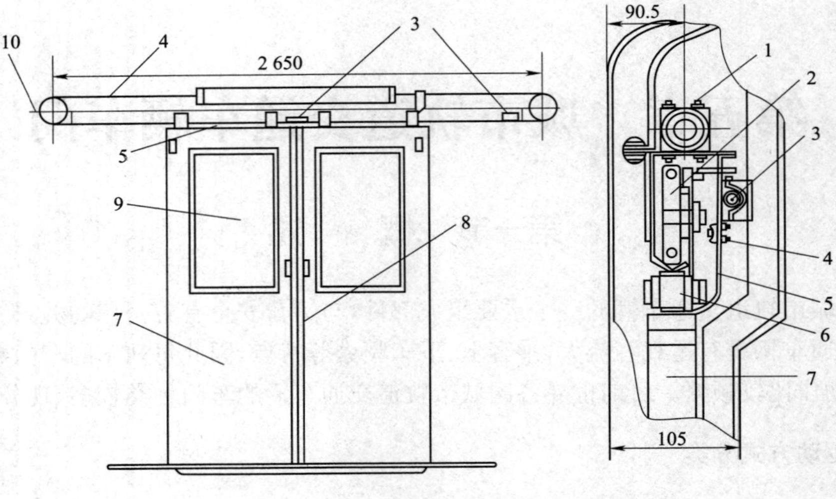

图 5-1 内藏嵌入式对开侧移门

1—气缸；2—滚轮；3—行程开关；4—钢丝绳；5—导轨；
6—小滚轮；7—门页；8—橡胶密封条；9—车门玻璃；10—定滑轮

电磁阀(常开阀或常闭阀)充至传动气缸内，推动活塞运动，再经钢丝绳、导轮、滚轮、导轨组成的机械传动部分使门动作。双向对开侧移门开门时间约为 2～3 s，关门时间约 3～4 s，门的移动速度有快慢两挡，通过双活塞双向作用式传动气缸来实现，门翼快速运动时挤夹力为740 N，慢速运动时挤夹力为 320 N。

2. 外挂式侧移门

外挂式侧移门的结构如图 5-2 所示。其与内藏嵌入式对开侧移门的区别仅在于开关车门时，外挂式侧移门的门翼均处于侧墙的外侧，而车门驱动机构工作原理与内藏钳入式对开侧移门相同。该车门的优点是便于车门的拆卸、安装与检修。

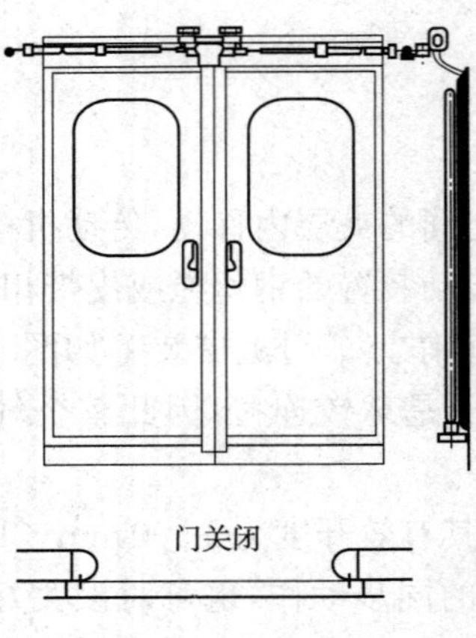

图 5-2 外挂式侧移门

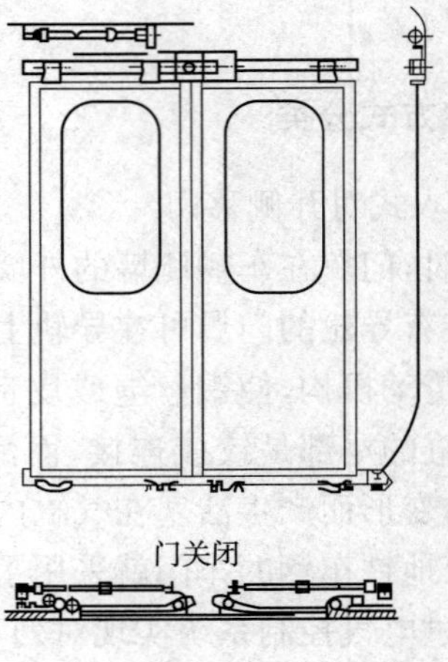

图 5-3 塞拉门

3. 塞拉门

塞拉门的结构如图 5-3 所示，其工作原理是借助车门上端的传动机构和导轨，车门在开启状态时门页贴靠在侧墙的外侧；车门在关闭状态时，门页外表面与车体外墙成同一平面，这不仅使车体外表美观，而且也有利于在高速行驶时减少空气阻力，车门不会因空气涡流而产生噪声，也便于自动洗车装置对车体的清洗。因此塞拉门使得列车保持较好的流线型，同时具有密封性好，空气阻力小等优点。但塞拉门的结构复杂，且造价高。

4. 外摆式车门

外摆式车门的结构如图 5-4 所示，开门时通过转轴和摆杆使车门向外摆出并贴靠在车体外墙板上，门关闭后门翼外表面与车体外墙成一平面。这种车门的结构特点为开门时具有较大的门翼摆动空间。

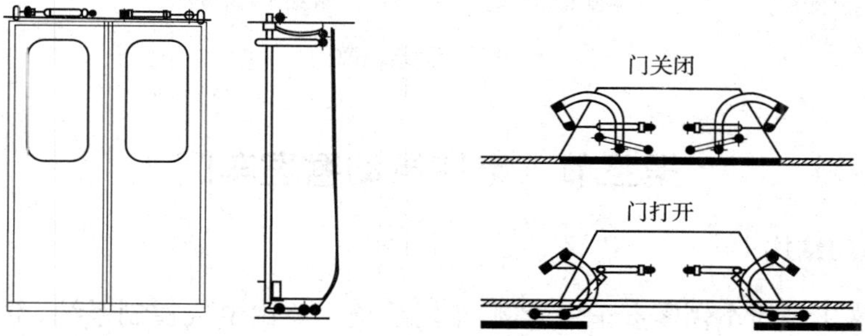

图 5-4 外摆式车门

三、按用途分类

除客室车门外，车辆的车门一般还包括司机室侧门，紧急疏散门以及司机室与客室之间的间隔门等。

1. 司机室侧门

司机室侧门结构如图 5-5 所示。司机室侧门通常采用单门页，手动开启和关闭。出于行车安全，避免乘客进入司机室的考虑，侧门通常带有锁闭机构，需要使用专用钥匙才能打开。

2. 紧急疏散门

列车在隧道内运行一旦发生火灾或其他紧急事故时，必须疏散列车上的乘客。为了保障乘客安全，一般在列车两端司机室的前端设有紧急疏散门，紧急下车时司机可打开紧急疏散门，将安全疏散斜梯向前下放到路基上，作为通向地面的踏板，用于紧急事故时疏散乘客。紧急疏散门的结构如图 5-6 所示。

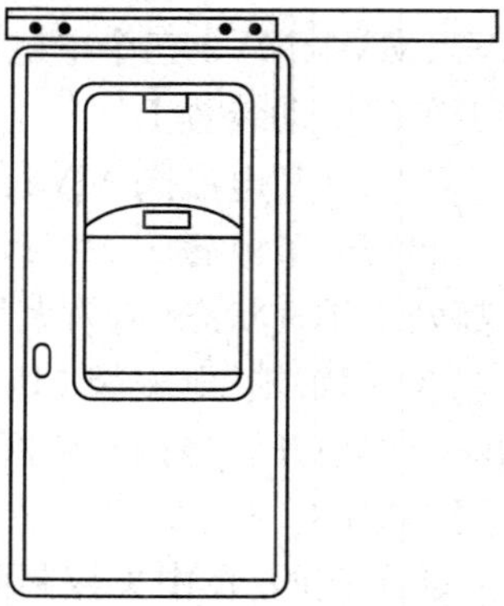
图 5-5 司机室侧门

3. 司机室分隔门

司机室与客室之间的分隔门主要用于分隔司机室和客室，防止乘客进入驾驶室，对行车造成影响。但在紧急情况下，乘客可以通过解锁机构打开分隔门，到达司机室前端的安全疏散门进行疏散。

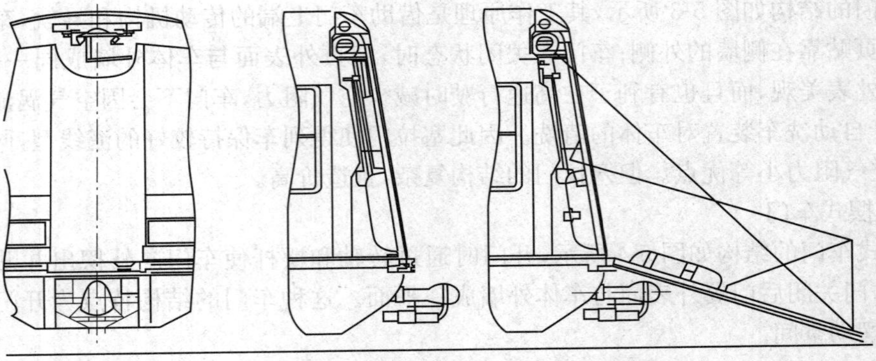

图 5-6　紧急疏散门

第二节　电控气动客室车门

一、客室车门结构

以广州地铁 1 号线车辆客室车门为例，车门系统主要由电气控制系统、空气驱动系统、机械传动系统、门机械锁闭机构、门页、导轨、紧急解锁机构、门状态检测及信号指示等组成。其结构如图 5-7 所示。

二、客室车门的空气驱动系统及工作原理

广州地铁 1 号线客室车门为电控气动门，车门的控制是通过电控制压缩空气，再由压缩空气驱动车门的驱动风缸，通过机械传动系统完成车门的开、关动作。每个车门的气动控制原理如图 5-8 所示。

1. 组成部件

(1)中央控制阀。中央控制阀装置(图 5-9)是控制车门动作的重要部件，其上集成安装了 MV1、MV2、MV3 三个电磁阀及车门开关门速度、开关门缓冲节流阀和快速排气阀等部件，它位于车门传动装置上。

①“关门”电磁阀 MV2：在“关门”电磁阀的通常状态下(即失电)，车门驱动风缸排气。

②“开门”电磁阀 MV1：在“开门”电磁阀的通常状态下(即失电)，车门驱动风缸及解锁风缸都处于排气状态(通向大气)。

③“门解锁”电磁阀 MV3：解锁电磁阀得电时，解锁风缸与气路相连接，当有空气进入，锁钩就会被顶开。当该电磁阀处于通常状态下(即失电)，解锁风缸排气，活塞缩回，锁钩在扭簧作用下复位。

④节流阀：在中央控制阀中共有四个节流阀，其功能分别为开门速度、关门速度、开门缓冲、关门缓冲调节节流阀。向“＋”方向旋转，表示供气量增大；反之，表示供气量减小。

⑤快速排气阀：在中央控制阀中共有两个快速排气阀，驱动风缸两端是通过快速排气阀排向大气的。它的排气口是常开的，当驱动风缸通过它充气时，其阀芯将排气口关闭。

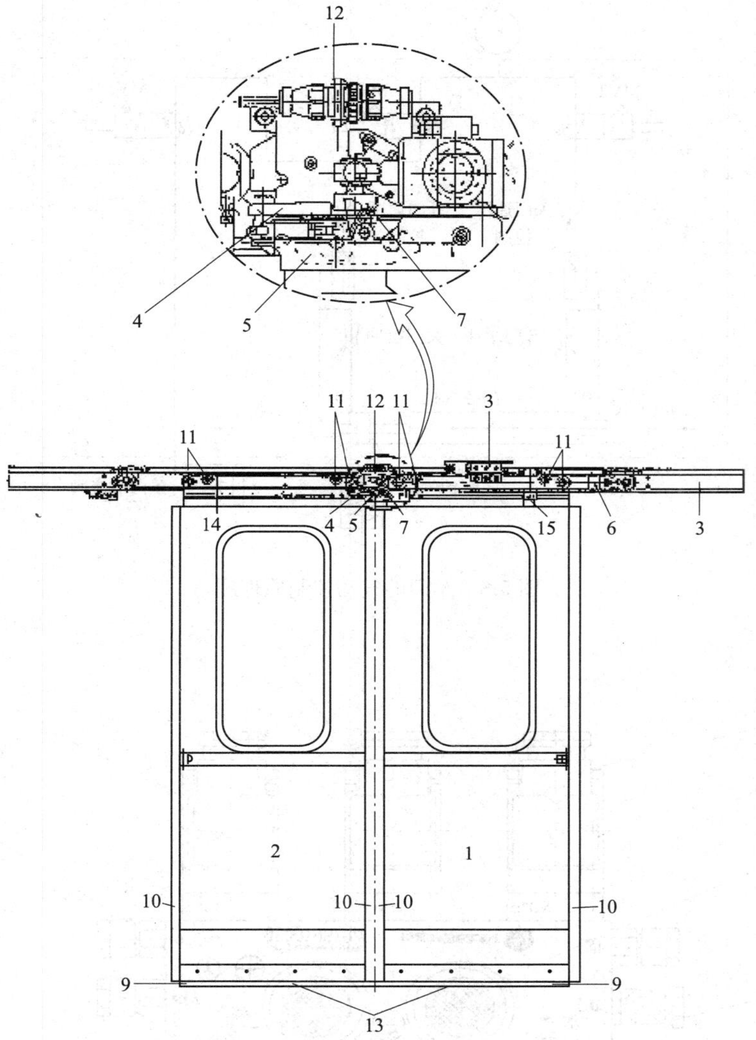

图 5-7　广州地铁 1 号线车辆客室车门结构

1—右门页；2—左门页；3—导轨；4—锁钩/紧急手柄；5—左门驱动连杆；6—驱动风缸；7—解锁风缸；8—中央控制阀；9—导向衬块；10—橡胶密封条；11—防跳轮/支撑滚轮；12—锁闭行程开关 S1；13—密封毛刷；14—钢丝绳；15—关闭行程开关 S2

(2)驱动风缸。每个车门都设有一个单向作用的驱动风缸，用于实现门页的开、关动作。该风缸在一个行程末端有缓冲作用。驱动风缸活塞杆用活塞杆托架连接在左门页上。开门行程受安装在导轨上的止挡的限制。风缸和中央控制阀之间用尼龙管连接。

(3)解钩气缸。它是执行门锁解钩动作的。

(4)车门行程开关。

①锁闭行程开关 S1：该行程开关用于检测车门是否正确锁闭。其组成结构如图 5-10 所示。S1 位于车门控制机构的中央，从车内观察，该开关位于紧急开门手柄的后面，通过锁钩上的凸轮操纵。当车门锁钩被顶开时，凸轮旋转使 S1 动作。

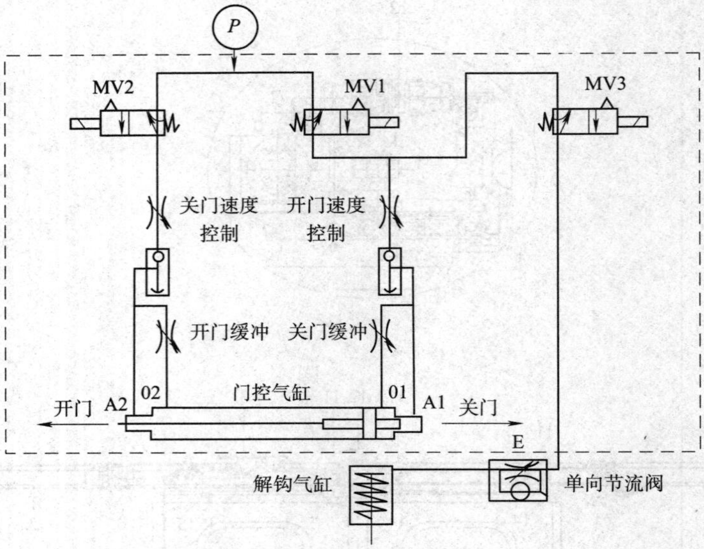

图 5-8　车门的气动控制原理图

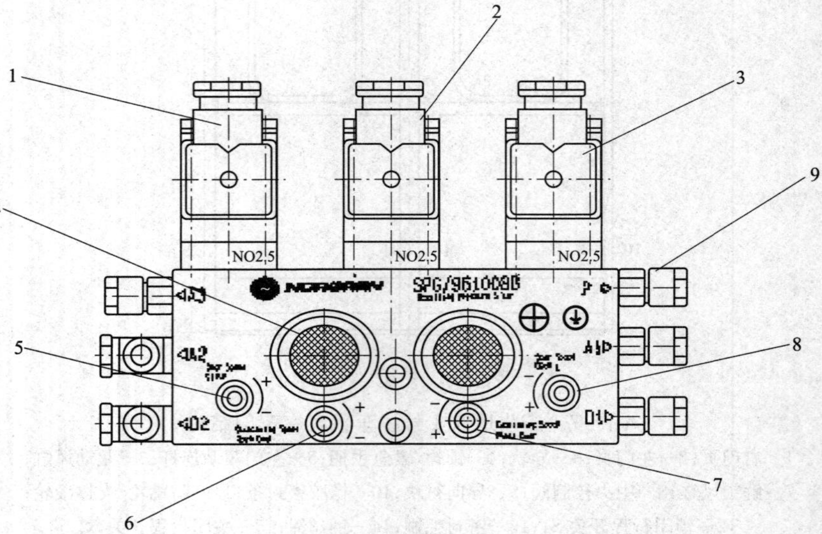

图 5-9　中央控制阀

1—关门电磁阀 MV2；2—解锁电磁阀 MV3；3—开门电磁阀 MV1；4—排气孔消音片；5—关门速度节流阀；
6—开门缓冲节流阀；7—关门缓冲节流阀；8—开门速度节流阀；9—气路连接头

②车门关闭行程开关 S2：该行程开关主要用于检测车门门页是否关闭到位，通过安装在右门页上的碰块触发该行程开关的动作。其组成结构如图 5-11 所示。

③门切除行程开关 S3：该行程开关用于检测车门是否切除。当单个车门发生电路检测故障时（通常是 S1、S2 接触不良造成），可以通过方孔钥匙切除该车门，S3 行程开关的触点接通将旁路该门的 S1、S2 行程开关。其组成结构如图 5-12 所示。

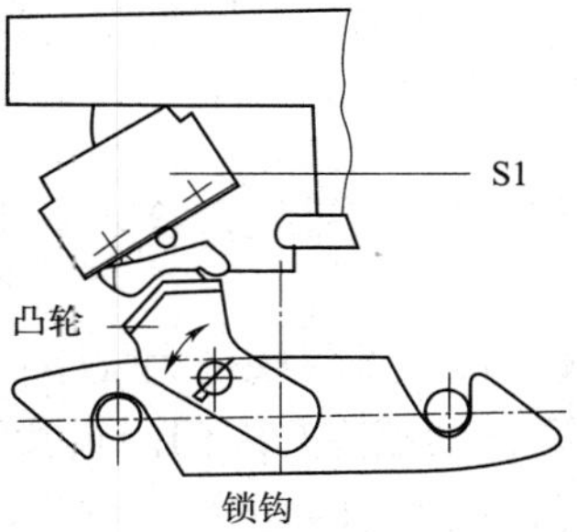

图 5-10　锁闭行程开关

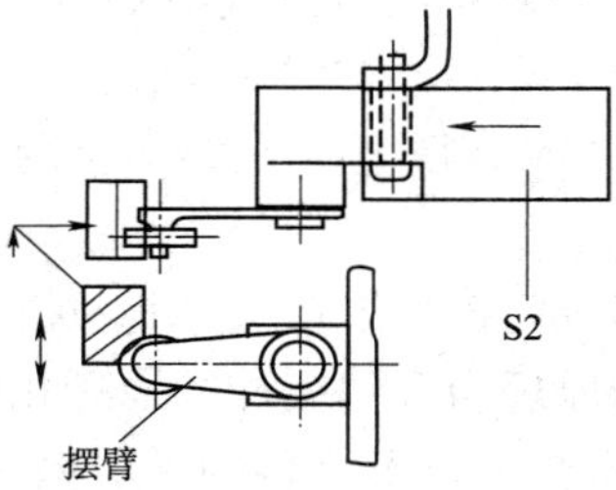

图 5-11　车门关闭行程开关

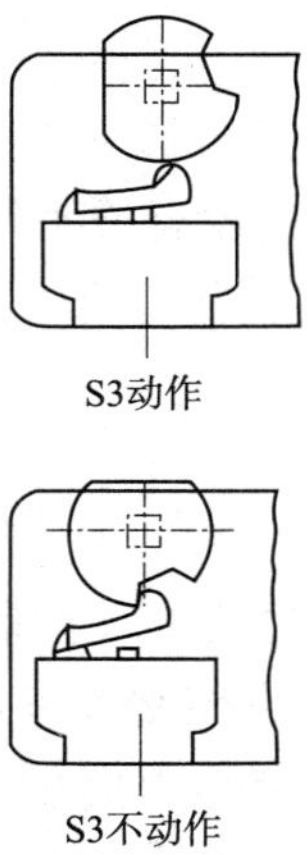

图 5-12　门切除行程开关

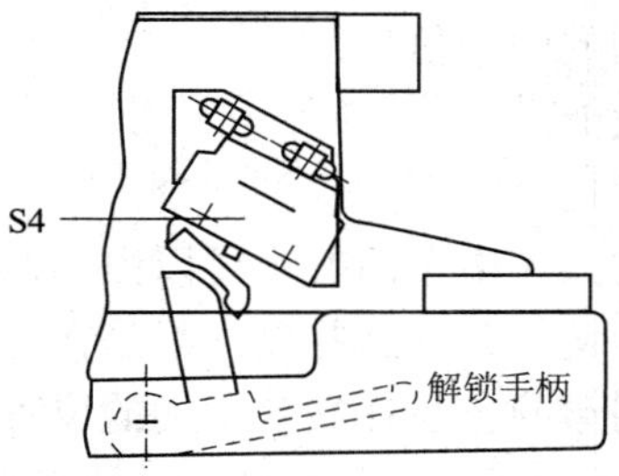

图 5-13　门解锁行程开关

④门解锁行程开关 S4：该行程开关安装在车门控制机构中央的紧急开门手柄上方，由紧急开门手柄上的凸轮操纵。其组成结构如图 5-13 所示。紧急情况下拉下紧急解锁手柄后，S4 的触点断开，使中央控制阀的 MV2 电磁阀失电，驱动风缸左腔的压力空气排往大气，这时可以通过双手把门页打开。

2. 工作原理

以图 5-8 所示的气动控制原理图为例，假设压缩空气从 P 口进入，下面分别介绍车门的开、关动作过程：

(1)开门：MV1、MV3 得电，而 MV2 失电。气路的动作过程如下：

进气：

压缩空气→MV1(得电)→MV3(得电)→节流阀→解钩气缸→顶开锁钩

└→开门节流阀→门控气缸进气口 A1→活塞杆外伸

排气：

活塞左移→门控气缸排气 A2→开门缓冲节流阀→快速排气阀→大气。

当活塞的左端头进入气缸左端的小直径处则 A2 出口被封堵，大气缸内的气体只能从 02 一个出气口并经过开门缓冲节流阀到快速排气阀最终排至大气。由于 A2 出口的被堵，使得整个排气速度大大降低，从而使开门的速度有了一个极大的缓冲。

(2)关门:MV2 得电,而 MV1、MV3 失电。气路的动作过程如下:

MV3(失电)→解钩气缸排气活塞缩回→锁钩落锁复位。

进气:

压缩空气→MV2(得电)→关门速度控制节流阀→门控气缸进气口 A2→活塞杆缩回。

排气:

活塞杆右移→门控气缸排气 A1→关门缓冲节流阀→快速排气阀→大气。

关门缓冲的原理与开门缓冲的原理相同。由于活塞杆的端头与左门门页及钢丝绳的一端相连接,而右门页与成环形绕接的下层钢丝绳相连接,故左、右门页在活塞杆运动时能同步反向移动。而运动的速度则是先快后慢,最后使门页完全关闭或打开。

三、客室车门的电气控制

广州地铁 1 号线车辆的车门为电控气动门,其控制电路为 110 V 有接点电路。车门作为关系到行车安全的重要部件,采取了必要的保护措施确保当车门没有关闭到位时,列车无法启动。

车门既可在 ATO 模式下自动打开也可以由司机进行手动开关。考虑到安全的需要,有以下两种不同的门控信号:

- 门开使能。
- “开门”指令和“重开门”指令。

在通常的操作中车门打开可以由 ATP 系统来控制。门的电气控制命令操纵一个单向作用的气缸使锁钩打开。这些操作都是在开门过程中通过中央控制阀来进行控制的。

只有当列车静止且在站台正确的位置时,ATP 系统才能给出门使能信号。在 URM 模式下操作,可以通过司机室的按钮来实现开门使能。在这种情况下,车门使能与牵引控制单元的 0 km/h 信号互锁。用乘务员钥匙也可以进行单独打开某扇门。

门只有在司机操纵台启动下才能打开。当列车控制只连接 ATP 系统时,中央开门及关门是不可能的。

1. 车门控制的主要电路

(1)开关门控制电路:当满足司机台激活、列车速度为“0”、ATP 系统给出门使能信号后,按下“开门”按钮,经过整列车、单节车、单个门的相关继电器使单个门的中央控制阀控制车门打开。开车前,按下“关门”按钮,时间继电器延时结束后,中央控制阀控制(详见车门气动控制部分)使车门关闭。

(2)车门的监测电路:由于车门状态关系到乘客及运行安全,为确保列车运行过程中车门正确锁闭。只要检测到有一个车门没有正确锁闭,列车将无法启动;而在运行过程中,如果有乘客将紧急解锁手柄拉下,列车将触发紧急制动并停车。

(3)重开门:当单个或多个车门没有完全关好时,可以按下“重开门”按钮重新把门打开并关闭(司机操纵台:8S06 是重开右侧门;副司机操纵台:8S05 是重开左侧门)。若按钮一直按下,车门将一直打开直至松开按钮。已锁闭的车门将不会被打开。

(4)自动折返:如果司机操纵台在自动折返线时已锁,在 ATP 系统控制启动之前,开门命令一直保持有效。如果指令输出“列车控制已开”从列车前端转到尾端,则开门指令被尾端司机室控制取代。打开司机操纵台后,门就可以从该操纵台打开。

(5)用乘务员钥匙开门:每节车的 19/17 门和 20/18 门可以局部打开。主要依赖于列车是否启动(蓄电池连接上)及压缩空气是否可以利用。开门指令是由门上的乘务员可旋转钥匙开关(车内及车外)两个中的一个给出。开门命令存储下来,门会一直开着,直到发生以下情况:

• 门上的一个旋转钥匙开关给出局部关门命令。

• 列车该侧给出"开门/关门"指令。

• 列车该侧给出了"重开门"命令。

用乘务员钥匙进行局部开门不依赖 ATP 系统的释放(或者在 URM 操作模式下速度为 0 km/h),即使列车在驾驶时也可以进行局部开门。当门被切除时,不可以用乘务员钥匙来开门。

2. 参与门控的继电器

(1)整列车控制所使用的继电器

①8K01、8K02:左右侧门的门使能继电器。

②8K03、8K04:开门继电器。

③8K05、8K06:延时断开继电器。

④8K07、8K08:门未锁继电器。

⑤8K09、8K10:整列车所有门关好继电器。

⑥8K41:关门报警启动继电器。

⑦8K42:关门报警电闪继电器。

⑧8K43:关门报警继电器。

⑨8K47:左边门开继电器。

⑩8K48:右边门开继电器。

⑪8K49:门关好监测继电器。

(2)单节车继电器

①8K21、8K22:解锁继电器。

②8K23、8K24:开门继电器。

③8K25、8K26:重开门继电器。

④8K27、8K28:关门监测继电器。

⑤8K29:17/19 门乘务员钥匙开门继电器。

⑥8K30:18/20 门乘务员钥匙开门继电器。

⑦8K45、8K46:关门报警继电器。

(3)每个门的控制继电器

①8K31、8K33、8K35、8K37、8K39:左边门门未切除继电器。

②8K11、8K13、8K15、8K17、8K19:左边门开、关门继电器。

③8K32、8K34、8K36、8K38、8K40:右边门门未切除继电器。

④8K12、8K14、8K16、8K18、8K20:右边门开、关门继电器。

除此以外,每个车门均安装有 S1、S2、S3、S4 四个行程开关以检测车门的状态。

3. 车门状态及显示

(1)车门状态:列车每个车门(包括紧急逃生门)的车门状态以司机室运行屏中的彩色符号显示,圆圈的颜色代表车门状态。

①灰蓝色的符号:车门关闭状态。

②黄色符号:车门打开状态。

③黑色符号:紧急打开。

④红色闪烁符号:故障。

⑤一直红色符号:手动解锁。

(2)车门状态显示:

①位于司机室左侧墙上及操纵台上的“左开门”指示灯亮:满足车载 ATP 系统允许的条件或操作 4S04(非正常情况)或列车停车后(URM 模式),且已给出左门开解锁信号,列车左侧门允许打开;“左门关”指示灯亮:列车左边所有车门已经关好且该端司机台已经激活。

②位于司机室右侧墙上的“右门开”指示灯亮:满足车载 ATP 系统允许的条件或操作 4S04(非正常情况)或列车停车后(URM 模式),且已给出右门开的开门解锁信号,列车右侧门允许打开;“右门关”指示灯亮:列车右侧所有车门已经关好且该端司机台已激活。

③位于司机室右侧墙上紧急疏散门指示灯亮:至少有一端的疏散门已经解锁或检测出电路故障。

④每个客室车门上方的内外侧均有一个橙色指示灯:车门未锁时亮;内侧均有一个红色指示灯:车门切除时亮。

⑤位于每节车后端左、右外侧墙上的橙色指示灯:每节车每侧有一个以上车门未锁时亮。

⑥位于司机操纵台上的“TFT”彩色显示屏:显示车门被紧急解锁的位置及车载 ATP 系统对车门的控制状态。

4. 控制车门开关按钮的作用及使用

(1)左门开按钮:用于指示列车左边门是否有开门信号和开启列车的左边门,有门开使能信号时,按 8S01 按钮。

(2)左门关按钮:用于指示列车左边门是否“关好”和关闭列车的左边门,按 8S03 按钮。

(3)右门开按钮:用于指示列车右边门是否有开门信号和开启列车的右边门,有开门使能信号时,按 8S02 按钮。

(4)右门关按钮:用于指示列车右边门是否“关好”和关闭列车的右边门,按 8S04 按钮。

(5)左门重开按钮:用于重新开启列车左边未完全关闭的客室门,列车左边有开门使能信号和左边门至少有一个门未关好。

(6)右门重开按钮:用于重新开启列车右边未完全关闭的客室门,列车右边有开门使能信号和右边至少有一个门未关好。

(7)强行开门按钮:在 ATP 保护下,无开门使能信号时(开门指示灯不亮),司机按压一次“强行开门”给出开门使能信号。按压两次“强行开门”按钮时,可起旁路车门的作用(车门检测故障时才能使用)。

5. TMS 列车管理系统的开门联锁功能

(1)只有列车静止时,开关门指令才有效。

(2)当列车上任一与外界联系的车门处于开启或非正常关闭的状态,列车将不能启动,列车车门没有全部关好,列车无法启动。

(3)当列车速度大于 5 km/h 时,列车上任何与外界联系的车门都不允许正常打开,一旦被强行打开(如启动紧急看门按钮),列车将紧急制动。

(4)当列车牵引时,如果车门被强行打开,列车将在 ATP 系统保护下,停止行驶中的车辆;在没有 ATP 系统的保护下,VTCU 仅使车辆由牵引转至惰行。

(5)VTCU 接受司机发出/ATP,发出/ATO,发出的开关门指令,并考虑联锁条件后,发送到 EDCU。

其中,EDCU 为车门电子控制单元;VTCU 为车辆列车控制单元。

6. 开、关门控制原理

以广州地铁 1 号线车辆某一车门(如 A 车 1/3 门)开门、关门控制为例,其控制原理如图 5-14 所示。

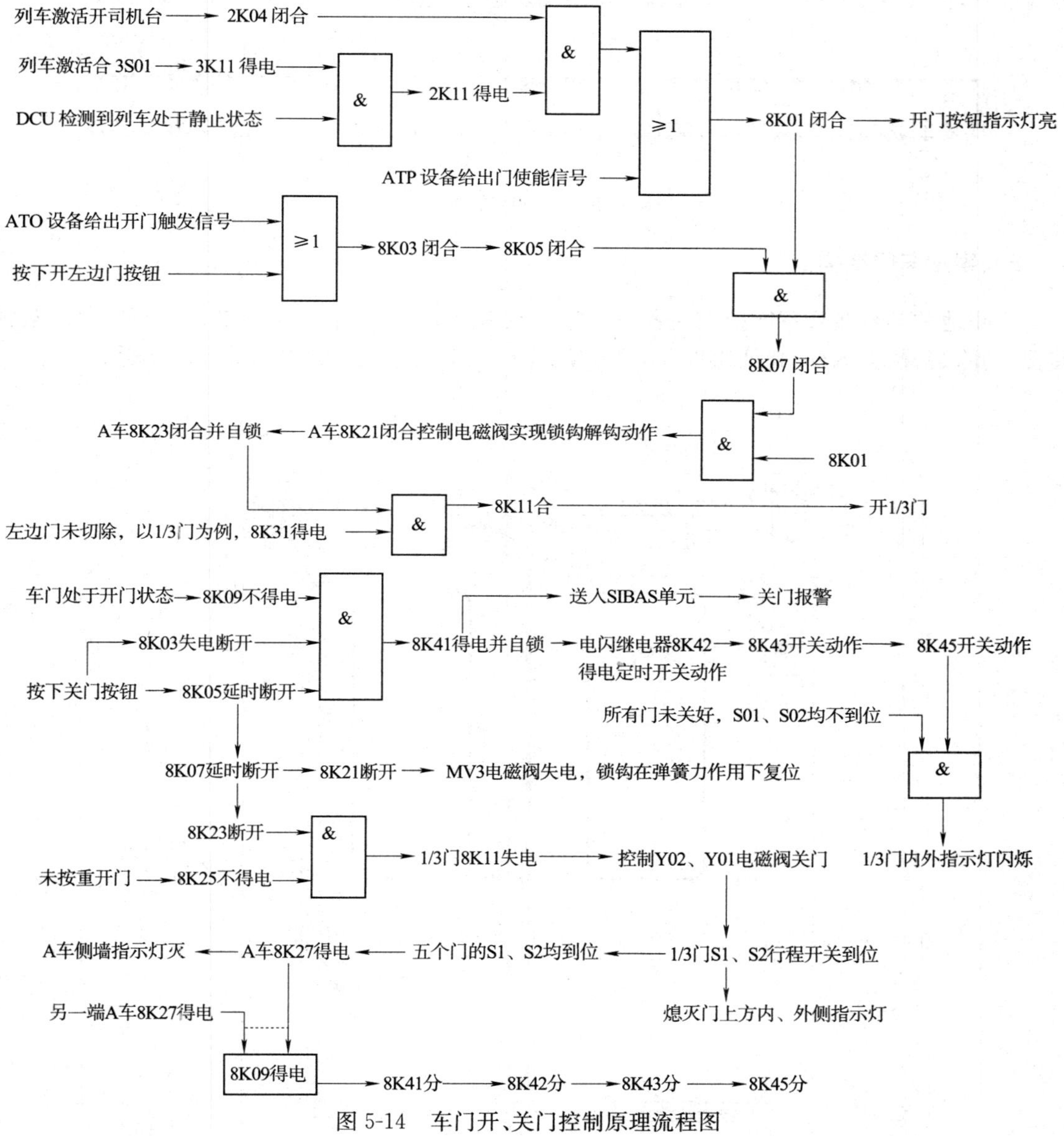

图 5-14　车门开、关门控制原理流程图

当开门指令发出后,中间继电器 8K11 得电,控制电磁阀 MV1、MV3 得电使车门得以打开;当关门指令发出后,中间继电器 8K21 触点断开,8K11 失电,控制电磁阀 MV1 、MV2 使车门关闭。为了行车安全,车门监控回路的 8K09、8K10 继电器,S1、S2、S3 行程开关还直接或间接地影响车辆的牵引、制动及紧急制动状态,起到安全监控和保护作用。

第三节　电控电动客室车门

广州地铁3号线客室车门是电动双页塞拉门。在客室车厢的每一侧有四个车门。每个车门配有两个电动塞拉门页。由于塞拉门与车体在同一平面内，能保持列车较好的流线型，所以具有密封性好，空气阻力小等特点。但塞拉门的结构复杂，且造价较高。车门的布置如图5-15所示。

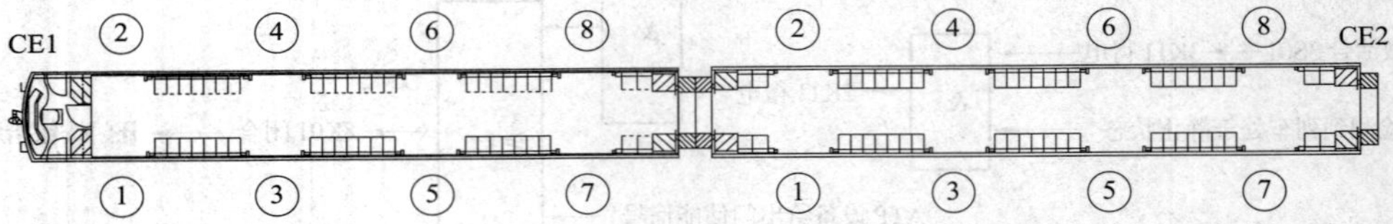

图5-15　车门布置示意图

一、客室车门结构

广州地铁3号线客室塞拉门主要由车门电控单元EDCU、车门驱动单元、门页、紧急解锁装置、切除装置、支承杆、托架组件、车门导轨、车门门槛及嵌块等组成，如图5-16所示。

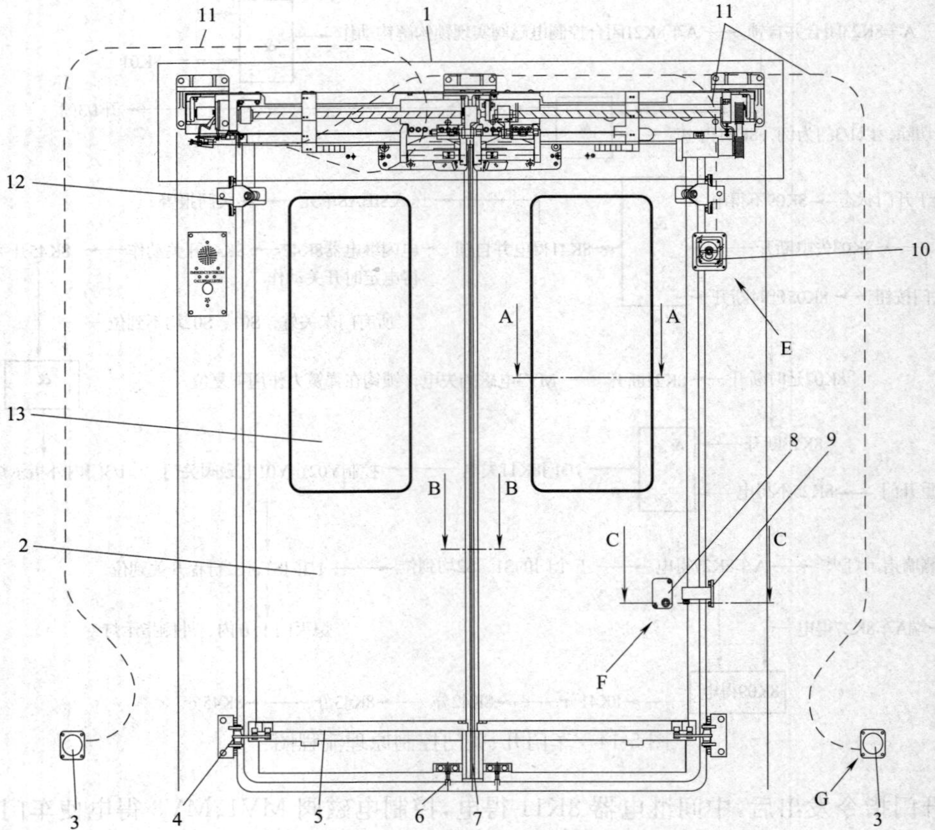

图5-16　广州地铁3号线车辆客室塞拉门结构

1—车门驱动单元；2—门页；3—紧急上车装置（EAD，设在外部），仅7和8号车门有；4—滚子摇臂；5—下部导轨；6—止动销；7—手指保护橡胶；8—车门隔离装置；9—下部导轨；10—紧急下车装置（EED）；11—电缆；12—支撑滚柱；13—玻璃

1. 紧急下车装置 EED

每个客室门在车内门柱盖板的右侧均配有紧急下车装置，用于紧急情况下，开启客室车门，其结构如图 5-17 所示。紧急下车装置是一个带有锁定点的扭转手柄，可以手动操作。要操作此扭转手柄，必须首先手动取下透明塑料盖，然后将扭转手柄转动至其锁定点(垂直位置)。在紧急情况下，使用扭转手柄启动相应紧急出口装置后，车门会被解锁。只有列车完全停稳后，车门即可被手动推开。

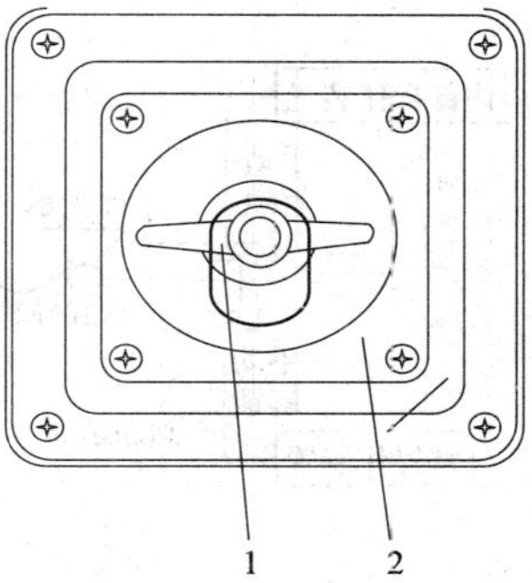

图 5-17　紧急下车装置
1—扭转手柄；2—透明盖板

2. 紧急上车装置 EAD

每节车厢在外部配有两个紧急上车装置，分别位于车厢的左右两侧，以便在紧急情况下可以使用方孔钥匙从车厢外部开启后边的两个客室车门(7 和 8 号)，进入列车内部。

3. 其他装置

每个客室门上均安装有一套手动紧急解锁系统。此外，每个客室门还包含一个用方孔钥匙操作的手动隔离装置，用来将相应的客室门锁定在关闭位置，并将其 EDCU 与车厢电源断开。

在车门的盖板和门页上分别设置有锁闭行程开关 S1 、紧急解锁开关 S2、EDCU 电源复位开关 S3 和切除开关 S4。

4. 广州地铁 3 号线车辆客室车门系统的特点

(1)采用自润滑的丝杆、螺母传动方式，具有阻力小、无噪声和维护工作简单的特点。

(2)每个车门均采用独立的 EDCU 门控单元控制，减少了使用中间继电器引起的故障。

(3)每节车 1、2 号门采用 MDCU(车门主控制单元)进行控制，MDCU 通过 MVB 总线与 VCU(列车控制单元)进行通信，并通过 RS485 接口与 3、4、5、6、7、8 号门的 LDCU(车门本地控制单元)进行通信和储存故障信息。

(4)具有障碍物探测功能，在行车时可防止发生夹人夹物现象。

二、塞拉门工作原理

塞拉门借助于车门上端的传动机构和导轨，车门开启状态时门页贴靠在侧墙的外侧，车门在关闭状态时候，门页外表面与车体外墙成一平面。车门机构工作示意如图 5-18 所示。

1. 车门开、关过程

(1)开门：当车门 EDCU(车门控制单元)接收到开门信号时，EDCU 会输出电信号驱动电机往开门方向工作，电机通过皮带把转动力矩传送给丝杆(一半为左旋，另一半为右旋)，丝杆运动将会带动与之啮合的螺母运动，螺母通过携门架与门页连接，从而带动门页同步运动。当车门打开到最大开度时，EDCU 将会输出车门制动信号给制动单元，制动单元将会对车门丝杆进行制动，使丝杆停止转动。

(2)关门：当车门 EDCU 接收到关门信号时，输出电信号驱动电机往关门方向工作，电机通过皮带把转动力矩传送给丝杆，丝杆运动将会带动与之啮合的螺母运动，螺母通过携门架与门页连接，从而带动门页同步运动。当车门关好并触动锁闭行程开关 S1 时，EDCU 接收到车门已关闭信号后，EDCU 将会输出车门制动信号给制动单元，制动单元将会对车门丝杆进行制动，使丝

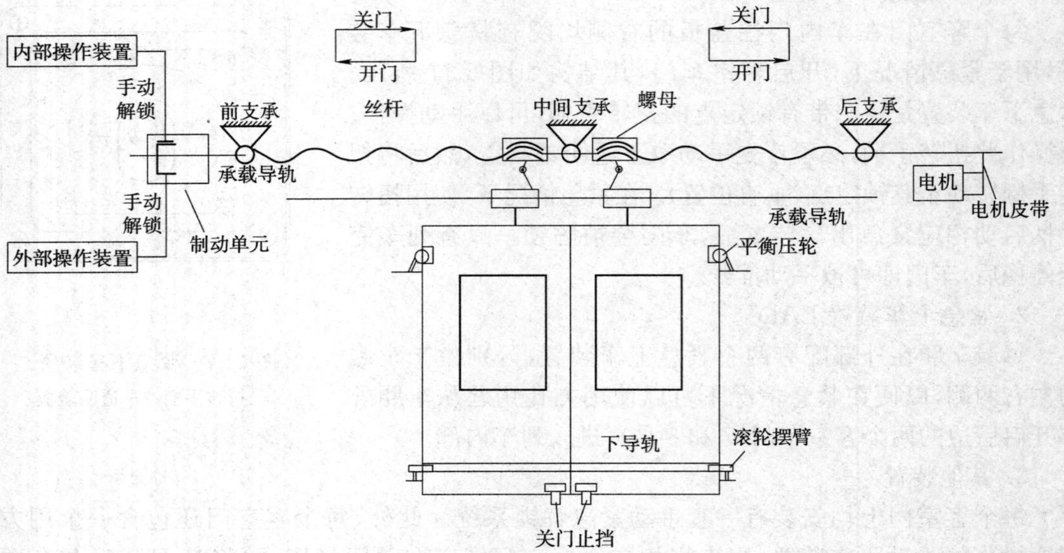

图 5-18 车门机构示意图

杆不能运动。同时关门止挡进入了嵌块的导槽里，以防止门页在纵向和横向上的运动，平衡压轮也会把门页压紧在加强点上，以保证门页在运行过程中不会因为负压太大而产生抖动。

2. 车门控制原理

电子门控单元 EDCU 是车辆电源和车门机械操纵机构之间的接口，其控制原理如图 5-19 所示。车门具有零速保护和安全联锁电路，开关门有报警装置。

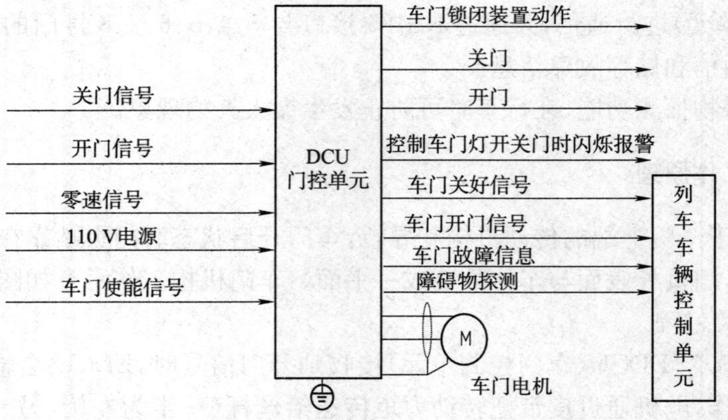

图 5-19 车门控制原理框图

广州地铁 3 号线车门控制单元有两种：一种是 MDCU（车门主控制器），一种是 LDCU（车门本地控制器），如图 5-20 所示。

每个客室门均由一个独立的 EDCU 控制。客室门 1 和 2 的 EDCU 配有主控卡。通过多功能车辆总线（MVB）实现与其他车厢的信息交换。其中一个带有主控卡的 EDCU（MDCU）用来执行与 VCU 的通信任务。另一个 MDCU 则作为主控冗余，在前一 MDCU 出现故障的

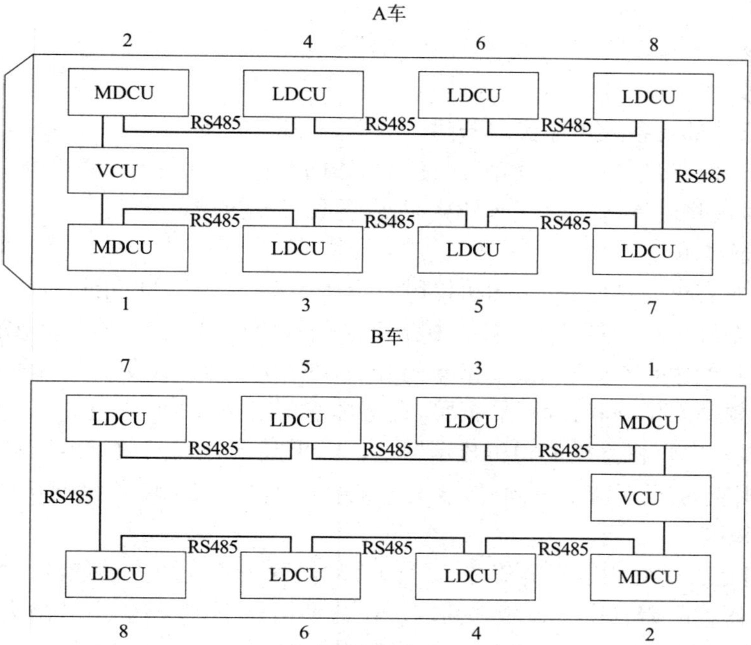

图 5-20　车门控制单元

注：MDCU—带有主控卡的车门控制单元；VCU—车辆控制单元；
LDCU—不带主控卡的车门控制单元

情况下接管主控功能。其他客室门(3～8)则由不带主控卡的本地控制单元(LDCU)控制，可通过一个 RS485 接口与 MDCU 进行单独通信。

EDCU 包括内部电源、微控制器和程序存储器。微控制器驱动车门电机并控制电机转矩以及电机电流和速度。EDCU 提供每种车门组件(如电机、制动单元、车门锁闭限位开关 S1、车门停用限位开关 S4、紧急装置限位开关 S2)所需要的所有电源。

EDCU 的输入和输出信号由软件控制，并可通过更新软件来实现车门功能的更改。

3. 开、关门电气控制

车门的开、关是通过安装在司机室内的开、关门按钮来实现的，司机室内每侧设一套开、关门按钮，共有四个按钮：强行开门按钮、开门按钮、关门按钮和重开门按钮。其中强行开门信号、开门信号和关门信号都分别能过硬件和软件传送至各车门控制单元，只有重开门功能是通过软件实现的，通过按压“重开门”按钮把重开门信号传送至 VCU(列车控制单元)，再由 VCU 向各 EDCU 触发该功能。当司机用主控钥匙启动司机台时，开关门按钮得电，可以操作车门开关动作。当所有车门被关闭和锁闭时，关门按钮灯亮。如果有任何一个车门保持在打开状态，所有关门按钮灯都不会亮。

3 号线车门存在两种操作模式：一种是自动模式，另一种是手动模式。在 ATO 模式下，当车门在手动模式时，列车到站后可以实现自动开门，但必须手动关门；如果车门在自动模式下，列车到站后可以实现自动开、关门控制。

车门既可在 ATO 模式下自动打开，也可以由司机进行手动开关。实现开门需要以下三个条件：

• 开门使能。

• 开门指令。

• 零速信号。

以上三个条件都具备后才能实现开门。

当司机按下关门按钮后，关门信号通过列车线向每个车门发出。每个车门的车门控制单元收到关门信号后将控制电机驱动丝杆从而使门页关闭并锁好。

4. 车门状态显示

(1)当列车所有车门均已关闭，司机操纵台上所有车门关闭绿色指示灯将会点亮。

(2)车门状态红色指示灯功能：如果相应客室门被停用(切除)，则红灯稳定点亮。

(3)车门模式橙色指示灯功能：如果车门开启，则稳定点亮；从发出关门命令到客室门关闭期间以 1 Hz 的频率闪烁，同时蜂鸣器报警，直至客室车门完全关闭为止。

车门状态显示在司机室内的司机显示屏上。如果某个客室门故障或已被隔离，则相关信息会被保存在相应的 EDCU 中。同时，该信息也会被传输至 VCU 并呈现在司机显示屏上。

5. 障碍物检测

3 号线车门是通过检测电机电流和车门的移动位置来实现防夹功能的。在车门的关闭过程中，可能有障碍物阻碍其完全关闭并锁定。在这种情况下，车门会启动防夹功能，并进行三次连续的关门尝试。如果车门在关闭过程中遇到障碍物且在连续三次尝试关门之后仍然不能关闭，车门将会完全打开，并保持此状态直到再次收到关门指令。车门的状态和位置在司机显示屏上显示车门开启且故障。

此时，应检查车门工作不正常的原因，并清除障碍物，然后按"关门"按钮。如果无效，则应手动关闭车门，并且将该车门切除。

第四节　车门故障的检测及处理

一、电控气动车门系统故障检测及处理

由于电控气动车门系统集电控、气动及机械传动于一体，且系统设有列车不动安全保护，因此只要有一个车门发生故障，列车就无法正常牵引。城轨车辆的车门数量多，开、关频繁，一旦车门发生故障，会给城轨车辆的运行带来较大影响。车门的故障表现复杂繁多，其中既有车门气动系统、机械传动方面的问题，也有车门电气控制及信息检测系统的故障。

1. 车门机械系统故障

车门机械故障主要分两种：一种是零部件损坏故障，一种是调整不到位故障。

零部件损坏通常可以通过更换新件解决，但如果同一类零部件损坏率较大，则应当检查是否存在系统设计问题或调整上的失误。

调整不到位故障通常表现在尺寸超差，影响车门的正常动作。常见的调整问题有以下几种：

(1)锁钩间隙过小或左右不均匀，导致锁钩无法下落，S1 行程开关检测认为车门没有锁好，列车无法启动。

处理方法：为确保锁钩左右间隙满足(1±0.5)mm 的要求，必须按以下方法重新调整(见图 5-21)。

① 在无电情况下，松开连在左门页上与驱动气缸活塞杆的连接以及钢丝绳夹，使左门页

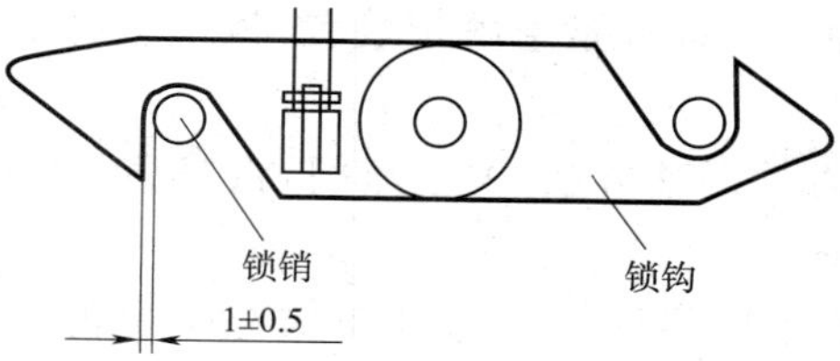

图 5-21　锁钩间隙调整

可以自由运动。

② 调整关门止挡位置，使左门页锁销与锁钩间隙达到 1 mm，同时要保证左门页与门框中心线之间的距离为上部比下部大 1 mm(即左门页 V 形为 1 mm)。

③ 左门页位置确定后，固定关门止挡位置，把右门页推至关闭位，检查左右门页锁销与锁钩间隙基本均匀，拧紧左门页的钢丝绳夹，连接驱动气缸活塞杆。

④ 有电状态下进行微调。

(2)S2 行程开、关超程不足，使 S2 检测有误。

首先对 S2 行程开关进行功能检验，方法如下：

①开启车门，用宽为 60 mm，高为 30 mm 的测试木块，放在两个防挤压手指橡胶条之间，当车门关闭时将其夹住，此时限位开关 S2 保证不被触发。

②当车门关闭时，在两个防挤压手指橡胶条间不放置木块。此时，该限位开关必须可靠地接通。

③进行此项调整后，反复开关车门，S2 的功能必须执行无误。

④检查完毕，拧紧触发块及限位开关 S2 摆臂的紧固螺钉。

如果 S2 行程开关动作有误，按以下方法进行调整：

① 拧松 S2 摆臂的螺钉，拉下摆臂使之与摆臂座之间的啮合脱离。

② 调整 S2 摆臂的角度。

③ 拉下紧急解锁手柄，用手合上两门页，当锁钩尖对准锁销中心时，S2 必须动作。

④ 调整好以后拧紧摆臂螺钉，有电时检查 S2 功能。

(3)如果出现车门关闭及锁好后，指示灯仍不熄灭，需检查 S1 行程开关动作是否正常并进行调整。

S1 的调整方法：

①手动关门。

②使用 7 号小扳手，松开控制凸轮的紧固螺栓，使凸轮可以转动，从而调节切换点。

③限位开关“S1”的支架，其高度位置亦可调整，可按需要调整切换点。

④调整后，拧紧凸轮的紧固螺钉，用手动关门，用手拨动锁钩模拟开关门时的锁钩动作，这时 S1 行程开关的切换必须正常且声音清脆(若发现声音不清，及时更换 S1)。

⑤调整结束后，将控制凸轮的紧固螺栓拧紧，并涂乐泰(Loctite 243)螺纹锁固剂防松。

(4) 门切除行程开关 S3 的功能检查。

①关闭车门。

②将方孔转轴旋转 90°，使紧急解锁装置锁定。限位开关 S3 必须正确接通，此时车门上方的红色指示灯亮。

③反时针转动方孔转轴 90°，释放紧急解锁装置，将紧急解锁手柄置于正常位，行程开关 S3 不接通。

(5) 门解锁行程开关 S4 的调整方法：关上车门，将紧急开门手柄拉至最低处，在此位置时，该限位开关必须完全接通。

(6)门页 V 形调整。由于广州地铁 1 号线车体在工况为 AW0(车辆空载)时具有上挠度，为保证在工况为 AW3(车辆超员载荷)车体挠度为 0 时客室车门两门页不会相互挤压而导致无法关闭，一般在调整车门时要保证两门页之间存在一个 V 形间隙，如图 5-22 所示。为实现这一目的，两门页上方靠近外侧的悬挂滚轮安装了偏心滚轮。调整方法如下：

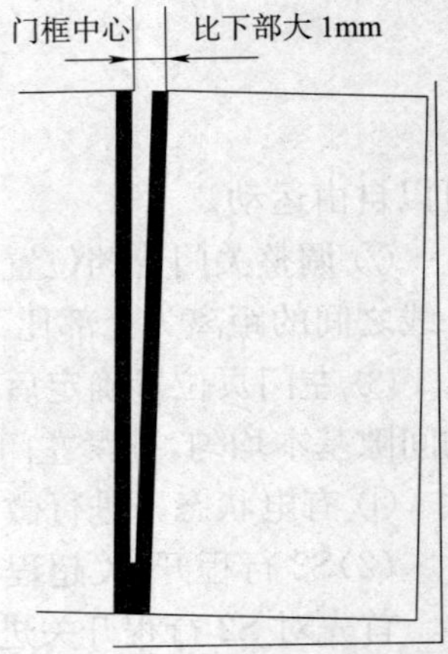

图 5-22　门页的 V 形调整

右门页的调整：

①在导轨的中央处(即门框中心线处)吊一铅锤，需保证其悬垂自由。

②转动右门页后端下滚轮的偏心螺柱，直到门页上顶部与铅垂线的距离比下底部位与铅垂线的距离大 1 mm。

③上述调整结束后，用钩形扳手拧紧门页后端偏心滚轮的锁紧螺母，将垫片的突出舌片压入螺母槽内。

左门页的调整步骤与右门页的调整过程类似，这里不再赘述。

注意：

• 左、右门页的顶部应处于同一水平线(裸眼观察)。
• 调整完后门页的上部间距比下部间距大 2 mm。

经确认门页 V 形符合要求后，将偏心滚轮上的圆形垫片打弯使之压紧在门页上。

(7)钢丝绳张紧力的调整。

钢丝绳是连接两门页，实现两门页同步运动的一个重要部件。钢丝绳过松容易造成右门页最终的关紧压力不足，锁钩无法下落。通常在双周检中要检查钢丝绳的张紧力，对不符合要求的必须重新调整。调整方法如下：

①将车门推到 100%开门位置(手指防挤压橡胶条间距为 $1\,400^{+4}_{-0}$ mm，否则必须调整开门止挡)。

②将 2 kg 重锤挂到上钢丝绳距门框中央偏左端 165 mm 处(从车内侧观看)，如图 5-23 所示。

③测量两钢丝绳之间距离，尺寸应为(15±3)mm。通过调节钢丝绳端部的调节螺栓以满足要求，用扳手拧紧锁紧螺母。

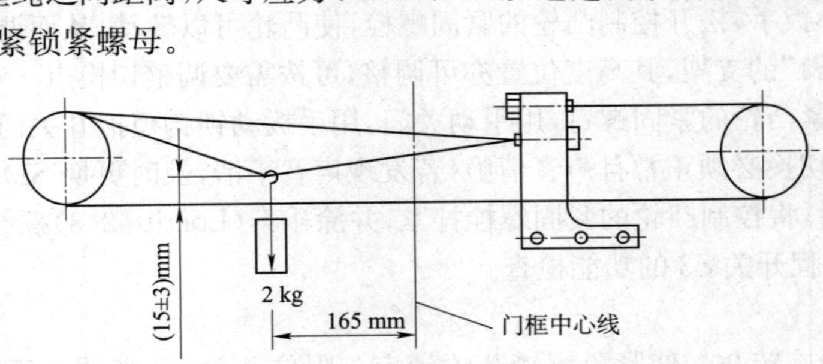

图 5-23　钢丝绳张紧力的调整

2. 车门电路故障

车门电路故障主要有继电器卡滞、烧损，行程开关内部弹簧老化造成触头接触不到位等。这类故障均可以通过对相关车门电路的分析查出并处理。

主要故障：S1 或 S2 行程开关接触不到位：S1/S2 各有一对常开触点，并联在一起检测单个门的关闭和锁闭状态，一对常闭触点串联在一起用于整节车的车门状态检测。车门关闭并锁好后，如果单个门检测都正常，即 S1/S2 常开触点都已断开，但整节车侧墙黄色指示灯不灭，排除整节车继电器 8K27/8K28 的故障后，说明至少有一个门的 S1/S2 常闭触点没有闭合。

在这种情况下，由于单个门指示灯都已熄灭，无法直接判断是哪个门的故障，可以通过逐个切除，即由 S3 旁路 S1 和 S2 的串联电路，找到有故障的车门。

3. 车门气路故障

车门气路故障主要表现在气动元件调节功能失效、漏气等，可以通过用新件替换查找故障件。

常见部件失效现象有以下几种情况：

(1)驱动风缸漏气或中央控制阀漏气：这两个部件若发生漏气情况，一般都表现为门关闭或完全开启时，中央控制阀排气口一直有空气排出。通常情况下，驱动风缸漏气情况较为普遍，可采取先更换驱动风缸的处理方法进行检查。

(2)解锁风缸动作不灵活，导致锁钩无法复位，车门无法锁闭：通常情况下，可对解锁风缸的活塞进行清洁并喷涂橡胶保护剂润滑其密封件；若试验多次仍无法恢复正常，可以判断是解锁风缸内部存在故障，一般为内部排气孔堵塞造成，需更换解锁风缸。

(3)中央控制阀速度及缓冲调节失效：旋转各调整针阀，可将针阀拧至“＋”或“－”的极限位置，若开关门速度或缓冲速度没有明显变化，说明针阀的调节作用已失效，需更换中央控制阀整件。

(4)单向节流阀调节功能失效，导致锁钩下落速度不可调，通常情况下关门逻辑为锁钩先落下，门页上的锁销撞击锁钩后把门锁上，需更换单向节流阀。

二、电控电动车门系统故障检测及处理

1. 列车单个车门不能打开的检测及处理

(1)单/多个车门故障检测处理程序(车辆显示屏在关门状态下有个别车门状态显示黄色及红色)包括：

① 列车在站关门时发现司机室关门指示灯不亮，司机在确认屏蔽门与列车之间的空隙无人后等待 20 s 后，重新开、关门一次、观察能否恢复正常，能恢复正常则确认站台安全、进路正确，可以开车。

② 若不能恢复正常，则通知站台在场工作人员，要求其确认好故障屏蔽门的位置和准备好“此门故障，暂停使用”的字条，通过车辆显示屏确认故障门的位置并记录在手账上，同时做好乘客广播，并将情况报告行调，重新打开屏蔽门、车门，司机带上方孔 T 形钥匙到达故障门处进行处理。

③ 司机进入客室把故障门切除。(注：司机到达故障车门时第一时间先检查故障门的门槽内无异物。若开门情况下切除车门，司机必须要用力将车门推至关闭状态，两扇车门之间无

缝隙,用力反方向推门,车门不打开,切除指示灯红灯亮。)

④ 切除完毕,要求车站在故障门张贴“此门故障暂停使用”的告示,从其他车门下车,回到驾驶室后关屏蔽门、关车门。

⑤ 确认站台安全,站台岗给信号、进路正确,动车后报告行调。

(2)列车在站停车开门时发现某一节车厢的车门有一个或多个车门不能打开或关闭,相应车门状态显示黑色闪烁,可进行以下操作:

① 报告行调,同时做好乘客广播安抚乘客。

② 到故障车检查 8F21～8F25 是否跳闸,如果跳闸则需要复位,可继续维持车辆运行。

③ 若自动开关无跳闸或复位不成功,则报告行调,建议切除故障车门,按行调的指示执行。

其中:

8F21—车门 1/2,微型断路器(MCB)。

8F22—车门 3/4,微型断路器(MCB)。

8F23—车门 5/6,微型断路器(MCB)。

8F24—车门 7/8,微型断路器(MCB)。

8F25—车门 9/10,微型断路器(MCB)。

2. 列车所有左侧/右侧车门不能打开的检测及处理

(1)单节整边门不能打开。检查相应车的 8F03、8F05、8F09(左边门)或 8F04、8F06、8F10(右边门)是否跳闸。如果是,请复位;如果不是或复位不了,报告运营控制中心,请求运行到前方终点站退出服务。

(2)单节车整边门不关闭。检查相应车的 8F09(左边门)或 8F10(右边门)是否跳闸。如果是,请复位,如果不是或复位不了,报告运营控制中心,请求清客退出服务。

其中:

8F03—左门解锁,保护本车“左门解锁”的继电器。

8F04—右门解锁,保护本车“右门解锁”的继电器。

8F05—左门打开,保护本车“左门开”的继电器。

8F06—右门打开,保护本车“右门开”的继电器。

8F07—左门重开,保护本车“左门重开”的继电器。

8F08—右门重开,保护本车“右门重开”的继电器。

8F09—左门未锁,保护本车左边门的开、关门控制电路和检测电路以及灯显示电路。

8F10—右门未锁,保护本车右边门的开、关门控制电路和检测电路以及灯显示电路。

(3)整列车左侧门/右侧门不能打开。手动操作有关继电器开门,疏散乘客后报告运营控制中心,退出服务。

3. 车门在未接到门开激活指令的情况下离开关门位置的检测及处理

故障现象:“门关”行程开关显示车门没有关好。

处理方法如下:

(1)检查紧急解锁的机械调整装置以及紧急解锁行程开关的调节装置。

(2)检查车门锁闭机械装置。

(3)检查车门驱动机械装置。

(4)检查“门关”行程开关的调整装置和接线。

(5)检查车门控制单元的输入电路。

4. 关门位置检测开关故障的检测及处理

故障现象：车门打开按下关门按钮后，单个车门无法关闭，车辆显示屏显示该车门故障。该故障的主要原因是开门行程开关在车门打开过程中出现故障或误动作，在关门过程中，EDCU 收不到“门关好”信息，EDCU 将向列车诊断系统发出“车门故障”信息。

处理方法如下：

(1)检查该行程开关是否有故障，若有故障，将其更换。

(2)检查该行程开关的安装是否过紧，并检查其调整是否满足要求，不符合要求则重新调整。

5. 车门电机故障的检测及处理

故障现象：车门不动作、车门动作一段距离后停止运动等。

处理方法如下：

(1)检查车门电动机各接线是否有松动或断裂的情况，若松动则重新紧固或更换断裂的部件。

(2)检查车门电动机的连接件包括电动机皮带、联轴器是否异常。若皮带出现断裂则更换。

(3)以上故障都排除后仍然不能解决该故障，则可能是车门电动机本身的故障，可考虑更换车门电机。

本章小结

城轨车辆车门按驱动方式的不同分：电控气动门和电控电动门；按开启方式的不同分：内藏嵌入式对开侧移门、外挂式侧移门、塞拉门和外摆式车门；按用途的不同分客室车门、司机室侧门、紧急疏散门和司机室分隔门等。

电控气动门的控制是通过电控制压缩空气，再由压缩空气驱动车门的驱动风缸，通过机械传动系统完成车门的开关动作，机械锁闭机构可以使车门可靠地固定在关闭位置。

电控电动车门的控制是车门控制单元 EDCU 接收到开关门信号时，EDCU 会输出电信号驱动电机工作，电机通过皮带把转动力矩传送给丝杆，丝杆运动将会带动与之啮合的螺母运动，螺母通过携门架带动门页同步运动。

城轨车辆车门数量多，开关频繁。车门的故障表现复杂繁多，其中既有车门气动系统、机械传动方面的问题，也有车门电气控制及信息检测系统的故障。车门机械故障主要分两种：零部件损坏故障和调整不到位故障。车门电路故障主要有继电器卡滞、烧损，行程开关内部弹簧老化造成触头接触不到位等；车门气路故障主要表现在气动元件调节功能失效、漏气等。

电控电动车门系统故障检测及处理包括：① 列车单个车门不能打开的检测及处理；②列车所有左侧/右侧车门不能打开的检测及处理；③车门在未接到门开激活指令的情况下离开关门位置的检测及处理；④关门位置检测开关故障的检测及处理；⑤车门电机故障的检测及处理。

复习思考题

1. 城轨车辆车门的分类有哪些？各有什么特点？

2. 试述城轨车辆电控气动客室车门的结构及气动工作原理。
3. 城轨车辆电控气动客室车门采用了哪些行程开关？各有什么作用？
4. 试述城轨车辆电控电动客室车门的结构及开、关门动作原理。
5. 运行屏上车门状态及显示意义是什么？
6. 客室车门指示灯的显示意义是什么？
7. 电控气动客室车门机械系统故障有哪些？应如何处理？
8. 电控气动客室车门气路系统故障有哪些？应如何处理？
9. 电控气动客室车门电路系统故障有哪些？应如何处理？
10. 电控电动客室车门常见故障有哪些？应如何处理？

第六章　城市轨道交通车辆连接装置

城市轨道交通车辆的连接装置主要包括:车钩缓冲装置和贯通通道装置,通过它们使列车中的车辆相互连接,实现相邻车辆之间的纵向力传递和通道的连接。

第一节　概　述

一、车辆连接装置作用

车钩缓冲装置是车辆最基本的部件,其外观结构如图 6-1 所示。主要是用来连接列车中的各车辆,使之彼此保持一定的距离,并且传递、缓和列车在运行中或在调车时所产生的纵向力或冲击力,同时采用高性能弹性缓冲器,满足列车在较高速度下意外碰撞时,通过车钩缓冲器吸收巨大冲击能量,保障车辆不受损坏。此外,还可以实现车辆间的电路和气路连接。

图 6-1　车钩缓冲装置

贯通通道装置也就是风挡装置,其外观结构如图 6-2 所示。位于两节车厢的连接处,它可适应车厢之间所有可能产生的相对位移,其具有良好的防雨、防风、防尘、隔声、隔热等功能,能够使旅客安全、方便地穿行于车厢之间,保护旅客不受外力伤害。同时美观的内装饰,使之与客室保持一致的整体性。

图 6-2　贯通通道装置

二、车辆车钩的主要分类

按照车辆牵引连挂装置的连接方法的不同，车钩可分为非自动车钩和自动车钩，如图 6-3 所示。非自动车钩需由人工来完成车辆的连挂及解钩，而自动车钩则可通过司机室远程控制就能实现连挂及解钩动作。

按照两车钩相对位移不同，车钩又可分为刚性车钩和非刚性车钩。早期城轨车辆曾沿袭铁道车辆采用非刚性车钩，目前均为刚性车钩。

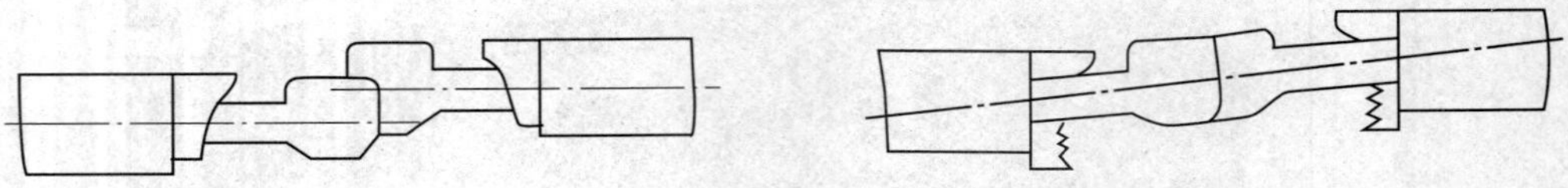

(a)　　　　(b)

图 6-3　非刚性车钩与刚性车钩

非刚性车钩结构如图 6-3(a)所示。允许两个相连接的车钩钩体在垂直方向上有相对位移。当两个车钩的纵轴线存在高度差时，两个车钩呈阶梯形状，并且各自保持水平位置。由于钩体的尾端相当于销接，这就保证了车钩在水平面内的位移。

刚性车钩结构如图 6-3(b)所示。通常称为密接式车钩，它的连接不允许两连挂车钩在垂直方向上有相对位移，而且对前后的间隙要求应限制在很小的范围之内。如果在车辆连挂之前两车钩的纵向轴线高度已有偏差，在连挂后，两车钩的轴线处在同一条直线上并呈倾斜状态。两钩体的尾端具有完全的销接，这就能保证两连挂车辆之间可以具有相对的平移和角位移，保证具有这些位移的必要性是由于线路的水平面及纵剖面是变化的，以及由于车体在弹簧上的振动和作用于车辆上的力所决定的。

刚性车钩与非刚性车钩相比有以下优点：

(1)减小了两个车钩连接表面之间的间隙，从而也降低了列车中的纵向力，提高了列车运行的平稳性。

(2)由于车钩零件的位移减小了，并且在这些零件上作用的力也减小了，因此改善了自动车钩内部零件的工作条件。

(3)减小了车钩连接表面的磨耗。

(4)减小了由于两连挂车钩相互冲击而产生的噪声，这对于城轨车辆和客车尤为重要。

(5)避免在意外撞车事故时，发生一个车辆爬到另一个车辆上的危险。

我国城轨车辆以及高速动车组普遍采用了刚性车钩，非刚性车钩则用于一般铁路客车、货车上。

第二节　车　　钩

城轨车辆车钩基本上可分为全自动车钩、半自动车钩和半永久性牵引杆三种。

(1)自动车钩可以实现机械、气路和电路的完全自动连挂和解钩。

(2)半自动车钩的机械和气路的连接机构与作用原理基本上与全自动车钩相同，可以实现自动连挂和解钩，或人工解钩，但电路必须靠人工连挂和解钩，以方便检修作业。

(3)半永久性牵引杆的机械、气路和电路的连接和解钩都需要人工操作，但一般只有在架修以上的作业时才进行分解。

国内六节编组一般采用—A＊B＊C=C＊B＊A—。

“—”为全自动车钩；“＊”为半永久性牵引杆；“=”为半自动车钩。

一、全自动车钩

全自动车钩位于A车端部，其电气和风路连接装置都组装在钩头上。当车辆连挂时，车钩的机械、风路、电路系统都能自动连接；解钩时，可在司机室控制自动解钩或采用手动结构。解钩后，车钩即处于待挂状态；电气连接器通过盖板自动关闭，以防止水和尘土进入；主风管连接器也自动关闭，防止压缩空气泄漏。

我国城轨车辆用全自动车钩主要有两种：一种是德国夏芬伯格(Scharfenberg)密接式车钩，采用拉杆式连接结构；一种是国产密接式车钩，采用半圆形钩舌。

(一)夏芬伯格(Scharfenberg)密接式车钩

夏芬伯格(Scharfenberg)密接式车钩缓冲装置如图6-4和图6-5所示。它主要由钩头、盖板、车钩控制、卡环、对中装置、风管接头、车钩牵引杆、接地系统、橡胶垫钩尾框、解钩气缸、电气钩头组成。车辆连挂时依靠两车钩相邻钩头前端的锥形喇叭口引导彼此精确地对中，实现两车钩的紧密连接；同时自动将两车之间的电气线路和空气通路接通。在两车分解时，也可由司机控制解钩电磁阀自动解钩，并自动切断两车之间的电气线路和空气通路。

图6-4　夏芬伯格(Scharfenberg)密接式车钩

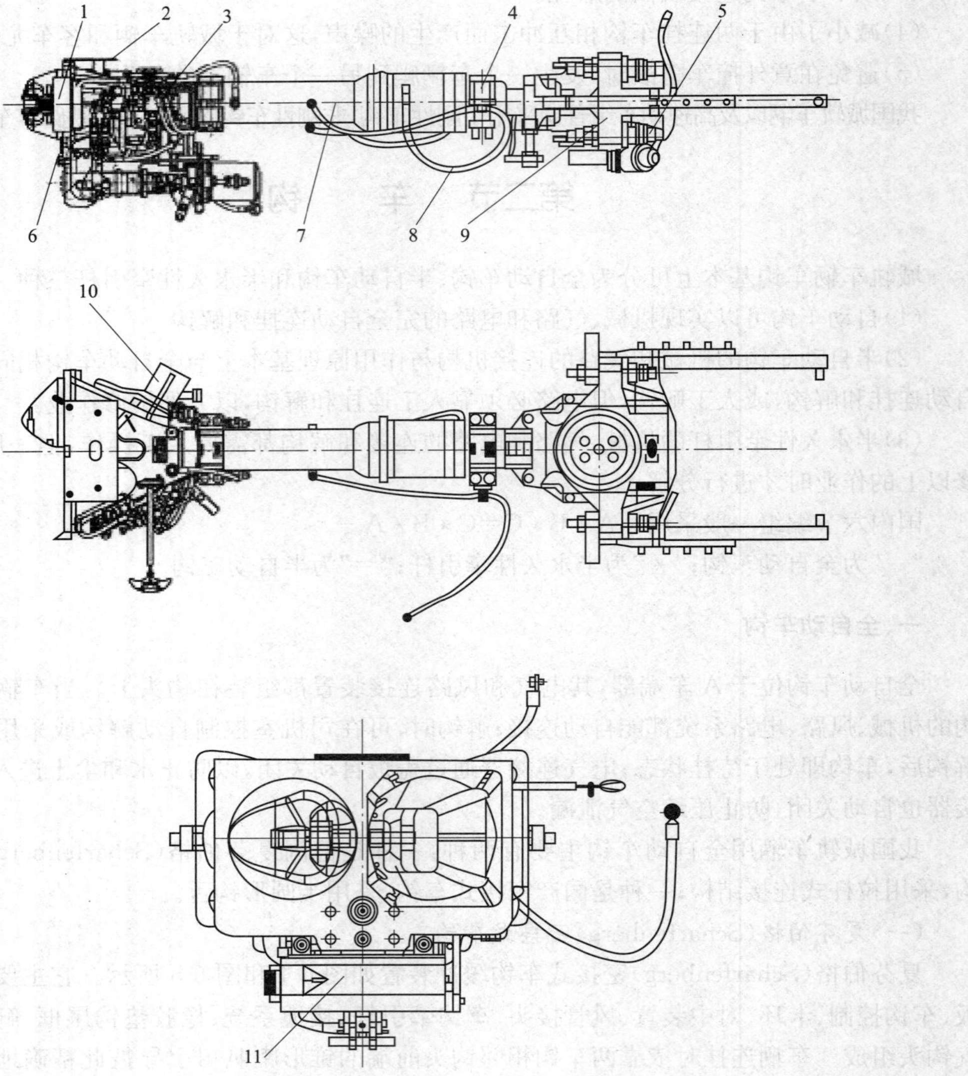

图 6-5　夏芬伯格(Scharfenberg)密接式车钩结构图

1—机械钩头；2—盖板；3—车钩控制；4—卡环；5—对中装置；6—风管接头；
7—车钩牵引杆；8—接地系统；9—橡胶垫钩尾框；10—解钩气缸；11—电气钩头

1. 机械钩头结构

机械钩头如图 6-6 所示。车钩锁确保两节车厢之间的机械连接，端面有凸锥和凹锥，允许车钩自动对齐和同心，在水平和垂直方向提供一个大的连挂范围。车钩端面配有一只宽而扁的边缘以吸收缓冲载荷。牵引力通过钩锁(钩板、钩舌、中心销和张力弹簧)传递。牵引和缓冲负载从车钩传送到车厢底架内。车钩有待挂、连挂、解钩三种状态。

2. 作用原理

(1)待挂。为车钩连接前状态，连接杆紧挨着外锥体的边缘，张力弹簧把钩舌压在机械钩头箱体的止挡上，如图 6-7 所示。

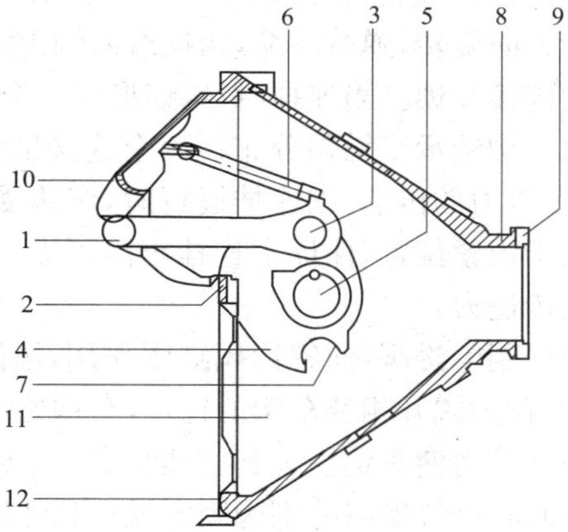

图 6-6　机械钩头结构

1—钩锁连接杆；2—止挡；3—钩舌销；4—钩舌；5—中心销；6—张力弹簧；7—钩板凹槽；8—钩头箱体；9—卡环法兰；10—凸锥；11—凹锥；12—车钩断面

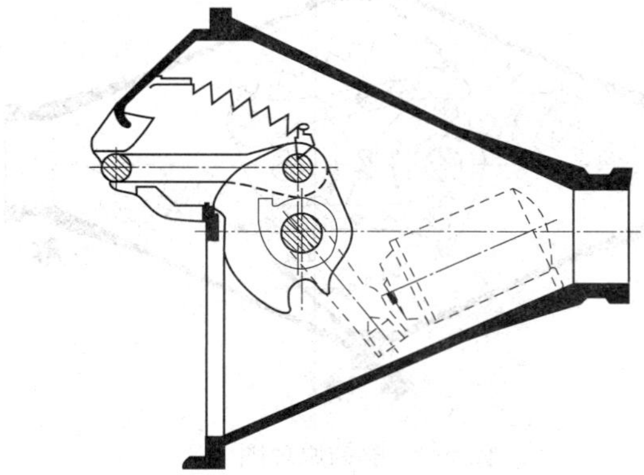

图 6-7　待挂原理图

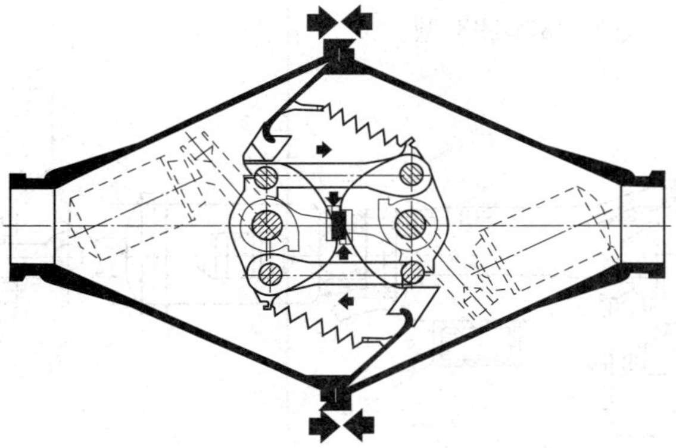

图 6-8　连接原理图

(2)连接。与相邻车辆的车钩对撞自动完成,如图 6-8 所示。其动作如下:在对方钩锁的撞击下,钩沿中心轴向反时针方向旋转,弹簧压缩,钩锁滑入钩舌定位槽中锁定。连挂后,弹簧恢复到原状况,完成两车钩的连接互锁。当连挂时,钩锁形成一个平行四边形从而保证力的均衡,不可能出现意外解锁现象。钩锁承受均匀分布在两个连接链上的张力载荷。正常的磨损不会影响钩锁的安全使用。车钩力的传递:在连挂运行时,车钩受拉力作用,由于钩锁连接杆牵引负荷均匀,使钩舌始终处于锁紧位置,保证了连挂牢固可靠。当推进运行时,车钩受推力作用,由车钩壳体的密贴平面传递力。

(3)解钩。司机操纵按钮控制电磁阀,使解钩风缸图作用,风缸活塞杆推动钩舌作顺时针转动,张紧弹簧拉伸,使车钩的钩锁脱开相邻车钩的钩舌,车钩处于解钩状态,拉动一组车车钩分离。当两节车完全分离后,弹簧力使车钩恢复到待挂状态。车钩下部为电气连接部分,由电器箱等附属件组成,可前、后伸缩,电气触点分别为固定触点和弹性触点,保证电气连接时密接可靠,电气箱外装有保护罩,当连接时,电气箱可由操纵结构推出,此时保护罩自动开启;当解钩后,电气箱退回至原位,保护罩自动关闭,如图 6-9 所示。

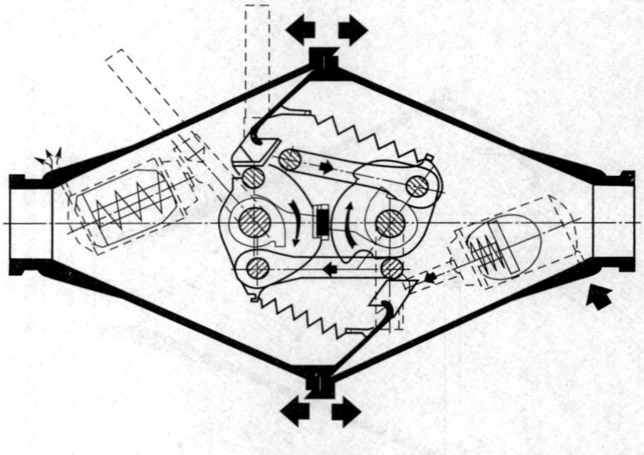

图 6-9　解钩原理图

欧洲国家的地铁车辆大都采用这种车钩形式,目前国内多数城市的地铁车辆也采用这种形式的车钩。但在结构和具体的应用上又有所不同,例如,广州 1 号线列车所使用车钩为 330.73(2)型,4 号线的车钩为 330.193 型。

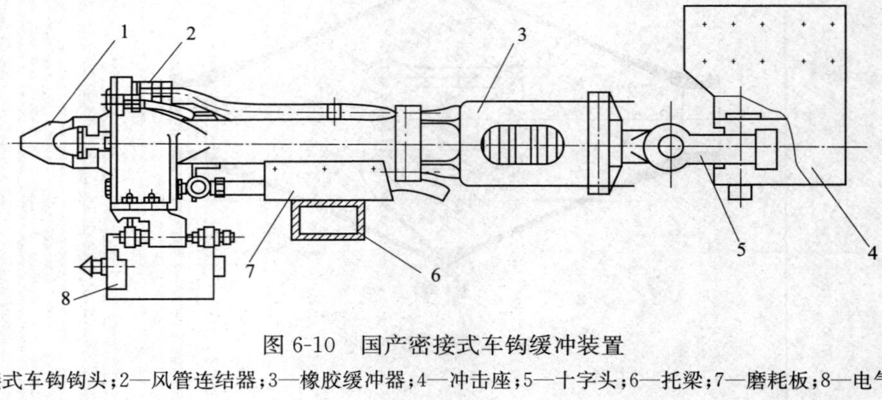

图 6-10　国产密接式车钩缓冲装置

1—密接式车钩钩头;2—风管连结器;3—橡胶缓冲器;4—冲击座;5—十字头;6—托梁;7—磨耗板;8—电气连结器

（二）国产密接式车钩

国产密接式车钩缓冲装置如图6-10所示。它主要有车钩钩头、橡胶金属片式缓冲器、风管连接器、电器连接器和风动解钩系统等几部分组成，缓冲器位于钩头的后部。车辆连挂时依靠两车钩相邻钩头上的凸锥和凹锥孔的相互插入，实现两车钩的紧密连接；同时自动将两车之间的电路和空气通路接通。在两车分解时，亦可自动解钩，并自动切断两车之间的电路和空气通路。

在车钩下面有车钩托梁，在缓冲器尾部通过十字头连接器与车体上的冲击座相连，可以实现水平和垂直方向的摆动。

1. 钩头结构

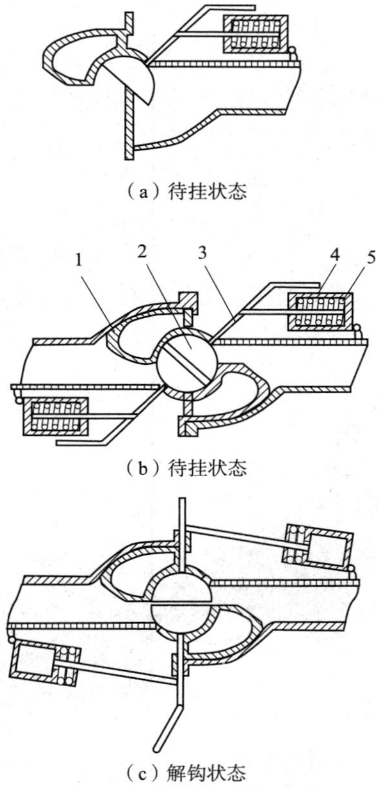

图6-11　国产密接式车钩作用原理

1—钩头；2—钩舌；3—解钩杆；4—弹簧；5—解钩风缸

其车钩的内部结构及作用原理如图6-11所示。车钩前端为钩头，它有一个凸锥和凹锥孔，内部还有钩舌（半圆形）、解钩杆、解钩杆弹簧和解钩风缸组成。

2. 作用原理

该车钩有待挂、连接和解钩三种状态。

（1）待挂状态。为车钩连接前的准备状态，此时钩舌定位杆被固定在待挂位置，解钩风缸活塞杆处于回缩状态，此时半圆形钩舌的连接面与水平面呈40°。

（2）连挂状态。两钩连挂时，凸锥插进对方车钩相应的凹锥孔中。这时凸锥的内侧面在前进中压迫对方的钩舌转动，使解钩气缸的弹簧受压，钩舌沿逆时针方向旋转40°。当两钩连接面相接触后，凸锥的内侧面不再压迫对方的钩舌，此时，由于弹簧的作用，使钩舌恢复到原来的状态，即处于闭锁位置。

(3)解钩状态。自动解钩:要使两钩分解,需由司机操纵解钩阀,压缩空气由总风管进入前车(或后车)的解钩气缸,同时经解钩风管联结器送入相连挂的后车(或前车)解钩气缸,活塞杆向前推并带动解钩杆,使钩舌转动至开锁位置,此时两钩即可解开。两钩分解后,解钩气缸的压缩空气迅速排出,解钩弹簧得以复原,带动钩舌顺时针方向转动 40°恢复到原始状态,为下次连挂做好准备。

手动解钩:如果采用手动解钩,只要用人力扳动解钩杆,也能使钩舌转动至开锁位置,实现两钩的分解。

北京地铁 1、2 号线和天津滨海轻轨车辆采用了这种车钩形式。

二、半自动车钩

通常半自动车钩的钩头连接形式与自动车钩相同,连挂方式和锁闭方式也相同。两个相同的车钩可以在直线线路和曲线线路上自动连挂。

图 6-12 所示为夏芬伯格(Scharfenberg)半自动车钩。

半自动车钩可以实现列车单元之间的机械连接和风管连接自动连接,电气连接只能手动。解钩时机械和气路部分可自动,也可手动操作,但不能在司机室集中控制。

在半自动车钩上设有贯通通道支撑座,用于车辆运行过程和解钩之后支撑贯通通道。支撑座可以承受贯通通道及所承受的载荷。

图 6-12　夏芬伯格(Scharfenberg)半自动车钩

三、半永久性牵引杆

半永久性牵引杆用于同一单元内车辆之间的编组,使之编组成单元,如图 6-13 所示。列车单元在运行过程中一般不需要分解,通常只在维修时才分解。当两车连挂时即形成刚性连接,其连接间隙最小。垂向运动和转动也很小。这样的连接形式可以保证列车在出轨时车辆之间仍然可以保持相对位置,防止车辆重叠和颠覆,减少列车启动及制动时的冲动。每个半永久牵引杆上均有贯通通道支撑座,用于车辆运行过程和解钩之后支撑贯通道。支撑座可以承受车辆正常运行时超员情况下贯通道所承受的载荷。

半永久牵引杆只是将两车的连接方式有车钩连接改为牵引杆连接,取消了风路和电路的连接。风路和电路的连接只能依靠手动连接。不同种类的车辆所安装的半永久性牵引杆的结构可能有所不同,连接原理是一致的。

上海地铁车辆半永久牵引杆结构如图 6-14 所示。

图 6-13　半永久性牵引杆

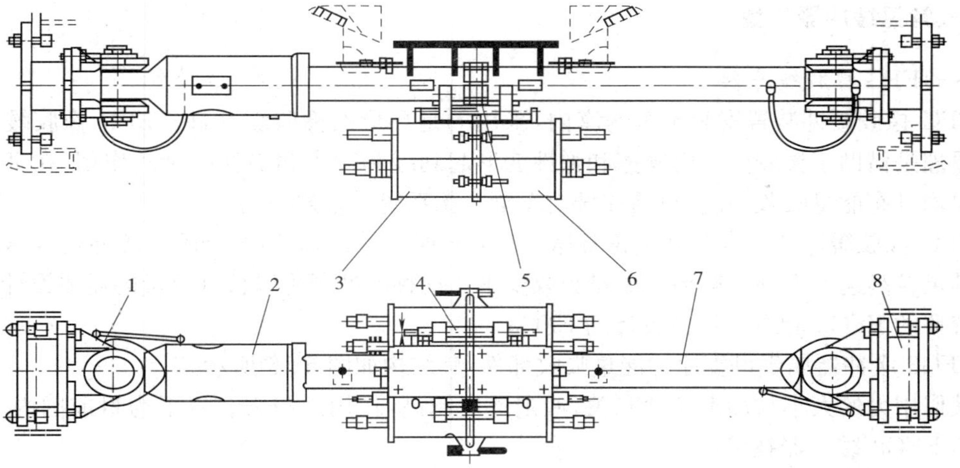

图 6-14　上海地铁半永久牵引杆

1—支撑座；2—具有双作用环弹簧的牵引杆；3、6—电气连接盒；4—风管；5—套筒式联轴器；7—牵引杆；8—过渡板

其主要特征是将两相邻车钩中的一个车钩钩体和另一车钩钩体、缓冲器总成分别由两个牵引杆代替，两牵引杆的端部各有一个锥孔和锥柱，在连挂时起定位作用，通过套筒式联轴器将两个牵引杆刚性相连，其电气、气路通过机械紧固获得永久连接。通常只在维修时才分解，在半永久牵引杆上设有贯通道支撑座。

图 6-15 所示为国产地铁车辆半永久牵引杆。其主要特征为半永久牵引杆是将两车的连接方式由车钩连接改为用一根牵引棒代替，将自动车钩中的两个车钩钩体取消，牵引杆的两端直接与两个缓冲器相连，同时取消了风、电路的连接。

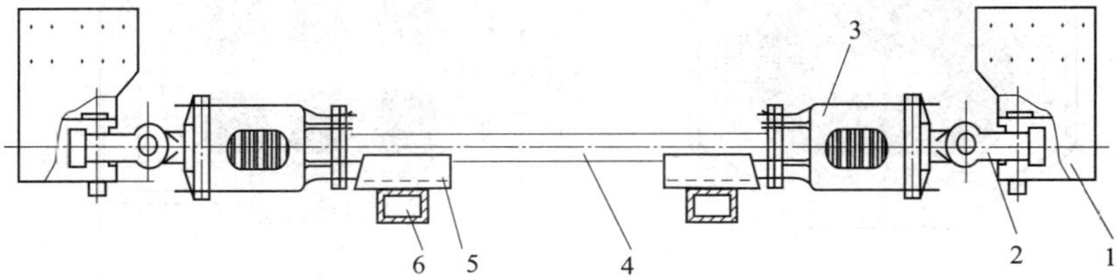

图 6-15　国产地铁车辆半永久牵引杆

1—连接座；2—十字头；3—缓冲器；4—牵引杆；5—磨耗板；6—车钩托梁

第三节　缓 冲 装 置

缓冲装置(缓冲器)是城轨车辆车钩系统重要部件之一,其主要作用如下:

(1)缓和列车在正常运行中出现的纵向冲击,提高列车运行平稳性和舒适性。

(2)缓和和吸收列车正常连挂时产生的冲击。

(3)吸收列车在非正常状态下以较高速度撞击时的冲击能量,保护车底架不受损坏、乘客不受伤。

城轨车辆车钩目前常用的缓冲器形式有橡胶缓冲器、弹性胶泥缓冲器、气液缓冲器、环弹簧缓冲器和压溃管等,不同的缓冲装置配置直接影响车钩的缓冲和能量吸收性能。

一、常见缓冲器类型

(一)EFG 橡胶缓冲器

EFG 橡胶缓冲装置安装于车钩座内,采用的是环形的橡胶缓冲件。EFG 橡胶缓冲器的工作原理是借助于橡胶分子内摩擦和弹性变形起到缓和冲击和消耗能量的作用,在牵引和压缩方向均具有能量吸收功能,目前在城轨车辆车钩系统中普遍采用。

EFG 橡胶缓冲器可吸收列车正常运行和联挂时的冲击,同时结合胶泥缓冲器或压溃管还可以满足较高速度下列车碰撞的能量吸收要求。这种缓冲器可以根据容量的需要设计成有两组橡胶环的 EFG2 和有三组橡胶环的 EFG3。

EFG3 缓冲器属于可复原的能量吸收部件,其结构如图 6-16 所示。

其作用力的大小与冲击速度有关,冲击速度越高,作用力越大。以下为目前国内 A 型车常用的 EFG3 缓冲器技术参数:

最大压缩行程:	55 mm
最大拉伸行程:	40 mm
容量(压缩):	14.1 kJ
容量(拉伸):	7.075 kJ
最大静态压缩力:	680 kN
最大静态拉伸力:	390 kN
能量吸收率:	30%～40%

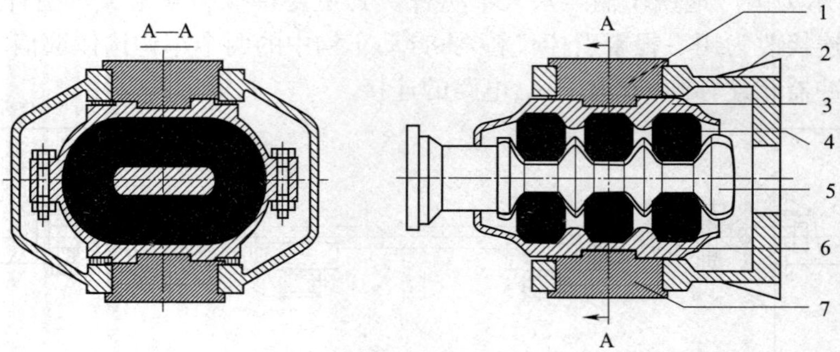

图 6-16　EFG3 橡胶缓冲器

1—枢轴;2—轴承座;3—上壳体;4—橡胶环;5—芯轴;6—下壳体;7—枢轴

(二)弹性胶泥缓冲器

弹性胶泥缓冲器的工作原理和结构如图 6-17 所示。

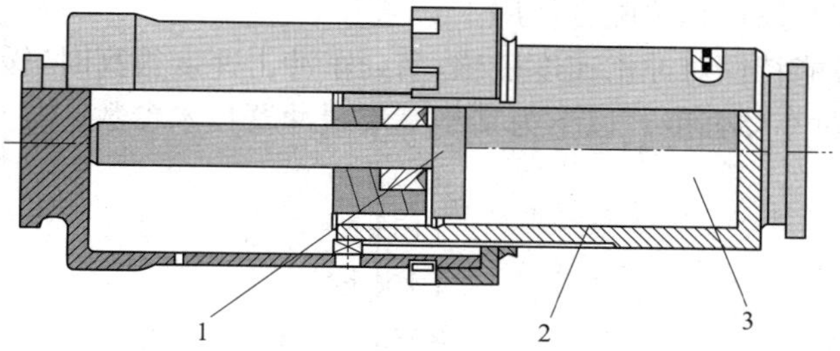

图 6-17　弹性胶泥缓冲器

1—活塞;2—壳体;3—胶泥

弹性胶泥材料为该缓冲器接受能量的元件,将其装进一个能够承受一定压力的缓冲器活塞缸体内,根据实际运用的需要增加一定的预压缩力,当活塞杆受到一定的压力(静压力或冲击力)时,活塞利用活塞缸内的节流孔或节流间隙以及弹性材料本身体积被压缩产生的反作用力产生一定的阻抗力。当活塞杆外力撤销后,弹性胶泥的体积会自行膨胀,将活塞推回到原始位置。

弹性胶泥缓冲器一般具有较高的初始动作力,所以经常与 EFG 橡胶缓冲器配合使用,拉伸方向的冲击和压缩方向较小的冲击(例如车辆正常连挂时的冲击)由 EFG 吸收,而胶泥缓冲器吸收压缩方向较大的冲击。胶泥缓冲器的容量较大,例如某型 150 mm 行程的胶泥缓冲器的容量约为 142 kJ,能量吸收率一般为 55%～65%。

(三)气液缓冲器

气液缓冲器是将气体和液压油作为介质,利用气体和液压油的特性组合成具有吸能特性的可恢复式缓冲器,气体的可压缩性可满足较低速度初始能量吸收,液体的阻尼可满足较高速度的能量吸收。

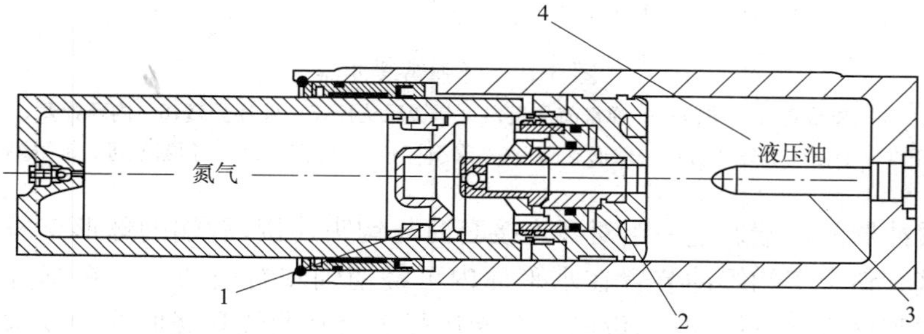

图 6-18　气液缓冲器

1—密封活塞;2—增压阀;3—节油杆;4—液压油

如图 6-18 所示,气液缓冲器一端由一个带增压阀的活塞与充满液压油的油缸组成,另一端由充满氮气的气缸及带密封的活塞组成,活塞一边充满氮气而另一边充满液压油。一般的气液缓冲器,气体和液压油均承受压缩方向负荷,在拉伸方向需要设置环弹簧实现缓冲;采用双行程原理的气液缓冲器在拉伸方向也具有缓冲作用,无需另外配置环弹簧。

气液缓冲器结构较复杂,密封性要求高,维修成本高,一般在大修时需要返回到缓冲器供货商处进行维修。

该缓冲器初始动作力较小，能量吸收后可自行恢复，吸能性能对冲击速度敏感，因此，这种缓冲器一般与球铰和摩擦环弹簧配合使用。

气液缓冲器的吸能特性对冲击速度敏感，当列车冲击速度很高时，缓冲器会在短时间内产生很大的力，甚至超过车体强度。以下为某型气液缓冲器技术参数：

最大行程	150 mm
容　　量	145 kJ
最大阻抗力	1 100 kN
能量吸收率	80%～85%

(四)环弹簧缓冲器

环弹簧缓冲器由弹簧盒、弹簧前后座板、外环弹簧(共七片)、内环弹簧(五片内环弹簧、一片开口环弹簧和两片半环弹簧组成)、端盖、球形支座、牵引杆等组成，其结构如图 6-19 所示。

作用原理：当车钩受冲击时，牵引杆推动弹簧前从板向后挤压环弹簧；当车钩受牵拉时，拧紧在牵引杆后端的预紧螺母带动弹簧后从板向前挤压环弹簧。所以不论车钩受冲击或牵拉环弹簧均受压缩作用。由于内、外环弹簧相互接触的接触面均做成 V 型锥面，受压缩相互挤压时，外环扩张，内环压缩，这样就产生了轴向变形，起到缓冲的作用。同时内、外环弹簧接触面产生相对滑动，摩擦力做功消耗了部分冲击能。

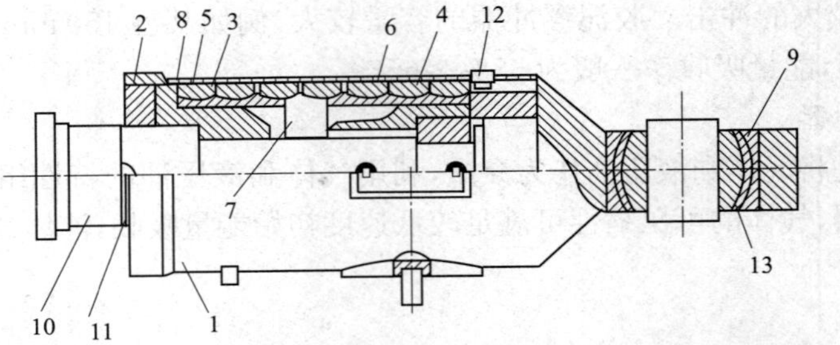

图 6-19　环弹簧缓冲器

1—弹簧盒；2—端盖；3—弹簧前从板；4—弹簧后从板；5—外环弹簧；6—内环弹簧；7—开口弹簧；8—半环弹簧；9—球形支座；10—牵引杆；11—标记环；12—预紧螺母；13—橡胶嵌块

环弹簧缓冲器的前端通过一组对开连接套筒与钩头连接，后端的球形支座通过销轴与车钩支撑座连接。整个车钩缓冲装置在水平面内可绕销轴左右摆动 40°，在垂直面内借助于球形轴套嵌有橡胶件可上下摆动 5°，以满足车辆运行于水平曲线和竖曲线的要求。以下为上海地铁 1 号线所采用环弹簧缓冲器主要技术参数：

最大行程：	58 mm
最大作用力：	580 kN
缓冲器的容量：	18.7 kJ
能量吸收率：	66%

(五)压 溃 管

压溃管是一种破坏性的能量吸收元件，通过特制的可压溃变形管安装于车钩杆上，在管子的管口安装一个涨块，通过对管子的扩口变形来吸收能量，其结构如图 6-20 所示。该缓冲器要求压溃管材料的强度被准确地控制在一个较小的范围内,压溃力理论上在全行程保持一恒定值。该缓冲器结构简单,免维护,能量吸收率为 100%。

由于存在初始动作力,压溃管一般配合 EFG 橡胶缓冲器使用,列车正常联挂时的冲击能量由 EFG 吸收,较高速度的冲击通过压溃管变形吸收能量,对车体进行保护。

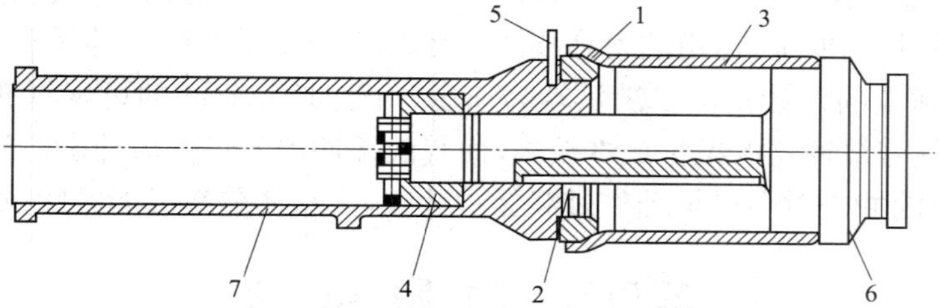

图 6-20 压溃管

1—涨块;2—锁紧螺母;3—压溃管;4—销;5—标记销;6—拉杆;7—中间牵引杆

图 6-21 所示为某型压馈管变形图。图 6-21(a)所示为未变形状态,图 6-21(b)所示为压溃后状态。

在车辆撞击时,能量吸收可分为三级:第一级,速度最大为 8 km/h 速度时,车钩内的缓冲、吸收装置吸收全部能量,产生的变形可以恢复;第二级,速度为 8～15 km/h 速度时,压溃管产生的变形不可恢复;第三级,速度超过 15 km/h 速度时,自动车钩的过载保护系统产生不可恢复的变形,车辆前端将参与能量吸收以保护乘客。

压溃管的能量吸收可以保护车体钢结构免受破坏。当冲击速度过大,导致可压溃变形管变形时,必须更换。

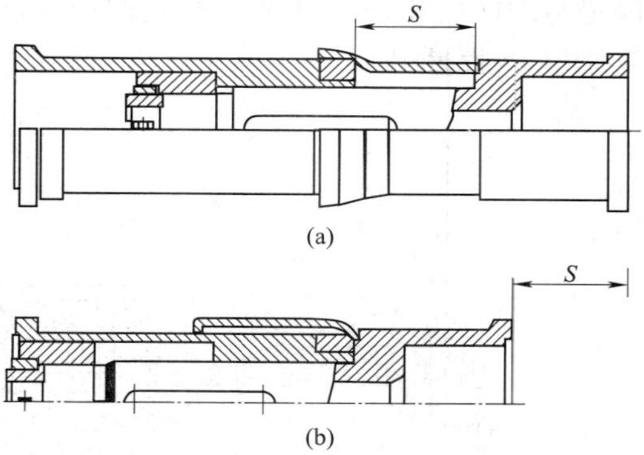

图 6-21 压溃管变形图

二、车钩缓冲器系统的配置选型

列车中的不同部位会根据需要配置不同的车钩,这些车钩及缓冲器会作为一个系统发挥缓冲和吸能作用,而不是孤立地起作用。在设计列车的车钩缓冲器系统时,要根据车辆的技术数据、缓冲吸能性能要求,综合考虑列车各个部位的缓冲器配置(必要时包括车体前端吸能区的特性),才能准确地找出满足要求的车钩缓冲器系统方案。

影响车钩缓冲器系统配置的因素主要以下几点:

(1)列车编组形式:确定车辆数量,列车各个部位的车钩形式。

(2)列车各个车辆的质量:质量越大,运动的动能越大,对缓冲吸能性能要求越高。

(3)车体强度:直接限制车钩缓冲器系统允许发生的最大作用力。

(4)不会导致车体损坏的最大冲击速度:速度越高,动能越大,对吸能容量要求越高。

(5)车钩前端面允许突出车体前端的距离:直接限制列车前端车钩缓冲器的最大允许行程,该距离越小,车钩缓冲器系统设计难度越大。

(6)如果被撞击列车是施加了停放制动的静止列车,停放制动的摩擦系数也有影响,摩擦系数越高，车钩缓冲器系统设计难度越大。

车钩缓冲器系统的缓冲吸能性能是列车的一项总体性能，列车的很多总体参数都影响车钩缓冲器系统的吸能性能，特别是车体强度，几乎可以说对列车的允许冲击速度有决定性的影响，所以对车钩缓冲器系统的吸能性能要求应与列车的总体参数一起考虑。

多个地铁项目的选型和运用经验表明，EFG 橡胶缓冲器配合压溃管的设计可以满足列车正常联挂对吸能保护的要求，运用的寿命周期成本较低；EFG 橡胶缓冲器配合胶泥缓冲器和气液缓冲器配合球铰的设计都可以满足较高速度（可达 15 km/h）的可恢复冲击吸能要求，但是胶泥缓冲器和气液缓冲器的维护成本较高，而气液缓冲器的特性对冲击速度敏感，在发生更高速度（20 km/h）的冲击时会过早动作过载保护装置，为车体前端吸能区的设计带来难度。

第四节　附属装置

一、风管连接器

图 6-22 所示为自动开闭式风管连接器。该装置可自动开闭，当两车钩连挂时，顶杆与密封圈同时受压，密封圈防止泄漏的同时，顶杆压缩阀垫、滑阀和顶杆弹簧，阀垫和滑阀后退，使阀垫与阀体脱开，气路开通。解钩时由于密封圈和顶杆失去压力，在弹簧的作用下，各部件恢复原位，风路断开。

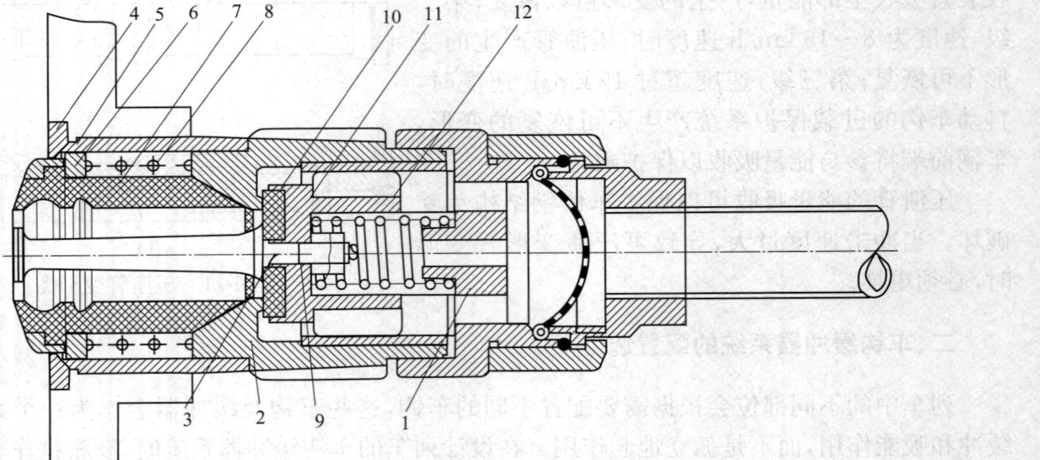

图 6-22　自动开闭式风管连接器

1—后接头；2—阀体；3—顶杆；4—阀壳；5—密封圈；6—滑套；7—橡胶套；8—前弹簧；9—调整垫片；10—阀垫；11—滑阀；12—顶杆弹簧

二、电气连接器

国产地铁电气连接器如图 6-23 所示。通过悬吊装置使钩体与电气连接器成弹性连接。两车钩连挂时，箱体可退缩 3～4 mm，靠弹簧压力，保证良好接触；触头上焊有银片，以减小电阻。它与箱体成弹性连接，靠弹簧压力保证触头处于可伸缩状态，相互接触良好，保证电流畅通。箱体的一侧有一个定位销，对称侧有定位孔，两钩连挂时定位销插入对应的定位孔，以保证触头的准确连接；密封条是防雨水和灰尘的。解钩时，将盖盖好，防止触头损坏。箱体内还设有接线板，使触头的引线和从车上来的引入线对应相连；在它后部有电线孔，为防止电线磨损，设有塑料套。

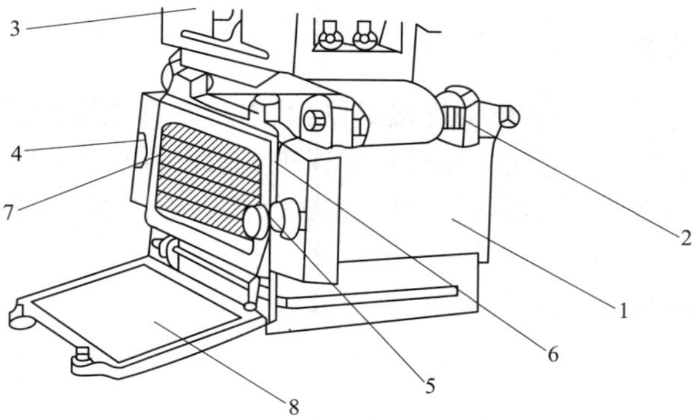

图 6-23 电气连接器

1—箱体；2—悬吊装置；3—车钩；4—定位孔；5—定位销；6—密封条；7—触头；8—箱盖

电气箱外装有保护罩，当两钩连接时，电气箱可推出使其端面高于车钩端面，此时保护罩自动开启；当解钩后，电气箱退回至原位置，保护罩自动关闭。电气箱内的触点分别为固定触点和弹性触点，保证电气连接时密接可靠。

三、车钩对中装置

车钩对中装置能够将解钩后的车钩保持在纵向车轴位置，防止车钩产生横向摆动。图 6-24、图 6-25为夏芬伯格（Scharfenberg）型车钩对中装置，其通过四个螺钉固定在缓冲装置支承座的下方。

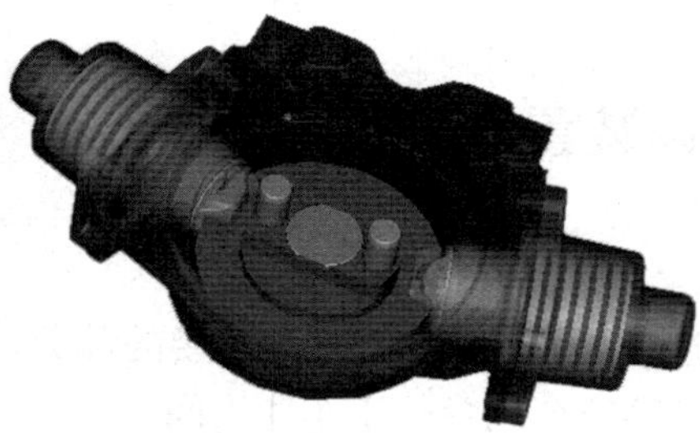

图 6-24 夏芬伯格（Scharfenberg）型车钩对中装置

车钩的偏转范围为±45°，对中装置能够保证车钩在偏转±15°的范围内自动对中，该装置外壳内安装了一个旋转式凸轮盘，与钩尾座枢轴之间形成一种刚性连接。车钩水平摆动时，钩尾座枢轴就会转动。凸轮盘有两处凹槽，通过碟形弹簧，两根带有滚子的心轴被压入凹槽。碟形弹簧使车钩保持在纵向车轴位置。解钩并分离车辆后，车钩在偏准连挂范围内

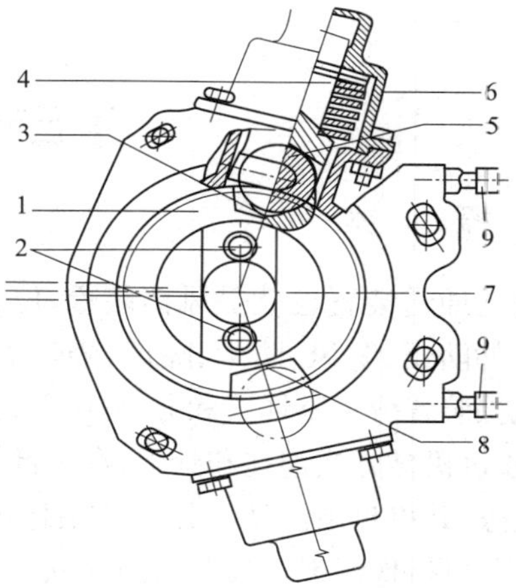

图 6-25 对中装置结构图

1—凸轮盘；2—平行销；3—凹槽；4—心轴；5—滚子；6—碟形弹簧；7—车辆纵向轴；8—复位角；9—六角头螺钉

自动回到中心位置。如果车钩与车轴夹角超出 15°，车钩保持外摆，失去自动对中功能，在解钩并将车辆分开之后，车钩会自动地回到中心角内。

可根据纵向车轴，通过外壳后侧的两个螺钉对车钩重新进行水平调节。

四、车钩过载保护装置

过载保护装置安装在车钩与车体的连接部位，其中包含有强度控制在很小公差范围内的连接元件，当车钩内发生的冲击作用力超过过载保护装置的强度时，过载保护装置动作，使车钩与车体分离，然后车辆前端防爬器接触，继续发挥吸能保护作用。过载保护装置一般只在列车前端的车钩上使用。

一种典型的过载保护装置结构如图 6-26 所示。

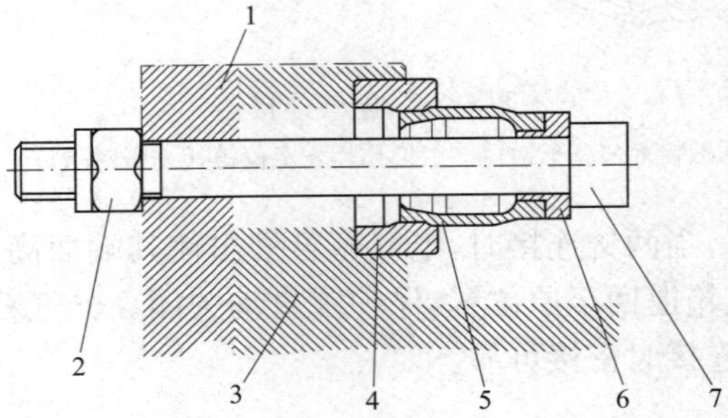

图 6-26　变形套过载保护装置

1—车体；2—螺母；3—车钩尾座；4—座；5—变形套；6—隔套；7—螺栓

变形套在受到过大的力时会发生塑性变形，直径变小，这样车钩尾座会从变形套上通过，车钩与车体分离。过载保护装置的作用仅仅是分离车钩和车体，它能吸收的能量比较小。

第五节　贯通通道装置

一、概　　述

贯通通道装置也就是风挡装置，位于两节车厢的连接处，是两车辆通道连接的部分，它具有良好的防雨、防风、防尘、隔声、隔热等功能，能够使旅客安全地穿行于车厢之间。

风挡装置分为整体式和分体式。分体式是指整个贯通通道由两半组成，分别装在每辆车的端部，通过机械方式连挂和分解，在下部设有分开式的渡板，贯通通道的连接处通过车钩上的支承座支撑，并可自由滑动。分体式结构可以在两辆车连挂和解钩时能快速连挂接合，锁定或解锁、分离，可操作性强。目前国内地铁多采用分体式贯通通道。侧板、顶板和渡板安装在相连的贯通通道部分平稳的跟随两个车体运动，确保乘客的安全及保证与客室内有同样的舒适性。

二、贯通通道结构

贯通通道主要由折棚体、侧护板、顶板、渡板、踏板、护板安装架等组成。图 6-27 所示为广州地铁某型车辆的贯通通道。

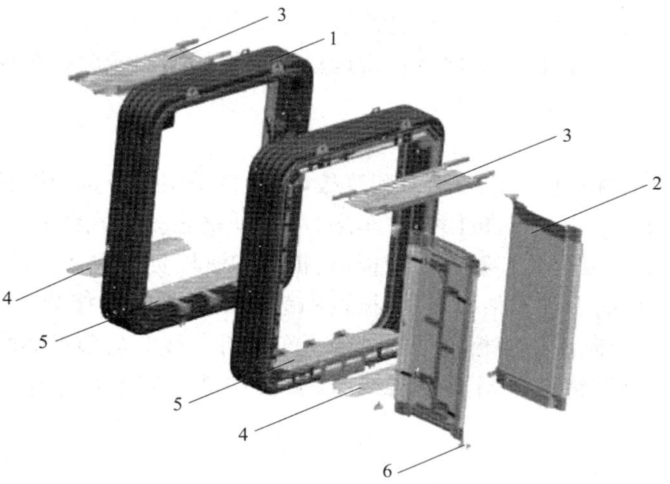

图 6-27　贯通通道结构

1—折棚体；2—侧护板；3—顶板；4—踏板；5—渡板；6—护板安装架

(一)折棚体组成

折棚体组成包括端框、对接框和棚布组成。每套折棚组成均能实现拉伸和压缩，在最大和最小情况时，均能满足技术条件中线路的要求。为防棚布受损，对接框与车体间装有收紧弹簧。分别装在贯通道上部和下部，以限制折棚的最大拉伸量。

(1)棚布组成由多折环状棚布面料缝制而成，每折环的下部设有排水孔。折棚体选用特制的阻燃、高强度、耐老化进口棚布面料制作，棚布采用双层夹心结构，大大提高了贯通道的隔声、隔热性能。折棚体各折用铝合金型材镶嵌，折棚体的一端连接在端框上，另一端与对接框连接。

(2)端框为铝合金型材焊接而成，通过安装螺钉固定在车体端墙上。端框型材上设计有沟槽，安装有橡胶密封胶条，保证了水密性要求。

(3)连接框由铝合金型材焊接而成，表面喷塑，并安装有以下零部件：对接锁销，锁销孔座，以实现连挂时的对中和锁闭。连接锁闭机构为滑杆结构，滑杆装有楔形板销。两车连挂时，操作手柄，楔形板销同时运动，这样的结构使对接框承载均衡并可靠定位。

连接框型材上设计有沟槽，安装橡胶密封条，可调整并确保端框间距离。两连接框连接后保证贯通道不漏雨，不渗水。

(二)侧护板组成

每个通道两侧各有一个侧护板，侧护板有多种结构形式，可以采用一体式侧护板也可采用采用叠板互动、差位伸缩式结构。

护板上下设有橡胶裙边，避免侧护板在车辆运行中与顶板及渡板干涉，减少侧护板上下边部与顶板及渡板之间的间隙。

(三)顶板组成

每半个贯通道配有一套顶板组成。每套顶板组成通过两个边梁分别安装在车体安装框和贯通道对接框上。两车连挂后，可组成完整的顶板。

每套顶板包含两个边梁，一个大顶板，一个小顶板和两套连杆。小顶板搭接在大顶板上面，大顶板上装有滑块和滑轨，大顶板通过滑块和滑轨吊装在连杆上，当贯通道在车辆通过曲线，压缩、拉伸时顶板在连杆控制下保持正常运动。顶板的结构能满足车辆运行中极限运动及复合运动的要求。

(四)渡板和踏板组成

地铁贯通道的过道板组成包括：踏板和渡板，其材料采用铝合金，其中踏板包括固定踏板，可转动踏板和折页组成。固定踏板固定在车端，可转动踏板安装在踏板支承上。固定踏板采用具有防滑作用的菱纹板制成。渡板由渡板体、折页和渡板页组成；渡板体安装在贯通道对接框下部横梁上，渡板页前端置于踏板上，渡板页和踏板结合面间铆接装有尼龙耐磨条，渡板由具有防滑作用的菱纹板制成。渡板页结构可降低车辆过曲线时与踏板间的错动量。踏板和渡板均可抬起，以便检查和清洁。当通过曲线时，渡板和踏板间不产生干涉现象，并可以安全通过。

(五)其他组成

贯通道对接框底部与渡板支承相连，并支承在车钩磨耗板上(每个车钩上安装一块磨耗板)。车钩磨耗板由钢板贴耐磨层制成。每个车钩磨耗板通过四个螺钉固定在车钩上。

三、贯通通道作用原理及特点

(一)作用原理

两车连挂时，锁闭机构通过定位机构实现互锁，将两半贯通道连接形成一个整体，列车运行时，顶板及护板通过四连杆机构实现与列车运动协调。

(二)特　点

贯通通道具有以下特点：

(1)可手动连挂和手动解挂。

(2)贯通道框架结构及金属部件均为铝型材，具有重量轻，有利于安装和维护的特点。

(3)侧护板组成采用连杆连接在一起，使安装工序简化，便于安装和维护。

(4)锁闭机构简单可靠。

本章小结

车钩缓冲装置是车辆实现编组连挂以及缓和纵向冲击力的重要装置。车钩有两种基本类型：非刚性车钩和刚性车钩。按照车钩连接的自动化程度还可分为非自动车钩和自动车钩。城道车辆上车钩缓冲装置中，普遍采用刚性车钩(密接式车钩)。

城轨车辆车钩基本上可分为自动车钩、半自动车钩和半永久性牵引杆三种。

自动车钩可以实现机械、气路和电路的完全自动连挂和解钩，或人工解钩。自动车钩主要用于编组列车的端部，必要时与其他车辆进行快速自动对接。国内主要采用夏芬伯格(Scharfenberg)密接式车钩、国产密接式车钩两种。

半自动车钩用于城轨车辆两编组单元之间的连挂，半自动车钩和自动车钩的结构和作用原理基本相同。半永久牵引杆主要用于同一列车单元中车辆之间连接，运用过程中，一般不需要分解。其优点是结构简单，缺点是耗费人力，不易拆装。

城轨车辆车钩目前常用的缓冲器形式有橡胶缓冲器、弹性胶泥缓冲器、气液缓冲器、环弹簧缓冲器和压溃管等，不同的缓冲装置配置直接影响车钩的缓冲和能量吸收性能。

车钩附属装置主要包括：风管连接器、电气连接器、车钩对中装置、车钩过载保护装置等。

贯通通道装置位于两节车厢的连接处，具有良好的防雨、防风、防尘、隔声、隔热等功能，能够使旅客安全地穿行于车厢之间。贯通道分为整体式和分体式，目前国内地铁多采用分体式贯通道。分体式贯通道。贯通道主要由折棚体、侧护板、顶板、渡板、踏板、护板安装架等组成。

复习思考题

1. 刚性车钩与非刚性车钩相比有哪些优点？
2. 简述夏芬伯格(Scharfenberg)密接式车钩的结构及作用原理。
3. 说明国产密接式车钩的结构及三态原理。
4. 举例说明半永久性牵引杆的结构。
5. 缓冲装置的作用有哪些？选型应考虑哪些因素？
6. 简要说明车钩对中装置的原理。
7. 简述贯通道装置的主要组成结构。

第七章　城市轨道交通车辆动力学

随着经济的发展，大运量的地铁、轻轨、新交通系统及磁悬浮列车等轨道交通运输方式以其快捷、准时、舒适、安全等特点而备受青睐。在所有快速轨道交通方式中，轨道车辆都是在线路上运行，轨道线路由直线、曲线、坡道、高架桥梁、隧道等组成，因此线路的走向变化、线路表面的不平顺以及基础的弹性变形等都会引起运行中的车辆振动。

城轨车辆通常由动车和拖车组成动车组。动车组运行时受线路约束产生相应的动态位移和力的变化。城轨车辆动力学的具体内容就是研究车辆及其主要零部件在各种运用情况下的位移、加速度和由此产生的动作用力。其研究目的为确定车辆在线路上安全运行的条件；研究车辆悬挂装置和牵引缓冲装置的结构、参数和性能对振动及动载荷传递的影响，并为这些装置提供设计依据，以保证车辆在最大运行速度下仍可安全、平稳地运行；确定动载荷的特征，为计算车辆动作用力提供依据。

第一节　车辆振动的形式及原因

一、车辆的振动形式

城轨车辆为了隔离振动，在车体与走行部之间设置了柔软的悬挂系统。不考虑车体自身的弹性振动时，车体作为刚体在悬挂系统上的振动将具有六个自由度，如图 7-1 所示。

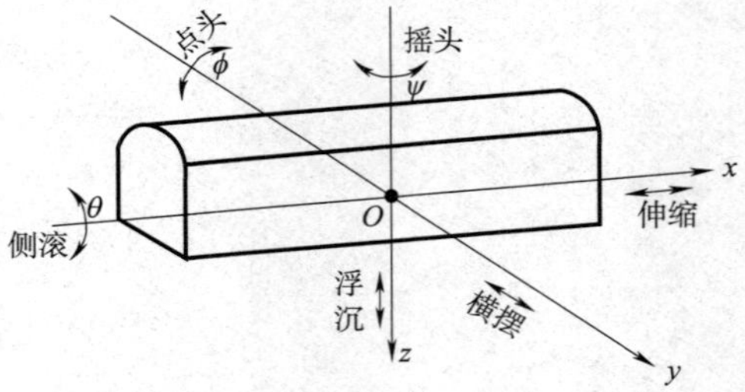

图 7-1　车体的空间振动

一般将沿 x 轴的纵向振动称伸缩，沿 y 轴的左右振动称横摆，沿 z 轴的上下振动称浮沉；在横断面内的转动称侧滚，沿水平面的转动称摇头，在纵向立面中的转动叫点头。一般情况下，车体振动是上述六种振动形式的不同组合。通常弹簧对称支承在车体下部，当车体横摆时，其重力与弹簧支承合力形成力矩使车体侧滚，这意味着车体的横摆与侧滚不能独立存在，它们形成了两个耦合振型：绕车体重心上方某滚心运动的为上心滚摆；绕车体重心下方某滚心运动的为下心滚摆。车体的摇头与滚摆属于车辆横向振动范畴。浮沉、点头为垂向运动范畴。伸缩则为纵向振动。

与车体类似，转向架作为刚体也有六个自由度，当车辆运行时，在线路不平顺的随机激励下，车体及其他零部件均要产生振动。此时上述各种振动都会同时呈现，但是振动幅度和频率将是随机变化的。

二、激起车辆振动的线路原因

在城市轨道交通中，除了少部分线路采用碎石道床外，一般在隧道或高架线上均采用整体道床或承载台等形式。轨道在车轮动载荷作用下将沿长度方向呈现不均匀的弹性下沉，造成轨道实际几何形状与名义尺寸的偏差，即轨道不平顺。而轨道的不平顺是车辆产生振动的主要根源。

轨道的不平顺度随着车辆运行会逐渐扩大，当道砟逐渐磨损、碎化，线路的弹性和几何不平顺也会逐渐发生劣化。这种过程扩大了轮轨打击力，同时又加重了线路的不平顺。整体道床的问题要小得多，但也不是一成不变的。高架预应力梁的徐变，橡胶垫的蠕变与老化，地基的不均匀下沉，钢轨的波浪性磨耗等因素都可能激起车辆振动。

影响车辆动力学性能的轨道不平顺可以用四种方式表示，如图 7-2 所示。

高低不平顺 Z_v 主要影响车辆的垂直振动，以左右轨面高度(严格讲应是轮对在左右轨面上的纯滚动线高度)Z_1、Z_2 的平均值表示：

$$Z_v = \frac{(Z_1 + Z_2)}{2} \tag{7-1}$$

水平不平顺 Z_c 主要影响车辆的横向振动，表示为

$$Z_c = Z_1 - Z_2 \tag{7-2}$$

方向不平顺 y_a 也影响车辆的横向振动，以左右轨头内侧面中心线偏离轨道中心线(严格讲应是左右轨面上纯滚动线距线路中心线偏离量)y_1 及 y_2 的平均值表示，即

$$y_a = \frac{(y_1 + y_2)}{2} \tag{7-3}$$

轨距不平顺 y_g 影响轮轨几何参数，在线性假设下一般不考虑它的影响。

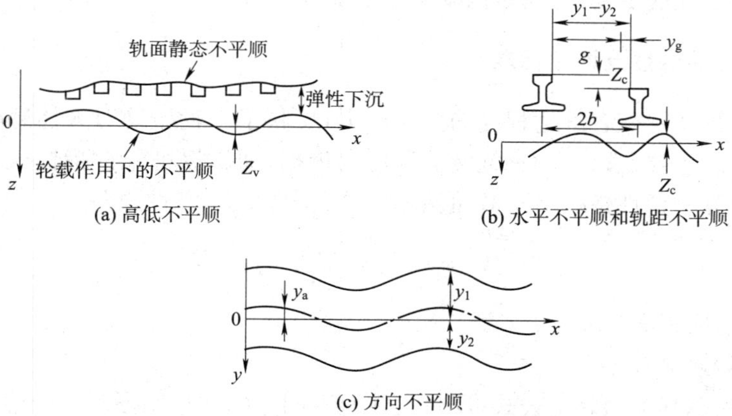

图 7-2　轨道不平顺的四种类型

轨道不平顺按性质分为三种：离散不平顺，如道岔、低接头、三角坑等；周期性不平顺，如钢轨接头、波浪形磨耗等；随机性不平顺。

各种不平顺对车辆运行平稳性、安全性有重大影响，因而要限制不平顺的幅度。

随机不平顺一般用功率谱 $S_L(\omega)$ 表示，反映不同波长的不平顺程度。图 7-3 所示为轨道随机不平顺功率谱的示例。从中可知，长波的不平顺幅度大而短波不平顺小。

当车辆结构与参数确定之后，线路不平顺功率谱的大小决定了车辆运行时的振动幅度，也决定了它的平稳性指标。因而不同的运行环境及条件对车辆结构与参数有一定的要求。

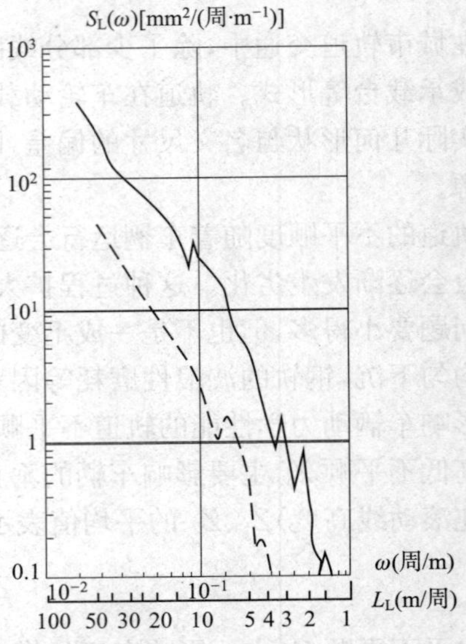

图 7-3　轨道高低不平顺的功率谱密度函数示例

注：———表示 50 kg 重钢轨的有缝轨道

- - - - -表示 50 kg 重钢轨的无缝轨道

三、车辆的自激振动

在钢轮与钢轨的接触面或橡胶轮胎与导向路面之间存在着切向力，这种切向力称蠕滑力或黏滑力。它随车轮与轨面的相对位置或运动状态而发生变化。在一定条件下，这种切向力会激起车轮乃至车辆发生剧烈振动，振动的原因是自激性的。我国某种铁路货车空车时在 70 km/h会产生一种所谓的自激蛇行运动。某种橡胶轮胎的车辆即使运行在平直道上，超过某一速度时也会产生剧烈横摆。可以肯定其产生的原因不是线路不平顺。这种自激振动主要是在横向平面内产生的，它引起了车辆及其部件的剧烈摇头和滚摆。

第二节　车辆运行平稳性及其评价标准

车辆的动力学性能主要有平稳性、安全性及曲线通过性等。

一、车辆运行平稳性及评定标准

车辆平稳性是评定旅客舒适程度的主要依据，反映了车辆振动对人体感受的影响。因此评定平稳性的方法主要是以人的感觉疲劳程度为依据，通常以平稳性指标表示。我国主要用斯佩林公式来计算平稳性指标 W。W 值越大，说明车辆的平稳性越差。

$$W = 0.896\sqrt[10]{\frac{j^3}{f}F(f)} \tag{7-4}$$

式中 j——振动加速度，cm/s²；

f——振动频率，Hz；

$F(f)$——与频率有关的修正公式，反映人体对不同方向和频率振动的敏感度。

图 7-4 所示为平稳性指标曲线示例。图中的纵坐标表示振动的加速度值，横坐标表示振动的频率值，而粗实线则表示平稳性指标 W 的等值线。按照振动的频率及加速度就可以从表中查出相应的平稳性指标值。从等值线的下凹特点可知，人体对某些低频的振动是敏感的。

我国铁路客车现行的运行平稳性等级标准《铁道车辆动力学性能评定和试验鉴定规范》规

定了车辆运行平稳性等级(GB 5599—1985)如表 7-1 所示。

表 7-1 我国铁路客车运行平稳性等级

平稳性等级	评　　定	平稳性指标
1 级	优	<2.5
2 级	良好	2.5～2.75
3 级	合格	2.75～3.0

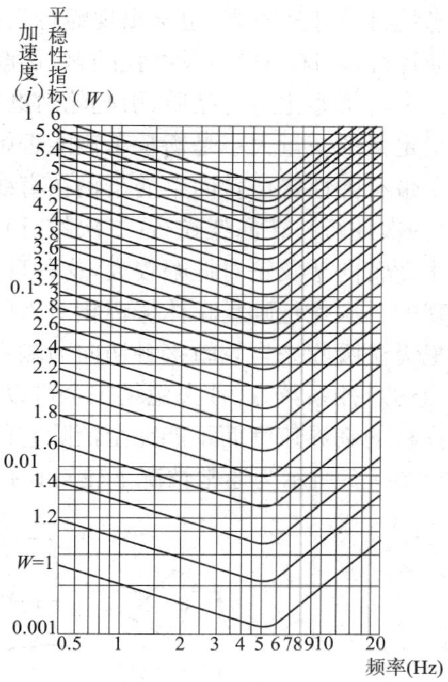

图 7-4 垂直平稳性指标与加速度及频率间的关系曲线

国际标准化组织 ISO 2631－4－2001 标准：

ISO 标准评估振动对人体影响时用疲劳时间 T 表示。从维持工作效能、健康和舒适度出发相应提出三种限度：工效下降限度、承受限度及舒适度下降限度。这些限度是在对飞行员及汽车驾驶员进行大量测试研究后取得的。研究表明，人体对 2 Hz 左右的水平振动很敏感，而对垂直振动 4～8 Hz 最敏感。在英国、法国等欧洲国家也有用洛奇的疲劳时间评定法，在日本则采用等舒适度曲线法评定平稳性。

由于新车与运用后的车辆的轮轨关系，悬挂参数会有所不同，性能相应发生变化，因而不仅需对新车平稳性或其他性能提出要求，运用一段时间的车辆也必须达到适当的平稳性指标。这就要求在设计时采用的结构参数必须确保在整个运用期内有稳定的动力学性能。

二、车辆的蛇行运动稳定性

具有一定踏面形状的轨道车辆轮对，即使沿着平直轨道滚动，受到微小激扰后就会产生一种振幅不变或继续增大直到轮缘受到约束的特有运动。此时轮对向前滚动，一面横向往复摆动，一面又绕铅垂中心线转动，其轮对中心线轨迹呈现波浪形，称蛇行运动。轮轨间的蛇行运动是由具有等效斜率的踏面而产生的。这种踏面是为避免轮对的轮缘始终贴靠轨侧运动而采取的自动取中措施。正是这种取中的能力在一定的条件下转化为失稳的动力。当激扰消失而剧烈的蛇行运动不能收敛时，则称为蛇行失稳。表面上，轮对并未受到钢轨的纵向或横向位移激振，因此它是一种自激振动。是轮对对钢轨的相对运动产生了内部激振力，由这种激振力维持着轮对的运动。由机车牵引力提供的非振动能量由于轮轨间的自激机理转化为蛇行运动的能量。当车辆运行提高到某一速度，车辆系统中的阻尼无法耗散这种能量时，蛇行运动就呈失稳，该速度称为蛇行失稳临界速度。

最初人们对蛇行运动的认识是表面的，随着对蠕滑现象的研究和认识，了解到轮对在钢轨上的蠕滑运动及这种蠕滑产生的蠕滑力是车辆水平振动的重要原因。在引入蠕滑与蠕滑力关系后，轮对及车辆运动方程中产生了自激振动的因素，因此可以从运动微分方程式直接推导出自激蛇行运动的解。从此对车辆蛇行运动稳定性的研究进入了崭新的阶段。

在 20 世纪 60 年代，英国及日本首先将蠕滑理论运用于高速车辆蛇行稳定性的研究，成功地指导了高速列车的开发。虽然城市轨道交通车辆运行的速度不高，但是如果轮对定位刚度及悬挂参数选择不当,也会出现蛇行失控现象。尤其在近年来,为改善城市轨道交通车辆小曲线通过性能,减小噪声及磨耗问题,逐渐减小轮对定位刚度有可能导致蛇行运动和失稳。车辆蛇行失稳将恶化运行品质,引起轮轨磨耗并扩大动载荷,严重时还会导致脱轨。因而车辆的蛇行稳定性的裕量大小是衡量车辆能否始终满足正常运行的条件之一。

带有弹性定位转向架的车辆在直线运行时会产生两种不同阶段的蛇行运动;车体蛇行运动(一次蛇行)、转向架蛇行(二次蛇行)。在较高速度的二次蛇行时,蛇行频率较高,车体振动很小而转向架及轮对振幅较大,这种现象一旦出现,便不会随速度升高而消失。在较低速度时出现的一次蛇行则是车体振幅相对大的一种蛇行振型。其原因是在这种振型下,车辆系统的阻尼无法吸收来自轮轨接触切向力输入的能量,因而振动扩大直到轮缘碰击钢轨。只要选择适当的悬挂系数,这种失稳是完全可以克服的。而对二次蛇行,只能通过选择合理的参数,提高失稳的临界速度而不能完全消除它的出现。

图 7-5 所示为通常情况下轮对蛇行运动的轨迹。

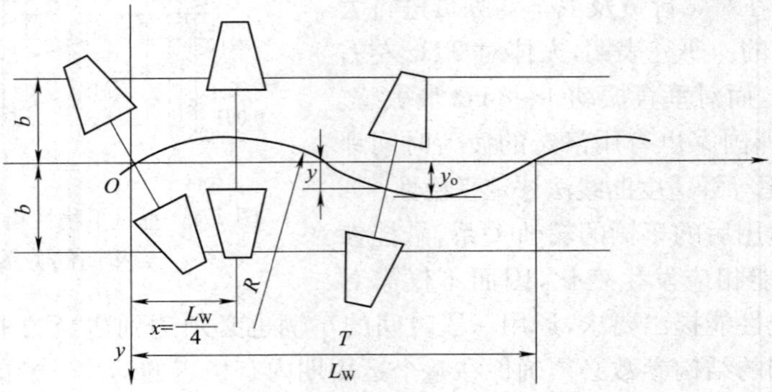

图 7-5　轮对蛇行运动轨迹

城市轨道交通车辆运行速度不高,但是如果轮对定位刚度及悬挂参数选择不当,也会出现蛇行失稳现象。尤其近年来,为改善城市轨道车辆小曲线通过性能,减小噪声及磨耗问题,轮对定位刚度有逐渐减小的趋势,将进一步导致蛇行运动失稳。车辆蛇行失稳会恶化运行品质,引起轮轨磨耗并扩大动载荷,严重时还会导致脱轨。

影响蛇行运动的因素很多,主要有以下几点:

1. 轮对定位刚度

轮对的纵向定位刚度 K_{1x} 和横向定位刚度 K_{1y} 是转向架控制轮对运动的直接因素。不同的参数匹配可以获得不同的蛇行临界速度 v_{cr},如图 7-6 所示。一般来讲,增加 K_{1x} 和 K_{1y} 都能提高临界速度。但是定位刚度过大增加效果将不明显,太大时反而变差。纵向刚度过大会不利曲线通过,而横向定位刚度过大则可能降低车辆横向舒适度。因此要综合各方面需要来确定定位刚度的数值。

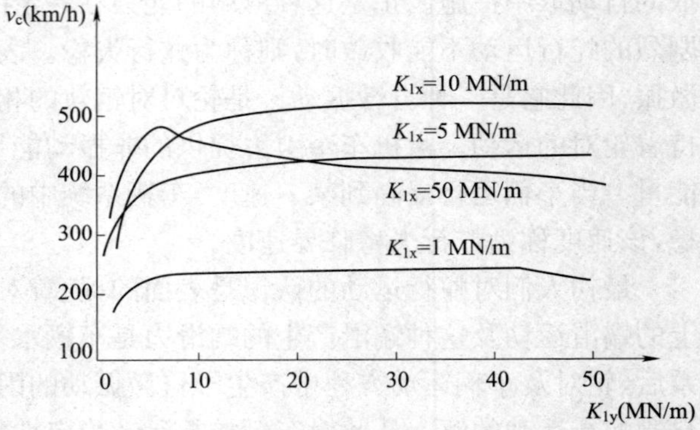

图 7-6　轮对定位刚度与临界速度的关系

2. 车轮踏面等效斜率 λ_e

λ_e 是影响蛇行运动的关键参数之一，它与临界速度的关系可用 $v_{cr}\propto 1/\sqrt{\lambda_e}$ 来描述。小的 λ_e 可以获得高的临界速度。但是要维持小的 λ_e 就需要经常旋轮。新轮的踏面斜率虽然合适，但是运用一段时间后就迅速增大。另一个缺点是小的 λ_e 不利于曲线通过。对城市轨道车辆来讲，需要有很好的曲线通过性能及适当的蛇行稳定性，因此 λ_e 不宜太小。目前国际上通常采用磨耗型(凹形)踏面，λ_e 大致可稳定在 0.15～0.25 间，此时地铁车辆的蛇行临界速度可设计为 100～120 km/h，其正常最高运行速度在 80 km/h 左右。

3. 蠕滑系数

蠕滑系数对蛇行运动有影响，一般是蠕滑系数小，临界速度也小。实际上并非完全如此。蠕滑系数的影响与定位刚度、重力刚度的大小有牵连关系。因此有些类型的车辆在干燥天气(蠕滑系数大)时临界速度反而下降。需要注意的是，在城市运用的轨道交通车辆，其轨面污染相对严重，车辆的运用必须既考虑蠕滑系数高的条件也要考虑蠕滑系数低的情况。

4. 转向架固定轴距

固定轴距增大会使蛇行临界速度提高，但是却对曲线通过不利，在城市轨道交通线路条件下一般倾向取短的固定轴距以改善轮轨磨耗。

5. 中央悬挂装置

中央悬挂装置内的两系回转复原弹簧 K_{2x} 对提高蛇行临界速度有很大影响，如果在那里并联抗蛇行减振器后则作用更加明显，当然 K_{2x} 不宜过大，对曲线通过不利。通常在这里设置了具有非线性磁滞饱和特性的悬挂元件，在直线运行的小振幅时，这种特性呈现出高约束性，而在曲线通过时则位于饱和位置以减少对转向的约束。图 7-7 所示为非线性悬挂元件的特征曲线。

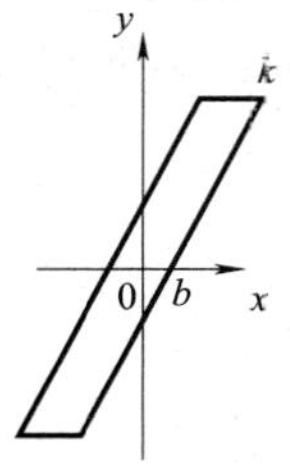

(a) 一般的回环和饱和特性

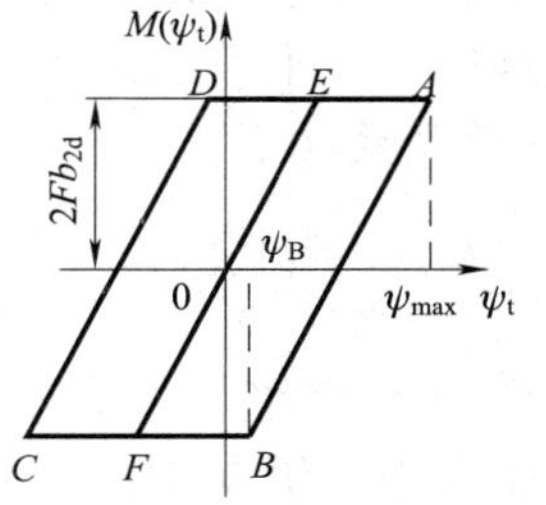

(b) 无间隙的复原力矩 $M(\psi_t)$ 与偏角位移 ψ_t 间的关系

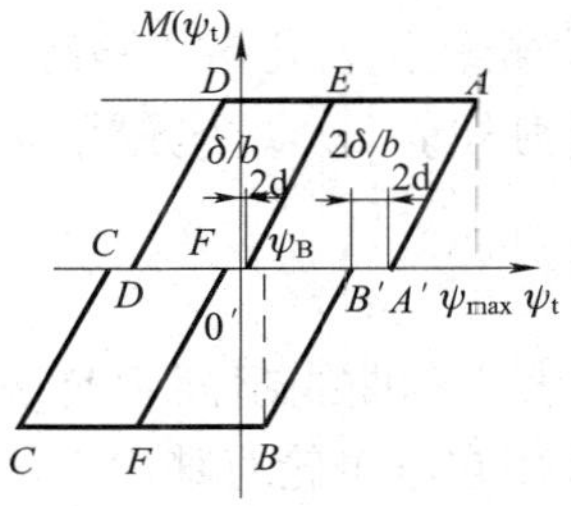

(c) 构架与摇枕间含间隙 δ 情况下 $M(\psi_t)$ 与 ψ_t 关系

图 7-7　非线性悬挂元件特征曲线

其他二系悬挂，例如，K_{2y}、K_{2z} 的取值与具体车辆结构及目标速度、运用条件有关，需要具体分析。一般来讲，它们对转向架失稳仅有一定控制作用，但对车体蛇行，如果上、下心滚摆失稳，控制作用要更大些。在设计时要注意它们对车辆的平稳性、舒适性的影响。

二系阻尼 C_{2z}、C_{2y} 对蛇行稳定性及车辆的平稳性均有影响，一般增大会提高稳定性，但过大会破坏平稳性，因此必须综合考虑参数的选取。

总之，影响车辆蛇行运动的因素很多，在设计车辆或改进车辆时应作多种参数选择和方案比较，从垂直及横向平稳性、蛇行运动稳定性、曲线通过性能等方面综合考虑。既要考虑新车状态，也要考虑运用后的条件，保证在使用或检修间隔期内性能保持优良。从城市轨道车辆运用的实际考虑，过高的临界速度是不必要的，而要更多地考虑曲线通过、舒适性及对环境的影响。

第三节　车辆的曲线通过

车辆曲线通过性能是城市轨道交通车辆运行的一个重要指标。车辆在进入曲线时轮对与线路间发生相对位移，由此引起导向线路对轮对运动的约束力或导向力，通过转向架的悬挂系统传至车体，引导转向架及车体克服离心力平顺地通过曲线。

具有轮缘的钢轮在曲线上受钢轨的约束，在轮缘踏面与钢轨之间产生了复杂的作用力，也相应产生了轮轨磨耗。过大的侧向作用力会导致轨距挤宽、轨排横移或钢轨翻转，从而引发安全问题。轮缘与钢轨的侧磨增加了运行阻力和能耗。具有导向轮的独轨车辆或其他新型导向车辆在曲线通过时依靠导向轮来迫使转向架沿着曲线前进，虽然没有轨排移动等问题，仍然存在过大的侧向力或离心力，引起车辆在曲线上倾覆等问题。因此城市轨道交通车辆的曲线通过是一个需要评价的重要性能。

目前利用非线性动态曲线通过软件可以研究轨道车辆从直线进入曲线然后离开曲线的整个动态过程。由此可以获得车辆在风力、轨道不平顺等条件下的曲线轮轨作用力、脱轨安全系数、车辆间的纵向作用力、轮对冲角与轮缘磨耗等一系列信息。

随着曲线通过理论和分析技术的发展，一系列具有良好曲线通过性能的新型转向架得到了发展和运用。下面将介绍蠕滑力导向机理并引出径向转向架的理论。

一、自由轮对的线性蠕滑力导向理论

图 7-8 所示为自由轮对在曲线上的蠕滑力。假设轮对在曲线上的横向位移较小，接触角较小，轮轨接触几何与蠕滑规律都是线性的。在不考虑自旋蠕滑时，轮对踏面沿纵向与横向的蠕滑力分量 T_y、T_x 与蠕滑率 γ_x、γ_y 的线性关系如下：

$$\left.\begin{aligned} T_x &= -f_{11}\gamma_x \\ T_y &= -f_{11}\gamma_y \end{aligned}\right\} \tag{7-5}$$

考虑到曲线超高不足引起的左右轮重变化率 $q=\Delta P/P$，作用在整个轮对踏面上的合成横向蠕滑力与纵向蠕滑力矩为

$$\left.\begin{aligned} T_y &= T_{yL}+T_{yr}=2f_{22}\Psi \\ M_z &= (T_{xL}+T_{xr})b=-2f_{11}\left(1-\frac{4}{9}q^2\right)\frac{\lambda_e b}{r_0}\cdot y^* \end{aligned}\right\} \tag{7-6}$$

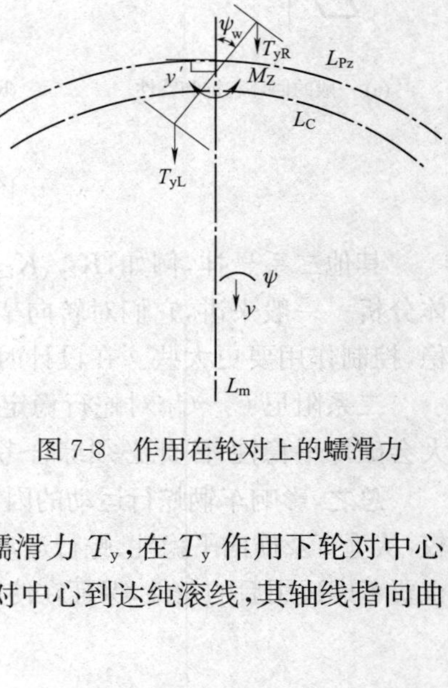

图 7-8　作用在轮对上的蠕滑力

式中　f_{11}、f_{22}——纵向、横向蠕滑系数；

ψ——轮对轴线与曲线径向方向的夹角；

y^*——轮对中心距轮对在曲线上的纯滚线的偏移量。

当轮对从直线进入曲线时，轮对中心如果没有处在纯滚线上，如图 7-9 所示，则在左、右踏面上产生方向相反的纵向蠕滑力 T_y，在 T_y 作用下轮对中心将向纯滚线移动。因而又反过来减小了纵向蠕滑力，最终轮对中心到达纯滚线，其轴线指向曲

线的半径方向。因此在自由轮对条件下，如果曲线半径不是太小时，轮对偏离纯滚线和径向方向产生的蠕滑力将迫使轮对返回到径向和纯滚线位置上去，从而形成蠕滑力导向的能力。要使轮对具备较强的蠕滑导向能力可采取以下措施：

(1)提高的轮轨蠕滑系数，这与轮轨表面黏着能力和接触斑面积有关，因此增强曲线上的黏着系数，采用凹形踏面将有利于曲线通过性能的提高。

(2)加大踏面等效斜率λ_e，减少轮缘接触的可能。目前一些城市的轻轨为了达到减少曲线通过时过大的冲角导致的轮缘磨耗，磨耗形(凹形)踏面的等效斜率达到0.2～0.4。这种措施一方面减少磨耗，同时大大降低了曲线上的噪声水平。

(3)采用小半径车轮，减少冲角和轮缘力。同时降低车辆高度，减小地铁工程造价。

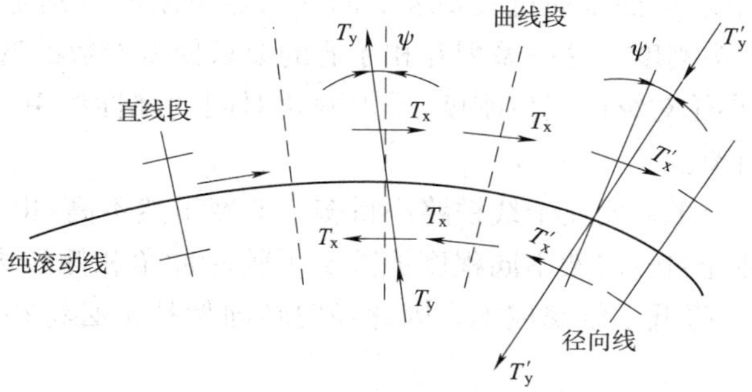

图 7-9　轮对进入曲线的蠕滑导向

二、带转向架车辆的曲线通过

自由轮对自身具有蠕滑力导向通过曲线的能力，但是车辆不可能采用自由轮对的方式，轮对总是由悬挂系统约束在转向架上。即轮对通过纵向及横向的一系弹簧约束在构架的下面，并不具备自由移动转动的能力。当轮对偏离径向和纯滚动线而产生蠕滑力及力矩并力图恢复到径向及纯滚动线时，车辆及转向架通过一系悬挂妨碍了这种趋势，除非采用非常柔软的一系定位刚度才有可能减少这种阻碍，但是这会导致蛇行失稳。

车辆在均衡速度下通过曲线时，车辆圆周运动的离心力将由曲线超高产生的重力分力来平衡。由于轮对在一系悬挂的约束下并不能完全达到径向位置，一定数量的冲角产生的踏面横向蠕滑力使导向轮对向外轨移动，直到轮缘碰到钢轨产生了轮缘力以抵消方向向外的踏面力。

因此一系摇头刚度过大将产生大冲角，从而引起轮缘与钢轨接触，加快轮缘及钢轨的侧磨。同样二系摇头刚度过大也将阻碍转向架转到曲线的径向方向，对于轮缘接触的防止也是极不利的。

为了提高车辆曲线通过性能，主要应采取以下措施：

(1)一系及二系摇头约束刚度要低。减少轮对趋向径向的阻力。

(2)采用短轴距以减少径向时的摇头位移量。

(3)缩短的车辆定距，减少转向架的摇头位移。

(4)提高的蠕滑系数或黏着系数，可以增加轮对蠕滑导向的能力。一般采取大轴重，凹形踏面并在踏面上涂抹增磨剂。

(5)采用大的踏面等效斜率和小的轮径。

空中列车(Skytrain)的轨道正线有 $R70$ m 的曲线地段,停车段内曲线半径仅为 35 m。为了改善曲线通过性能,减少磨耗和噪声,它的 Mark Ⅰ 转向架采取了短轴距、大踏面等效斜率,在踏面上涂抹固体高摩剂,并采用了径向转向架技术,结果大大减少了冲角,改善了轮轨磨耗,也减少了曲线上的噪声。空中列车(Skytrain)的动车组在高架上穿越市区,不少地段紧贴居民住房通过,甚至穿过大楼,显示了它的优良性能。

三、径向转向架技术

提高转向架的蛇行稳定性需要较高的一系定位刚度,特别是纵向刚度,要求较小的等效斜率和较大的二系摇头刚度,而曲线通过又要求低的一系定位刚度特别是纵向刚度。较大的等效斜率和较小的二系摇头刚度。这一系列互相矛盾的要求使得参数的选择十分困难。为了解决这些问题,可通过减小轮对纵向定位刚度,增加两轮对间的弹性约束,达到使轮对轴线处于纵向位置上的径向转向架。

城市轨道交通的曲线半径要比干线铁路小得多。速度虽然不高,也需考虑 80～100 km/h 的最高运行速度。各种径向转向架不同程度地减少了轮对冲角和侧压力,改善了轮轨磨耗度和曲线运行的摩擦噪声,降低了维修成本。因此径向转向架技术必将在城市轨道交通车辆上获得广泛的应用。

具有代表性的径向转向架主要分为两类:一种径向转向架采用的是迫导向技术,它是利用曲线通过时车体与转向架之间产生的相对转动推动轮对相对构架也相应转动一定的角度,来达到径向的目的;另一种径向转向架技术称自导向技术,这是一种利用锥形踏面或磨耗型踏面的轮对在曲线上的自发纵向蠕滑力矩推动下趋向径向。

径向转向架主要有以下几个优点:一是降低车辆通过曲线时的阻力,由此节约了牵引的能耗;二是减轻车辆各零部件间的磨耗;三是由于轮轨相互作用力的减小,可以适当降低线路标准,减少投资费用。

第四节　车辆运行安全性

城市轨道交通车辆运行安全性只有在轮轨处于正常接触状态时才能得到保证。由于车辆在线路上运行时,受到外界或内在因素产生的各种作用,在最不利因素组合作用下可能丧失车辆安全运行的基本条件,从而造成轮轨分离、车辆脱轨或严重的恶性事故。因而研究运行安全性及其评定标准就非常重要。

1. 轮对脱轨条件及评定标准

一般条件下,车辆从直线进入曲线,其转向是在轮轨导向力作用下完成的。这时前轮对的外侧车轮轮缘紧靠外轨,轮轨接触力如图 7-10 所示。车轮在侧向力推动下逐渐爬上轨头,当到达轮缘圆弧拐点时,如果车轮不能滑回原位,则出现脱轨临界状态,此时车轮很有可能在 Q 力作用下维持上升趋势直至脱轨发生。因此,拐点处的临界状态是爬轨的分析条件。Q_1 及 P_1 是外轮作用给轨头的力,N_1 及 μN_1 为则是轮轨接触处给车轮的法向力及切向力,它们是一对作用力与反作用力,其平衡方程式为:

$$\left.\begin{aligned}P_1\sin\alpha_1 - Q_1\cos\alpha_1 &= \mu_1 N_1\\ N_1 &= P_1\cos\alpha_1 + Q_1\sin\alpha_1\end{aligned}\right\}\tag{7-7}$$

式中　μ_1——摩擦系数；

α_1——轮缘角。

方程的解为

$$\frac{Q_1}{P_1}=\frac{\tan\alpha_1-\mu_1}{1+\mu_1\tan\alpha_1}\tag{7-8}$$

此表达式是车轮在爬轨过程中维持在拐点的平衡条件。可以知道，α_1 角越大或摩擦系数越小，越不易发生脱轨。

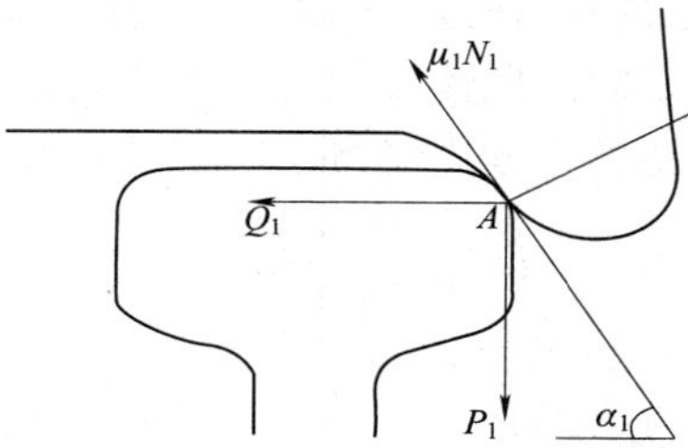

图 7-10　车轮脱轨的作用力关系

Q_1/P_1 为脱轨系数，超过一定限度就有脱轨可能。根据我国轮轨状态，规定我国标准为：$Q_1/P_1=1.0$ 为允许限度，$Q_1/P_1=1.2$ 为安全限度。第一限度是希望不超过的允许限度，新车不能超过允许限度。而第二限度则是安全限度。

由单轮脱轨公式可以演变出整体轮对的脱轨条件。采用测力轮对直接测取 Q_1 及 P_1，可以评价脱轨安全性。在没有测力轮对时可采用测量转向架构架力的方法。测取左右侧架轴箱垂直力及横向力，可以计算左右车轮的垂直力 P_1 及 P_2，左右侧架的横向力之和 H 是转向架作用在轮对上的横向力。低速时忽略轮对的惯性力后，脱轨条件可近似表示为轮对形式：

$$\frac{H+\mu_2 P_2}{P_1}\geqslant\frac{\tan\alpha_1-\mu_1}{1+\mu_1\tan\alpha_1}\tag{7-9}$$

上面的评价条件均适用于低速脱轨过程。高速脱轨是由跳轨或蛇行失稳产生的，此时瞬时侧向力可以很大，因此 Q_1/P_1 的临界值与出现峰值瞬时力的时间 Δt 成反比。

2. 轮重减载引起的脱轨条件

上面考虑的脱轨过程都是轮对在较大水平力和较小轮重下形成的。总结实际运用中出现的脱轨事故发现，有时脱轨轮对所受侧向力并不大，只是左右轮重发生较大差异。这种情况的脱轨条件只要令 $H\approx 0$ 时就可推出轮重减载的脱轨条件：

$$\frac{\Delta P}{P}\geqslant\left(\frac{\tan\alpha_1-\mu_1}{1+\mu_2\tan\alpha_1}-\frac{\tan\alpha_2+\mu_2}{1-\mu_2\tan\alpha_2}\right)\Big/\left(\frac{\tan\alpha_1-\mu_1}{1+\mu_2\tan\alpha_1}+\frac{\tan\alpha_2+\mu_2}{1-\mu_2\tan\alpha_2}\right)\tag{7-10}$$

式中　ΔP——左右轮重差；

μ_1、μ_2、α_1、α_2——左右车轮与轨头接触处的摩擦系数及接触角。

我国规定 $\Delta P/P$ 的允许限度为 0.6。

在使用式(7-8)、式(7-9)、式(7-10)时应注意具体条件，脱轨系数 Q_1/P_1 是衡量防止脱轨的安全指标的根本依据，而式(7-9)、式(7-10)则是有条件的，条件不满足时会得到矛盾的结果。

3. 影响脱轨的因素及防范措施

影响车辆脱轨的因素很多,而实际脱轨往往是多种因素的组合,其中某个因素起了决定作用。主要的因素为运行线路、车辆结构参数和运用条件。线路方面的因素有曲线超高、顺坡、三角坑及局部不平顺均会引起过大侧向力或轮重减载。车辆的转向架制造公差、回转力矩、轴箱横向定位刚度过大、斜对称载荷均会造成侧向力过大或引起轮重减载。侧向力过大、重心过高在曲线上也会导致减载超限。装载偏重、空车弹簧静挠度过小亦会引起轮重减载。一般车辆低速由曲线进入直线时容易脱轨,风力过大有时也可能造成曲线脱轨。

4. 车辆倾覆安全性

当车辆弹簧柔性过大,重心过高时,在过大的离心力、振动惯性力或风力组合作用下,车辆一侧车轮减载过大而使车辆倾覆。它与低速脱轨时不考虑离心力、振动的情况有所不同。

车辆在横向力作用下可能倾覆的程度用倾覆系数 D 来表示:

$$D=\frac{P_2-P_1}{P_2+P_1} \tag{7-11}$$

式中 P_2——车辆外轨侧的垂直轮轨力;

P_1——车辆内轨侧的垂直轮轨力。

我国规定 $D=0.8$ 为危险限度,允许倾覆系数应为 $D<0.8$。

为了防止车辆倾覆,可加大车辆横向刚度或抗侧滚刚度,以减少重心偏移过大引起的簧上失稳。由于增大横向刚度会减小横向平稳性,因此目前大多采用增加抗侧滚刚度的扭杆来减小侧滚角,提高抗倾覆能力。

本章小结

车辆的基本振动形式有六种:伸缩、横摆、浮沉、侧滚、摇头、点头。

影响车辆动力学性能的轨道不平顺有用四种方式:高低不平顺 Z_v、水平不平顺 Z_c、方向不平顺 y_a 和轨距不平顺 y_g。轨道不平顺按性质分为三种:离散不平顺、周期性不平顺和随机性不平顺。各种不平顺对车辆运行平稳性、安全性有重大影响,因而要限制不平顺的幅度。

在钢轮与钢轨的接触面或橡胶轮胎与导向路面之间存在着切向力,这种切向力称蠕滑力或黏滑力。它随车轮与轨面的相对位置或运动状态而发生变化。在一定条件下,这种切向力会激起车轮乃至车辆发生剧烈自激振动。

车辆平稳性是评定旅客舒适程度的主要依据。评定平稳性通常以平稳性指标表示。我国主要用斯佩林公式来计算平稳性指标 W。W 值越大,说明车辆的平稳性越差。

轮轨间的蛇行运动是一种自激振动,由具有等效斜率的踏面而产生的。当激扰消失而剧烈的蛇行运动不能收敛时,则称为蛇行失稳。当车辆运行提高到某一速度,车辆系统中的阻尼无法耗散这种能量时,蛇行运动就呈失稳,该速度称为蛇行失稳临界速度。影响蛇行运动的因素有轮对定位刚度、车轮踏面等效斜率 λ_e、蠕滑系数、转向架固定轴距、中央悬挂装置等。

车辆曲线通过性能是轨道车辆运行的一个重要指标。提高车辆曲线通过性能,应采取的措施:较低的一系及二系摇头约束刚度、采用短轴距、短车辆定距、减少转向架的摇头位移、高的蠕滑系数或黏着系数、增加轮对蠕滑导向的能力、采用大的踏面等效斜率和小的轮径。

具有代表性的径向转向架主要分为两类：一种是迫导向技术；另一种是自导向技术。

影响车辆脱轨的主要因素为运行线路、车辆结构参数和运用条件。线路方面的因素有曲线超高、顺坡、三角坑及局部不平顺；车辆的转向架制造公差、回转力矩、轴箱横向定位刚度过大、斜对称载荷均会造成侧向力过大或引起轮重减载；侧向力过大、重心过高在曲线上也会导致减载超限；装载偏重、空车弹簧静挠度过小亦会引起轮重减载，导致脱轨。一般车辆低速由曲线进入直线时容易脱轨，风力过大有时也会造成曲线脱轨。

为了防止车辆倾覆，可加大车辆横向刚度或抗侧滚刚度，以减少重心偏移过大引起的簧上失稳，目前大多采用增加抗侧滚刚度的扭杆来减小侧滚角，提高抗倾覆能力。

复习思考题

1. 车体的振动形式有哪些？
2. 激起车辆振动的线路原因有哪些？
3. 车辆运行平稳性及其评价标准是什么？
4. 何谓蛇行运动及蛇行失稳？影响蛇行运动的因素有哪些？
5. 什么是蠕滑、蠕滑力？提高轮对蠕滑导向能力有哪些措施？
6. 提高车辆曲线通过性能有哪些主要措施？
7. 轮对脱轨条件及评定标准是什么？
8. 影响脱轨的因素及防范措施有哪些？

参 考 文 献

[1] 曾青中,韩增盛. 城市轨道交通车辆[M]. 成都:西南交通大学出版社,2009.
[2] 张振淼. 城市轨道交通车辆[M]. 北京:中国铁道出版社,2005.
[3] 王伯铭. 城市轨道交通车辆工程[M]. 成都:西南交通大学出版社,2007.
[4] 袁清武. 车辆构造与检修[M]. 北京:中国铁道出版社,2008.
[5] 杨志强. 城市轨道交通车辆总体[M]. 北京:中国铁道出版社,2007.
[6] 员华,邹鹏. 不锈钢车体与铝合金车体的现状及发展[J]. 都市快轨交通,2008(6):89-91.
[7] 李立恒,刘玉民. 天津滨海快轨车辆用车钩缓冲装置和贯通道装置[J]. 现代城市轨道交通,2007(6):25-27.
[8] 廖斌. Scharfenberg 密接式车钩结构及其维修保养[M]. 电力机车与城轨车辆,2009(7):44-49.
[9] 帅纲要,常明,何华. 城轨车辆车钩缓冲器的配置与能量吸收[J]. 电力机车与城轨车辆,2009(9):17-21.
[10] 阳东,卢桂云. 城市轨道交通车辆检修[M]. 北京:机械工业出版社,2010.
[11] 中国北车集团科协/长客老年科协. 城轨车辆技术与应用[M]. 北京:中国铁道出版社,2009.
[12] 宿方宗. 北京地铁 1 号线用车钩缓冲装置的故障分析与改进[J]. 铁道车辆,2010(3):19-20.
[13] 林文君. 上海轨道交通 1 号线 102 号车车体研制[J]. 电力机车与城轨车辆,2008(9):1-4.
[14] 郭良,魏延刚,刘彦奎. 城轨车辆用缓冲器的研制与试验[J]. 机械,2008(9):16-18.
[15] 龚明,丁叁叁. 城市轨道车辆不锈钢车体结构优化探索[J]. 铁道车辆,2009(7):16-18.
[16] 林钢. 铝合金车辆车体模块化结构探讨[J]. 机车车辆工艺,2005(8):1-3.
[17] 赵洪伦. 轨道车辆结构与设计[M]. 北京:中国铁道出版社,2009.